Tiancom 天维

银行绩效管理

实践案例

丁家奎　李国英◎编著

BANK PERFORMANCE MANAGEMENT PRACTICE

中国经济出版社
CHINA ECONOMIC PUBLISHING HOUSE
·北京·

图书在版编目（CIP）数据

银行绩效管理实践案例 / 丁家奎，李国英编著 . --
北京：中国经济出版社，2020.9（2022.1 重印）
ISBN 978-7-5136-6279-6

Ⅰ. ①银… Ⅱ. ①丁… ②李… Ⅲ. ①中小企业-商
业银行-企业绩效-研究-中国 Ⅳ. ①F832.33

中国版本图书馆 CIP 数据核字（2020）第 156746 号

责任编辑　张利影
责任印制　巢新强
封面设计　任燕飞

出版发行　中国经济出版社
印 刷 者　北京九州迅驰传媒文化有限公司
经 销 者　各地新华书店
开　　本　710mm×1000mm　1/16
印　　张　17.75
字　　数　260 千字
版　　次　2020 年 9 月第 1 版
印　　次　2022 年 1 月第 3 次
定　　价　52.00 元
广告经营许可证　京西工商广字第 8179 号

中国经济出版社 **网址** www.economyph.com **社址** 北京市东城区安定门外大街 58 号 **邮编** 100011
本版图书如存在印装质量问题，请与本社销售中心联系调换（联系电话：010-57512564）

编　委　会

主　　编： 丁家奎　李国英

执行主编： 蔡　华

参编人员： 王远光　梁淑娴　向以剑　罗智雄

张瑞明　王晓博　钟　智　成　龙

杨　歌　陈旭峰　马家骥　刘海旭

聂琼迪　孟夕夕　吕金台　张　莹

徐晨宇　叶忠孝　邵哲宇　陈尔兰

徐冠华　王亚琨　郑楚婵　侯家兴

魏烈龙　易娟娟　张承军　何港杰

柒国庆　张宁宁　孙　帼　李　强

序言一　银行绩效管理效果二十年探索之路

梳理近20年天维信息对于绩效管理效果的认识，大致可以分为以下四个阶段。

第一阶段：软件交付阶段。在该阶段，一切围绕软件开发开展工作。天维信息前七年做的项目基本都是采用软件交付的模式，比较典型的有交通银行河南省分行、兴业银行北京分行、中信银行长沙分行等。这个阶段的核心目标是软件交付，最大的问题在于不知道交付标准是什么。

第二阶段：考核咨询业务从萌芽到发展壮大。经过最初几年的探索后，大家开始意识到必须把工作重点放在交付标准，也就是考核方案、考核制度上。

有鉴于此，天维信息从信息化咨询起步，不断拓展咨询业务的内涵和外延，并成立了咨询部、绩效考核研究所，公司经营的重点逐步向咨询业务倾斜。

有了咨询业务，不仅交付标准有了，而且甲方的绩效考核水平得到提升，乙方的工作效率也有了显著提升，不少银行的绩效管理效果得以体现，其中个别银行因为推行先进的考核管理办法发生了翻天覆地的变化，如江苏射阳农商行、江苏邳州农商行、浙江青田农商行等。

由于天维信息从成立之初就比较重视知识库建设，随着咨询部、研究所的成立，天维信息的咨询能力迅速提升，咨询人员的数量也在急剧增长，成为公司团队的重要组成部分，并且在很多项目上发挥了主导作用。一些以管理见长的银行都认可天维信息的咨询能力，如江苏银行、南京银行、泰隆银行、常熟农商行等。

但是，什么是好的方案？好的方案一定有好的效果吗？员工不了解、不接受也能是好的方案吗？好的方案应该怎样因需而变？在实践中，天维信息遇到了一系列挑战，最大的挑战在于绩效管理方案的时效性和员工的接受度。

有这么一句话：再好的方案，在它出台的那一刻就已经落后了。因此，需要结合银行实际情况，不断调整完善绩效考核方案。天维信息在后来提出的“五结合”方法论中，与宏观形势相结合、与发展阶段相结合、与绩效管理基础相结合等观点强调的都是时效性。因此在这个阶段，有部分银行的绩效管理取得显著成效。我们也在思考那些制度相差无几的银行为什么绩效管理效果不明显的问题。这个时候，关于绩效效果如何定义、影响绩效效果的因素是什么等问题开始浮出水面。

第三阶段：“四个体系”与“三大变革”。2012 年，在第二届全国银行绩效管理论坛上，时任射阳农商行董事长卞玉叶先生首先提出，好的考核体系应该让 80%的员工满意。天维信息首次提出“员工接受度”的概念，进而形成了绩效管理“文化体系”建设的理论和方法论。

围绕“提高员工积极性”这个目标，天维信息又提出与绩效考核配套的“三大变革”：组织架构变革、用人制度变革、薪酬体系变革，激活了员工的积极性。

为了保证软件、制度、文化的落地，并形成持续改进机制，天维信息又创新性地提出了数据服务的合作模式，提出了管理、文化、制度、软件“四个体系、三个阶段”的建设理论，将一次性合作变为长期合作，将项目模式变成服务模式。至此，天维信息将绩效考核变成了“绩效管理”，使项目质量大幅提升，多数项目的效果开始显现。从 2014 年初至今，超过 200 家银行选择长期服务模式与天维信息合作，着眼于“绩效管理能力”的提升。

《中华合作时报》农村金融周刊评选的年度“十佳绩效管理银行”中，天维信息的客户连续四年超过半数，大批客户与天维信息合作的效果开始显现，既有武汉农商行、晋城银行、江苏大丰农商行、浙江余杭农商行等大银行，也有内蒙古牙克石农商行、广西钦州联社等小银行。

第四阶段：战略绩效管理。在该阶段，天维信息已经不再满足于大多数银行效果好这一目标，而是提出“让100%的客户有效果”的更高目标。要达到这个目标，就需要在方法论上有新的实质性突破，将偶然变成必然，使效果从不可控变得可控。

天维信息经过多年积累、探索、研究及总结，陆续推出“项目管理最佳模型”、“咨询最佳模型”和“软件最佳模型”，从被动服务变成主动介入银行的绩效管理，打破原有的组织架构成立效果办，在全国设立12个省级服务中心，在合作的每家银行中建立管理团队，按照公司提炼的先进方法论贴身服务客户。深入甲方管理后，天维信息得到的一线管理信息更全面、更准确，对于方法论的改进有很大的帮助，使项目质量得到很大提升。

公司不断总结、反思绩效管理效果的内涵，结合两百多家银行的管理实践，天维信息在绩效效果原有定义的基础上进一步提出“效果分层”理论，帮助银行科学规划绩效管理工作。

第一层次的效果：实现自动化绩效管理。以软件系统上线为核心诉求，并配套相应的业绩关系管理、产品计价、制度设计、薪酬设计等，衡量绩效效果实现的标准是能够按月兑现绩效工资。

第二层次的效果：提高员工积极性。在实现第一层次效果的基础上，侧重于磨合期工作和绩效文化体系的建设，结合人力资源三大变革激活员工的积极性，建立多劳多得的分配体系，形成新的绩效管理文化。

第三层次的效果：促进银行业务发展。绩效管理的终极目标是支持战略落地，促进银行业务发展，为银行转型创新、高质量发展提供动力。要实现这个目标，需要使绩效管理形成一个高效运作的闭环。

天维信息将日常绩效管理工作精练为五句话：每天维护业绩关系、每月兑现绩效工资、每季进行效果评估、每年对接年度计划和紧密结合发展战略。从战略分解角度来说，我们协助银行方先将战略规划进行年度分解，制定年度、月度考核指标，然后再把考核指标分解到部门、岗位，设计考核指标，并对执行效果进行评估，提出改进意见，从而将绩效管理工作变成战略管理的重要落地工具。

银行绩效管理最终必然走向战略绩效管理，否则很难实现第三层次的效果；如果实现不了第三层次的效果，则前面两个层次的效果就都成了空中楼阁。以晋城银行为代表，公司在所有的项目上逐步落实三个层次效果方法论，帮助银行逐步构建战略绩效管理体系。

经过近20年的探索，天维信息逐渐形成了银行绩效管理的理论和方法论体系，这个体系的基石就是效果分层理论。

我们相信，效果分层理论一定能够展现出强大的生命力，造福正处于转折时期的中国银行业。我们也相信，效果分层理论一定不是终极理论，我们仍将与广大客户一起进行理论探索。

“路漫漫其修远兮，吾将上下而求索！”

广州天维信息技术股份有限公司董事长兼总经理

丁家奎

2020年3月31日

序言二　在春天里前行

2020年不同寻常，注定深度镌刻在记忆里。

3月的东北深邃广袤。料峭在春光里流暖，冰凌在夜色中消融。与病毒相持对望，真诚感受彼此。病毒除了带来灾难，还让人们静下心来思考与倾听，这是大自然的声音。不只是武汉。

天维公司近20年专注于银行绩效管理方面的研究，家奎董事长亦师亦友，相识相行收获巨大。天维银行绩效管理分“四个体系、三个阶段”：“四个体系”，即管理体系、文化体系、制度体系和软件体系；“三个阶段”，即建设阶段、磨合阶段和成熟阶段。这些研究成果多年来我行结合实际加以运用，所获颇丰。理论创造者与工作实践者相遇，系统集成提供者与工具方法渴求者合作，业绩提升是必然之果，碰撞出的思想火花更是珍贵。

绩效管理是银行管理的中枢，是银行经营的总抓手，覆盖全部，贯穿始终，是银行排兵布阵、行军打仗的指挥系统，凝聚价值取向、发展理念，体现工作方向、任务目标，决定方法导向、具体措施。

文化是文明的符号，对规则发自内心的认同和遵守是文明的特征之一。银行绩效管理体系建立在自身的“文化体系”之上，有形的“管理体系、制度体系、软件体系”只有在无形的“文化体系”上才能生根、发芽、成长。“四个体系”中“文化体系”最为关键，是绩效管理的“根”和“魂”。有形的系统工具容易建设，无形的文化根基却不易创建。

从实用来看，中小银行绩效管理要本着“先搭建，再完善”的原则因陋就简，无论如何要先建设运用起来。建设先进的绩效文化体系绝非一日之功，而是一项长期而艰巨的工程。如何建设“文化体系”冷暖自知，各有妙手，在此不予赘述。

本书汇集全国 22 家“东、中、西”不同区域、不同发展环境、不同规模、不同发展程度中小银行绩效管理案例，是家奎董事长及其团队同近 500 家银行绩效管理近 20 年全心合作、苦心摸索、潜心研究、用心总结的成果，是中国过去 20 年中小银行绩效管理改革发展的全景画像，具有鲜明的时代性、代表性、典型性，为仍在探索中的中小银行同业提供了宝贵的学习参考范例。

走进伟大的新时代，绩效管理是中小银行业高质量发展背景下的必修课，只有进一步研究好、总结好、实践好、发展好银行绩效管理，中小银行才能走得更稳更远，才能做出更多的贡献。

疫情是全压力测试，善良是最高的自然法则，文明在磨砺中淬炼。

感谢 22 家案例单位精诚高效的配合，感谢所有为本书出版付出辛勤努力的人们。

李国英

2020 年 3 月 31 日

目　录

第一章　绩效管理建设“四个体系”论

广州天维信息技术股份有限公司（以下简称“天维信息”）成立于2001年7月。公司成立以来，一直专注于银行绩效管理体系的建设与服务。

天维信息在银行绩效管理体系的建设与服务过程中，遇到了各种各样的困难和问题。随着客户对绩效管理效果诉求的不断变化，天维信息对绩效管理理论及方法论不断进行探索与创新，同时不断推动商业模式的变革，成为行业的领军者。公司在业务发展过程中提出了一系列银行绩效管理建设理论，包括四因素论、效果理论、“四三体系”论和“三分打造七分运营”论、五结合理论等。本书主要对绩效管理体系建设的“四三体系”实践案例进行了研究。

一、理论提出的背景

绩效管理体系的建设与运营是一个复杂的系统工程，涉及银行全体人员的切身利益，是银行在薪酬分配体系方面的重大变革。

天维信息在成立之初只是开发绩效考核系统，而绩效考核系统仅仅是一个软件工具，无法解决绩效管理过程中的管理问题。随着天维信息在银行绩效考核系统方面建设经验的不断积累，推出了“咨询+软件+应用推广”的项目服务模式，简称“三位一体”服务模式。“三位一体”服务模式推行三年多后，无法满足银行客户对绩效管理体系持续优化改进的要求。于是，天维信息又进行了创新，在商业模式上推出了绩效管理体系建设“数据服务”模式，即绩效管理体系建设内容全包（咨询+软件+体系推广与运营）、依据银行员工数按月收费、双方长期合作（合作协议至少五年）、每年不断优化服务方式。数据服务模式真正让绩效管理体系能够循环起来，以满足绩效管理体系不断优化完善与持续改进的要求及客户对绩效管理效果的诉求。在此基础上，天维信息提出绩效管理“五结合”理论思想体系和“四三体系”。“五结合”理论，即绩效管理要与宏观经济形势和国家政策相结合，与银行战略相结合，与银行发展阶段相结合，与绩效管理基础相结合，与银行“一把手”领导风格相结合。“四三体系”，即四个体系与三个阶段，四个体系包括管理体系、文化体系、制度体系和软件体系；三个阶段包括建设期、磨合期和成熟期。

为什么我们要在银行绩效管理体系建设中提出“四三体系”呢？因为绩效管理体系是促进银行业务发展的“指挥棒”和员工动力的“发动机”，是支撑银行战略目标落地的最有效工具和支撑银行经营管理的总抓手。如果管理体系缺失，则无法保证决策的有效性，流程执行无法得到保障，银行绩效管理能力无法得到提升，影响效果的配套改革也就无法得到落实与推进。如果缺乏文化体系建设，员工对绩效改革的认知、重视、接受、认可和心理转变将会困难重重，因为绩效管理体系建设涉及银行对薪酬分配体系和用人制度的改革，将影响员工的切身利益。另外，缺乏文化体系建设还将对绩效文化的形成造成障碍。如果制度体系缺失，绩效管理将无法从人治转向法治，员工将没有方向感，不知如何提高绩效和了解银行的战略重点发展方向。如果缺少软件体系和科技支撑，也无法实现绩效管理对考核到个人的要求，考核的准确性、及时性将无法满足，考核成本也将非常巨大。

针对如何解决遇到的上述问题及困难，天维信息通过不断总结，提出了“四三体系”建设。四个体系的建设是相互关联、互相促进、缺一不可的，绩效管理体系建设必定会经历三个阶段，即建设期、磨合期和成熟期，否则无法实现绩效管理体系建设的目标及预期效果。

下文主要对四个体系进行分析。

二、绩效管理体系建设四个体系理论概述

天维信息在绩效管理体系建设及服务过程中，提出了四个体系理论：管

理体系、文化体系、制度体系和软件体系。绩效管理体系是促进企业业务发展的“指挥棒”和员工动力的“发动机”，是支撑企业战略目标落地最有效的工具和支撑银行经营管理的总抓手。因此，在绩效管理体系建设过程中应对四个体系进行系统化和全面性的建设，将四个体系建设贯穿绩效管理体系建设的整个过程，相互关联、互相促进、缺一不可，四个体系在绩效管理建设中的重要性分别为40%、30%、20%和10%，如图1-1所示。

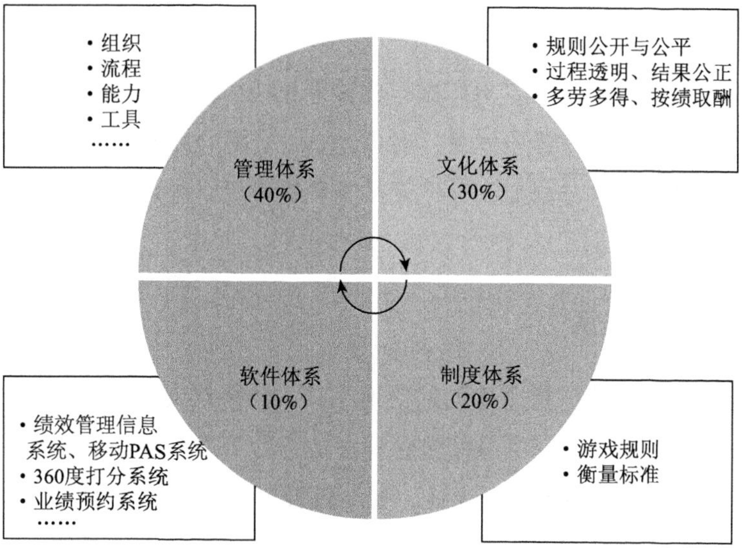

图1-1　绩效管理最佳实践模型

（一）管理体系

管理体系是考核“指挥棒”的组织保障，解决的是“谁使用”、“怎么使用”、“使用工具”和“配套改革”的问题。管理体系包括绩效管理体系的组织、流程、工具等。

（二）文化体系

文化体系是考核“指挥棒”能否发挥作用的员工认知和心理转变过程，是培养员工逐步从认知、重视到接受、认可的转变过程。一个好的绩效管理体系是一场涉及企业、股东和员工切身利益的变革，是一种新的分配体系。构建新的分配体系需要得到广大员工的理解、重视、接受和认可，这样才能有效推行，这种认知与心理上的变化过程就是一种新的文化形成过程。绩效管理体系的核心理念是“规则公开与公平”“过程透明、结果公正”“多劳多得、按绩取酬”的绩效文化，将改变现有“大锅饭”或“中锅饭”的分配体系。

（三）制度体系

制度体系是构成考核“指挥棒”的奖惩机制。随着企业不断发展，通过不断更新、不断优化完善该体系，逐步建立一套适合银行发展和管理的绩效管理制度，且只有这套制度能被广大员工普遍接受，才能有利于后期的绩效推广实施。

（四）软件体系

软件体系是考核“指挥棒”的落地工具，是科技支撑体系。随着银行业务的不断发展，建立一套自身绩效管理办法与业务发展需要相匹配的信息管理平台，涉及一系列的软件子系统，如绩效管理信息系统（PAS）、移动 PAS 系统（MPAS）、360 度打分系统、业绩预约系统、辅助定价系统、存量分配系统等。

随着金融科技的发展，软件体系的发展趋势是“大智移云”。其中，“大”是指大数据，绩效管理平台积累了非常详细及大量的业务及考核数据；“智”是指智能化，通过智能化为银行管理决策提供数据支撑，并能对数据进行深层次的挖掘，真正把积累的数据变成数据资产；“移”是指移动化，随着移动互联网/物联网的发展，移动化是发展趋势，既能随时随地为员工提供支撑服务，也大大方便员工的使用；“云”是指云计算及云平台，特别是对组织架构为“总—分—支”管理模式的银行/省联社非常适合，可以满足信息管理平台统一建设、数据集中及安全性管理的需要。

以下分别就四个体系的内涵进行较详细的介绍。

三、绩效管理体系建设的管理体系

在四个体系中最重要、最核心的是管理体系，是影响绩效管理体系建设效果的最关键因素，占效果贡献度的40%。绩效管理体系建设的管理体系主要包括以下几个方面。

（一）组织保障

绩效管理是为经营管理服务的，是支撑企业战略目标落地的最有效工具，是各部门、各机构、各条线管理者进行经营管理的总抓手，各业务条线部门、各支行和科技部门都应参与到绩效管理体系的建设与运营中，通过考核更好地支持各业务条线的管理与各分支行的业务发展。因此，银行方应组建“一纵一横”的绩效管理团队（见图1-2）。

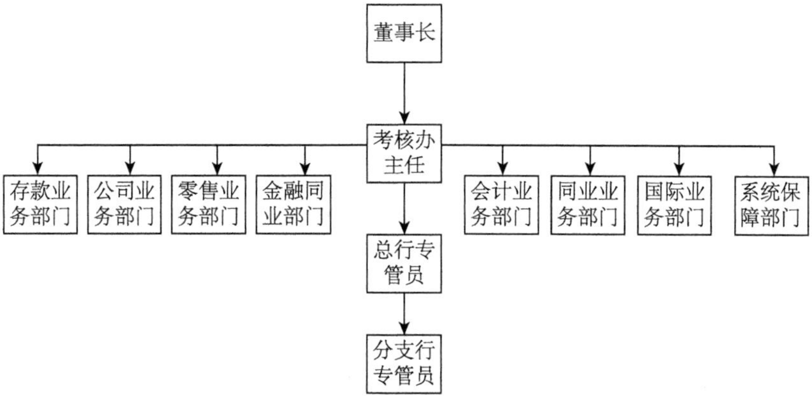

图1-2 “一纵一横”组织结构

1. “一纵”团队

绩效管理体系建设与运营是“一把手”工程，应建立包括董事长、考核办主任和从总行到分支行专管员的绩效管理“一纵”团队。“一纵”中的专管员机制能保证业绩管理数据的准确性和及时性，起到打通绩效管理体系“最后一公里”的重要作用。

2. “一横”团队

总行组建各业务对口条线部门负责人，并指定兼职业务专管员的绩效管理“一横”团队，需要各业务条线部门参与到绩效管理体系的建设与运营中，更好地服务于各业务条线部门的业务管理与业务发展需要。在政策制定及制度建设中，结合自身条线的发展规划及银行年度经营管理计划，把本部门的任务目标及职责分解到个人，制定与之相适应的绩效管理考核办法，使绩效管理有力支撑组织的经营管理目标，使其真正成为经营管理的总抓手。

（二）流程建设

绩效管理体系建设与运营涉及组织战略、年度经营管理、人力资源、营销行为和能力培养、绩效管理、薪酬设计、持续评估与改进等方面的内容，涉及众多部门、众多岗位及众多工作节点。因此，应建立各项工作的执行体系——工作流程，才能保证后期的有效执行，没有执行力就没有效果。

绩效管理涉及绩效计划、绩效辅导、绩效考评、绩效结果反馈与绩效持续改进等环节，把上述内容标准化成一个个关键的工作事件，形成相应的操作指引文件、参考模板、工具或表格，根据工作流程，保证执行到位而不偏离。因此，根据四个体系及绩效管理的四个不同环节梳理出来的工作事件、参考模板及操作工具或表格等成为绩效管理的重要工具箱。

（三）绩效管理能力

绩效考核解决银行员工的意愿问题，是员工动力的源泉及“发动机”，解决员工愿不愿意干的问题，而绩效考核要转向绩效管理还应解决整个组织及各层级管理者的绩效管理能力问题，有能力执行相应绩效管理流程及关键规定工作事项，是保证绩效管理体系有效落地、有效执行的最关键因素。

绩效管理是直接主管（考核者）与下属员工（或分管机构）就考核期内员工（或分管机构）应达成的绩效计划、绩效辅导、绩效考评、绩效结果反馈与绩效持续改进沟通的循环管理活动。只有对各层级管理者的绩效管理能力提出相应要求，才能保证绩效管理各环节执行到位。直接管理者对员工的绩效辅导与帮助，有利于员工职业发展与个人成长，从而不断提升个人绩效。根据组织战略分解形成部门/机构和员工绩效计划，使每个员工的个人绩效都不断提升，从而促进组织绩效的不断改善与提升。

四、绩效管理体系建设的文化体系

绩效文化是指企业基于长远发展方向和愿景，通过对企业战略、人力资源、财务、团队建设等一系列要素的有效整合与绩效评价、考核体系的建立与完善，树立企业倡导的共同价值观，逐步形成以追求高绩效为核心的优秀企业文化。企业文化包含四个层次：企业物质文化、企业行为文化、企业制度文化和企业精神文化。其中，物质文化为表层，行为文化为浅层，精神文化为深层。绩效管理涉及企业文化的四个方面，并与它们紧密相关。

（一）企业物质文化

大多数员工对银行的归属感，在于银行提供了稳定的工作及优厚的报酬。因此，绩效管理必定要与员工个人收入挂钩，它是规范员工行为的有效管理手段，绩效文化建设的落脚点在于建立合理的薪酬保障体系。

（二）企业行为文化

由于历史因素、地理环境、政策导向的不同，银行倡导或流行的文化有很大差异：有些倡导“以人为本”的文化，有些强调短期绩效的明星文化，还有些鼓励创新和奖励长期贡献的团队文化等。整合不同资源为银行战略服务，通过不同的资源配置影响员工行为，提高绩效。适度地改变管理风格或适时地调整计划，通过沟通和建议帮助员工，使“人”与组织更为融洽。

（三）企业制度文化

如何评估“人”的价值，如何将银行资源通过“人”的努力转化为银行需要的经营效益，制度体系成为检视“人”与银行绩效文化融合的最佳工具和桥梁。资源如何倾斜，方案如何设计，通过制度体系告诉员工银行在倡导什么、奖励什么、惩罚什么、反对什么以及银行的战略重点和发展转型方向，可以真正使绩效管理发挥“指挥棒”的作用，是建设绩效文化体系的重要手段及工具。

（四）企业精神文化

绩效文化的实质就是培养一种激励员工投身事业与银行共同发展并取得成功的氛围，其最终目的是银行在能够生存和发展的前提下，员工在个人利益和职业生涯上能得到满足与发展。促使员工创造性工作的原动力是有效的激励机制，打造银行特有的精神文化，包括绩效观、价值观与公司愿景等。

绩效管理体系建设要打造“规则公开与公平、过程透明、结果公正”“多劳多得、按绩取酬”的绩效文化，通过各种绩效管理会议、理念宣贯与培训、标杆打造与宣传表彰、软文推广、制度宣导和岗位淘汰等，宣传绩效管理的意义、作用和方法，使管理者与员工明白、理解与认同。绩效管理是一种管理思想，要上升到绩效文化的高度来认识它，它所包含的各种评估方法和配套的措施又是很好的管理工具，能提升管理人员的工作绩效和管理能力。

五、绩效管理体系建设的制度体系

绩效管理体系犹如一座结构完整的房屋（见图 1-3），业绩关系管理如同地基，决定着房屋的高度；绩效考核系统、考核运营管理体系和人力资源管理体系如同房柱，支撑着房屋的稳定；绩效管理考核方法、绩效管理考核导向和绩效管理考核模式如同房梁和墙体，作为房屋的承重结构和主体内容；中长期绩效管理考核规划则是房顶，是从银行战略分解而来，作为顶层设计明确银行未来发展方向。其中，绩效考核系统属于软件体系，考核运营管理体系属于管理体系范畴，这两个部分均不属于制度体系。因此，涉及的制度体系主要包括以下几个方面。

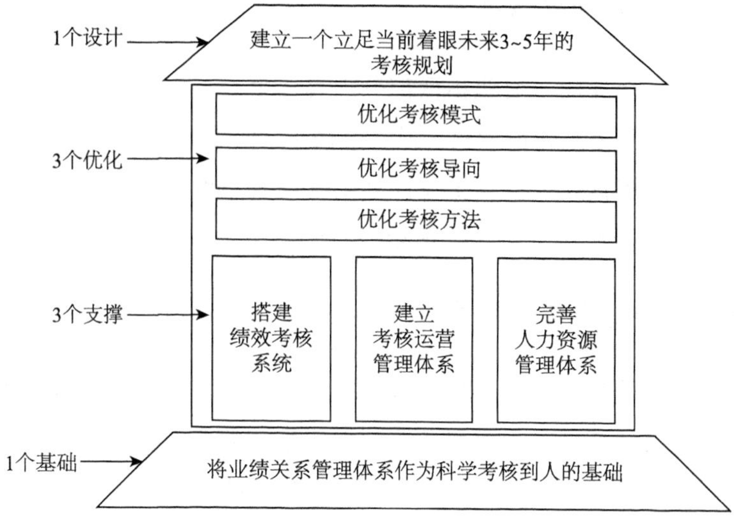

图 1-3　绩效管理体系建设屋状图

（一）业绩关系管理

业绩关系管理是指通过对银行存贷款及中间业务进行存量清理、增量分配、业绩跨机构营销分配、团队营销业绩分配和业绩关系转移，实现对各项业绩关系维护的过程。业绩关系管理是业绩量化到人、考核到人、责任落实到人的基础。

（二）绩效管理考核方法

绩效管理考核方法具体包括以下几个维度。

考核对象：分支机构、事业部、职能部室、团队、行员、客户等。

考核工具：目标管理、产品营销计价、3K、OKR、平衡计分卡等。

考核周期：月度、季度、年度。

考核结果运用：是绩效工资兑现、等级评定、费用核定、员工晋升通道、股权激励、职业生涯规划等的依据。

（三）绩效管理考核导向

绩效管理考核导向主要包括两部分内容：第一，考核模式。是偏重于规模考核、利润考核还是价值考核，或者是偏重于产品考核、客户考核。第二，绩效资源配置。根据年度重点工作计划明确绩效资源配置导向，即薪酬总额及费用总额的年初预算、监测和条线化管理。

（四）绩效管理考核模式

绩效管理考核模式包括总分支管理模式和条块管理模式。总分支管理模式，即总行垂直考核与支行二次考核分配相结合的模式，实现总行垂直考核与支行管理间的平衡。条块管理模式是指业务条线化垂直管理与各经营管理相结合，明确“条”与“块”的责权利，实现条块考核的有效平衡。

（五）人力资源管理体系

人力资源管理体系包括人力资源规划、人员招聘选拔、人员配置、工作分析与岗位评价、薪酬管理与激励、绩效管理、员工培训与开发等环节。绩效管理与人力资源管理其他环节互为基础、相互支撑。因此，人力资源管理基础（如组织架构、用人制度、薪酬设计等）深刻地影响着绩效管理工作的开展。

（六）中长期绩效管理考核规划

中长期绩效管理考核规划需要充分对接银行发展战略和年度经营管理计划，形成支撑战略落地的强有力抓手。此外，绩效管理考核规划要基于不同银行所处的绩效管理发展阶段，有计划、有步骤地推进银行绩效管理体系建设与持续优化改进，确保规划的前瞻性、科学性和有效性。

六、绩效管理体系建设的软件体系

大数据、人工智能、移动互联、云计算等新技术正深刻改变着人们的生活，并将继续改变金融的实现方式。“大智移云”技术将会对绩效管理未来的工作流程、组织、信息系统乃至绩效管理的整体运作模式产生巨大的冲击。“大智移云”彼此相互关联，将推动着银行绩效管理进入全新阶段。

（一）大数据

绩效管理是银行经营管理的关键环节，大数据不仅涉及传统的人力资源方面的数据，还涉及银行的销售、产品、客户、财务、风险、员工等方面数据的延伸和渗透，也涉及工作流程、过程与行为事件、社交互动等数据。基于大数据技术，对所有财务数据、非财务数据、结构化数据、非结构化数据等进行深度的挖掘与管理，为管理者提供决策依据。大数据的管理包括数据的分析、挖掘、建模、训练、验证、管理改进等一系列活动。例如，可以将银行每个员工的个人特征、行为、工作态度等大数据，通过数据的挖掘找到与高绩效员工相关的典型特征，应用到招聘和人员培养等方面，让银行的每个员工都能够持续产生高绩效。可以通过挖掘员工在处理业务流程各环节的中间数据和结果数据，发现流程中的瓶颈因素，找到改善流程效率、降低成本的关键点，从而优化流程，提高员工工作效率。

通过对各种绩效大数据的分析应用，使绩效管理更为智能化，进一步帮助管理者分析海量数据，得出可预测的见解，进行决策。例如，通过大量数据的积累和深度的学习能力，在员工绩效管理全过程进行变化监测，实现智能化动态绩效评价，为管理者提供信息，以利于快速分析和决策，发现问题，帮助员工明晰绩效差距并提出改进建议，做到“科学决策、优化运营和快速反应”。

（二）人工智能

神经网络深度学习在算法上的突破，使多个基础人工智能技术水平得到飞跃提升。基础层的云计算、大数据等因素的成熟催化了人工智能的进步，深度学习带来算法上的突破则推动了人工智能浪潮，使复杂任务分类准确率大幅度提升，从而带动了计算机视觉、机器学习、自然语言处理、机器人技术、语音识别技术的快速发展。

深度学习的人工智能技术使图像识别渐渐走向成熟，加速人脸识别在金融领域的应用，摄像头的 OCR 技术识别银行卡和身份证号码及文字的功能，极大地简化了业绩预约的烦琐流程，提高了输入正确率。绩效管理依托大数据平台技术，采用语音识别方式对银行机构海量语音内容进行识别，可以在最短时间内了解不同业务的话务结构，从而预测业务发展趋势，发现潜在客户，利用数据为业务全流程带来新的活力。

通过运用银行员工业绩数据、行为数据、工作活动轨迹数据等大数据及人工智能技术，一方面可以为员工准确画像，发现优秀的人才；另一方面，客户数据积累到一定程度，也可以为银行客户准确画像，从而为更精准的营销提供服务。

（三）移动化

绩效管理移动化使绩效管理突破时空限制，管理者和业务人员可以通过移动终端掌握客户动态，实现业绩查询、客户营销预约等业务的移动操作及远程处理，突破办公场所、上网条件等限制，使绩效系统操作和管理随时随地、触手可及。

（四）云技术

绩效云服务借助云计算技术，采用面向微服务的软件架构（SOA）建设先进的“绩效管理云平台”，满足总行与分行、省联社与各个法人机构对绩效管理需求差异化的要求，真正实现“总行统一平台，支持分行/机构差异化服务”的建设目标，使银行的绩效管理水平迈上一个新台阶。绩效管理云平台的目标是以低成本的方式提供高可靠、高可用、规模可伸缩的各分行/机构个性化绩效管理服务。总行采用公共云服务，各分行/机构无须自建绩效管理信息系统，绩效管理云服务将实现按需使用。下属各分行/机构可以按照自身的特点和业务需求，选择自己所需的功能模块，进行弹性配置，即选即用，满足自身个性化需求，提高绩效管理信息系统建设的效率。

小结

后续各章节是四个体系在实践中的应用案例集，分为管理体系案例、文化体系案例、制度体系案例、软件体系案例和综合案例。这些案例表明，要建立有效的绩效管理体系是一项复杂的系统工程，四个体系的建设是相辅相成、互为补充、缺一不可的。各银行在绩效管理体系建设及运营中需要按照“五结合”理论不断进行优化改进，根据区域经营及政策环境、战略导向、发展阶段、绩效管理基础、管理能力与管理风格的不同，绩效管理体系不同建设阶段的侧重点也应有所不同，只有建立一套适合当前自身情况的绩效管理体系，才是最好的、最有效的。

为保证银行客户对绩效管理效果的需求，天维信息不断地进行探索与创新，提出了“高绩效工作平台”的建设理念。未来，随着“高绩效工作平台”的不断实践与成熟，将会有力地促进中国银行业的高质量发展。

（供稿人：王远光）

第二章 管理体系案例

案例1 泗水农商行以绩效建设带动经营业绩与社会服务“双丰收”

随着我国经济进入新常态，金融市场逐步呈现多类别金融机构共存的竞争局面。农商银行在改革转型浪潮中砥砺前行，不断发展壮大，已成为我国金融业的重要生力军。为全面实现改革发展转型突围，山东泗水农村商业银行股份有限公司（以下简称“泗水农商行”）以绩效考核为抓手，充分发挥绩效考核“指挥棒”和“发动机”的作用，打破“大锅饭”，构建量化到人、按绩取酬的考核体系，激发员工队伍活力，增强业务发展动力，履行支农扶贫的社会责任。本案例结合泗水农商行绩效考核经验，分析如何构建具有行方特色的绩效管理体系，为中小银行提供参考。

一、项目建设背景

泗水县自古有“川上粮仓”的美誉，位于山东省中南部，属典型的欠发达农业县、山区县。泗河古称泗水，发源于泗水县泉林镇东陪尾山西麓，以趵突泉、洗钵泉、响水泉、红石泉四源并发汇流成河而得名，泗水县因泗河得名。

位于泗水县泉兴路的泗水农商行是由泗水县农村信用合作联社于2016年3月28日改制而成，是经中国银监会批准设立，实行自主经营、自担风险、自负盈亏、自我约束、独立法人资格的股份制农村商业银行。泗水农商行辖设21处营业网点，包括14家支行、1个营业部、6个分理处。自改制挂牌以来，泗水农商行在经营盘子小、历史包袱重、业务发展缓慢的背景下，加快体制机制改革，激发经营发展内生动力，扭转各项业务下滑趋势并实现持续健康发展，综合竞争实力大幅提升，成为全县存贷规模最大、网点遍布城乡、服务功能日趋完善、支农作用日益突出的地方性金融机构。

近年来，泗水农商行认真贯彻国家产业政策和信贷政策，紧紧围绕机制创新、转型发展这一主题，坚持面向“三农”、面向社区、面向中小微企业、面向县域经济的市场定位，积极倡导经营特色化、管理精细化，培育良好企业文化的思想，擦亮为农服务、支持实体的招牌，创新推出农 e 贷、薪 e 贷、丰收贷、养老贷、车贷通、康居乐等信贷产品，以及智 e 购商城、富民泉盈理财等一系列特色产品，优化服务渠道，加大金融服务实体经济力度，践行普惠金融，提升社会形象和竞争力，努力打造老百姓自己的银行。

泗水农商行在原有考核体系下，注重机构考核，员工习惯吃“大锅饭”，过于强调平均主义，激励效果缺失，发展规划目标落地难。在发展压力集聚、竞争形势日趋激烈的环境下，原有的绩效考核方式已不能满足该行经营发展和业务创新的需要。为了改变这一被动局面，泗水农商行亟待引入新的绩效考核模式，建设新型绩效考核管理系统，实行按量计酬、按月考核，激励员工创新、积极营销，既是实现转型发展的重要举措，也是实现战略目标落地的重要支撑点。

二、项目建设历程

泗水农商行是济宁市首批启动绩效考核体系建设的单位。根据银行绩效考核体系建设的统一规划、分期建设、持续优化的规律，把项目建设的第一年定义为“建设期”，目标是“用起来”，即保证绩效系统上线运行，保证行员能接受“多劳多得、按劳取酬”的思想，打破“大锅饭”；把第二年定义为“磨合期”，目标是“好起来”，即行方结合自身实际情况，充分借鉴同业先进考核办法，找到适合自己的考核办法；第三年则注重效果、持续优化，通过绩效考核改革，深耕细作，以促进经营管理水平的提升。

（一）项目建设期

2017年1月5日，泗水农商行正式启动绩效考核项目建设。同年8月底，完成绩效项目建设并运行3个月，从11月开始全员正式使用绩效考核系统。绩效考核系统的上线与运行，标志着泗水农商行开启以科技为支撑、实现精准高效的绩效考核新篇章。

（二）项目磨合前期

2018年，泗水农商行绩效考核项目处于磨合期的前期，该年度的项目工作主要包括适应系统，征集行员考核意见，进行工资分析，修订外勤、内勤人员考核13项内容。具体策略是通过分析2017年考核结果，确定全行信贷结构调整方案，提升创收能力，突出营销业绩，优化开发相应的系统功能，修订考核制度。其中，作为磨合前期重要事项的考核制度修订，主要包括客户经理考核制度修订、内勤考核制度修订、全员营销考核制定三项内容。客户经理考核制度修订的内容包括考核引导加大经营类贷款投放力度，消费类贷款利率按0.7折算，缩小欠息扣罚范围，同时加大扣罚力度，增加议价利息收入奖励四项考核指标；内勤考核制度修订的内容包括调整个别业务折算系数，建立补偿业务量、机构二次分配监控，业务量考核由按笔计酬转变为按系数计算，弱化业务量考核等六项考核指标；为了突出营销考核，泗水农商行制定了《全员营销考核办法》，明确开通扫码付、手机银行、开立基本户、代收代付业务等四项考核指标。

（三）项目磨合稳定期

2019年，泗水农商行绩效考核项目进入磨合稳定期，主要内容是熟知绩效考核系统使用，根据全行经营目标，在内勤考核中引入厅堂替代率，客户经理考核注重“增户扩面”。具体策略是通过全面剖析2018年全行各岗位、各层次人员工资情况，分析岗位之间差异性、岗位内部差距，结合目前经营中的短板，全年树立增户扩面、引导网点转型、营销精细化的意识，深度开发绩效考核系统。其中，根据前述经营目标与绩效评估结果，在考核制度方面进行优化调整：打破内勤人员业务量考核的导向，引入厅堂业务替代率考核，提升营销考核占比，丰富考核方式；客户经理考核注重新增客户数、效益指标；加强大堂经理厅堂管理考核，新增信贷内勤考核办法。

三、绩效管理的具体举措

泗水农商行项目在建设和打磨的过程中，结合自身的管理理念、团队组织、业务发展需求等多方面要素，形成“一个重视、两方动起来、三层管理”的运营管理模式，制定符合行方发展目标和体现社会责任的考核办法，打造具有泗水特色的绩效管理体系。

（一）“一个重视、两方动起来、三层管理”模式

泗水农商行在绩效考核建设初期保证了强大的执行力。在实施过程中，泗水农商行采用“一个重视、两方动起来、三层管理”模式开展工作。

1. “一个重视”

“一个重视”，是指泗水农商行的绩效考核工作落实“一把手”负责制，由董事长亲自抓。董事长在绩效考核体系建设启动仪式中明确指出，要充分认识绩效考核体系建设在实现战略管理目标、激发员工潜能、凝练企业文化方面的重要意义。

在绩效考核建设初期，行内部分中高层对绩效考核工作兴致不大，存在不重视甚至是抗拒现象。对此，董事长亲自主持疏导工作，针对中高层及核心员工逐个开展一对一面谈，时常沟通至深夜。董事长的以身作则及循循善诱，促使多数人员改变了原有的认知，为后续绩效考核的成功推广铺平了道路。总结来看，董事长主持绩效考核工作的关键动作包括以下几项：

一是组建绩效管理团队。加强组织领导，成立多层级的绩效考核工作小组，抽调专人成立绩效考核办公室，制定绩效考核体系建设的时间表和阶段任务表，各部门协调配合，保质保量地完成各阶段计划。

二是制定全年经营目标，牵头组织制定各岗位考核制度。通过董事长牵头制定经营目标与考核制度，推进经营目标的逐层分解。

三是主持推广考核方案，组织各条线参与制度制定，并由各单位提出修改意见。

四是主持召开支行行长、支行副行长、客户经理面对面绩效座谈会。通过重要岗位的绩效座谈，做到重点突破、以点带面，最终提高全员对绩效考核的认识。

五是主持召开全员绩效工资结果应用分析会。通过绩效工资结果应用分析会，在让行员深入了解自己绩效工资来源和关键问题的同时，收集行员反馈意见，作为下一步优化调整绩效考核的参考。

2. “两方动起来”

“两方动起来”包括项目组走起来和员工动起来，此为绩效运营阶段的执行体现。

项目组走起来方面，泗水农商行联合天维信息项目团队，在绩效考核系统运行前后开展了多轮“走起”活动，包括考核制度发布后的制度宣讲会、工资兑现后的支行宣讲工作、定期支行调研及培训工作等，有效提高了员工的接受程度。不同的“走起”活动，其面向对象、活动目的均有不同的侧重。在考核制度启动前，召开面向全行各岗位代表、全行各岗位人员的考核制度宣讲会，帮助行员认识和理解现行的考核制度；工资兑现后到支行宣讲，通过解读工资构成，传导总行考核导向，帮助员工解析提升绩效的途径。

员工动起来方面，立足于重视员工积极性和能力的双提升。引入绩效考核后，截至 2019 年第一季度，泗水农商行在全辖 21 个营业网点共开展大、中、小营销活动 23 场次，吸收存款 2000 余万元。市场份额、新增市场份额均位居全辖范围内第一。截至 2019 年 3 月末，该行实现存款增量 48307 万元，较同期增长 11125 万元，占市场份额 29.04%，新增占比 26.74%，其中储蓄存款市场份额 32.15%。

能力培养方面，稳步开展员工管培工作，加强正面引导。采用大刀阔斧的培养方式，引入内训师制度、营销人员梯队建设机制等，鼓励各类人才参加资格认证、等级评定等，提升专业学识、技能，为团队整体能力提升打下坚实基础。

3. “三层管理”

在绩效管理组织上，泗水农商行有明确的牵头部门、分管行领导，以及专门的领导小组和办公室，且切实履职，对项目实施起到关键作用。具体来看，成立了以董事长为组长，其他班子成员为副组长，各部门总经理、支行行长、各单位会计主管、绩效专员为成员的绩效考核工作小组；绩效考核办公室设在人事综合部，由行长任办公室主任，负责绩效考核制度的制定、解释、修订，绩效系统的日常维护及后续开发需求的提报工作。

泗水农商行绩效考核工作小组搭建了具有自身特色的“三层管理”体系（见图 2-1），不同层级各司其职，职责明晰，分工明确，覆盖考核流程的各个环节，共同形成灵活高效的管理组织。其中，“三层管理”的层级构成包括：

第一层管理是总行绩效领导小组，即由董事长和其他领导班子成员组成第一梯队，负责决策。

第二层管理是各条线专业绩效管理，即由部室总经理、支行行长、绩效专员组成第二梯队，负责组织、协调。

第三层管理是各支行绩效管理，即由专职绩效专员、各条线绩效专员、各支行绩效专员组成第三梯队，负责执行和落实。

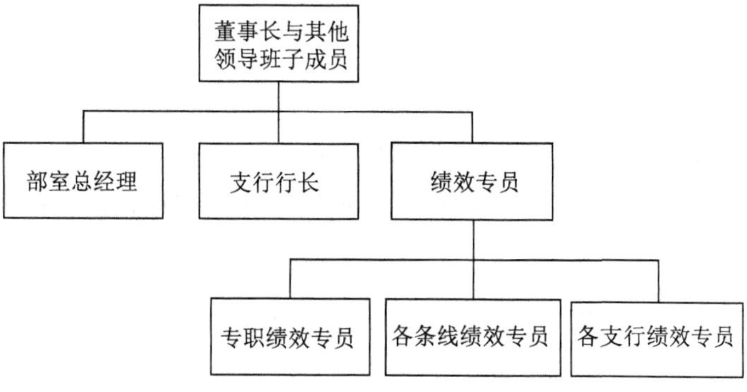

图 2-1　“三层管理”体系

“三层管理”绩效考核架构，实质上也是“一纵一横”本地化、特色化的演变，以“一纵”中支行绩效专员的设置解决考核“最后一公里”问题，以“一横”中条线部门和条线绩效专员的设置服务于业务条线部门的业务管理与业务发展需要，从而实现全员启动，让绩效管理理念深入人心。

（二）制定考核办法

1. 分解经营与战略目标，制定泗水特色的考核办法

绩效考核建设围绕经营目标与战略计划展开，通过将全行发展目标逐项细化，明确各部门、各机构、各岗位人员的绩效目标，层层落实工作责任，分解经营发展目标，确保发展战略的真正落实和执行效果。

根据目标分解，在考核办法的指标设计和定价标准上体现全行的业务导向。一方面，引导员工主动转向基层一线和信贷岗位，在全行牢固树立营销理念，推动全员营销。具体考核措施包括实现全员绩效均有营销计价占比，建立优秀员工评比制度、甄选业绩营销标杆。另一方面，实现绩效向一线倾斜、一线向营销岗位倾斜，同岗位同级别一线岗位的平均绩效高于总行部门工资，营销人员工资高于一线人员工资。根据 2019 年 3—6 月绩效工资兑现数据，信贷人员月均绩效工资为内勤人员月均绩效工资 1.7 倍，充分体现了“一线高于后台”的分配导向。

根据各岗位工作侧重点，实行差异化考核，形成精准匹配岗位目标与定位的考核办法。从具体岗位的绩效构成来看，充分凸显了该岗位主业的重要性。根据 2019 年 3—6 月绩效工资兑现数据，信贷人员的绩效工资构成中贷款工资（即信贷岗位的主业）占比最高，厅堂人员绩效工资构成中厅堂业务替代率绩效、存款绩效工资（即厅堂人员的主业）占比最高，体现了不同岗位的工作侧重。

2. 以绩效考核助力泗水农商行发展，履行社会责任

为贯彻落实金融机构“回归本源，服务经济社会发展”的全国金融工作会议精神，泗水农商行立足于农业经济，坚持“支农、支小、支零、支散”

的市场定位，切实做好产品和服务下沉，履行扎根“三农”、支农扶贫的社会责任。近年来，泗水农商行全面铺开以“回归本源”“做小做散”为核心理念的系列金融服务，发掘与孵化“原生态客户”，创新“公司+”“产业+”等扶贫模式，推出扶贫支农贷款产品，设立微贷中心，为弱势群体提供强势金融服务，打通金融服务的“最后一公里”。

结合泗水农商行当前业务发展需要，通过考核导向将“回归本源”落到实处。一方面，优化有效客户数增减、小额用信绩效奖惩措施，加大对新增有效客户、小额用信贷款营销的奖励标准，引导全行客户经理坚持支农、支小、支散、支微的市场定位，积极营销原生态客户、小额客户，回归服务“三农”、重拾“挎包精神”，发挥行方服务农村实体经济的职能效用；另一方面，基于泗水农商行以“原生态客户”、长尾客户为服务重心的业务特性，通过贷款质量指标设置提高客户经理对风险防控的重视程度。质量考核分为以当年到期贷款收回率、新增不良贷款扣罚为代表的当年新增指标，和以欠息扣罚、不良贷款占比扣罚为代表的存量扣罚，并通过设置返还指标激励客户经理加大到期贷款、新增不良、欠息贷款、存量不良贷款的清收力度。此外，针对服务农村区域、工作环境差、工作量大的情况，专门设定农区客户经理的月度岗位补贴。

四、项目建设效果

泗水农商行绩效考核项目经历了从建设期到磨合前期，再到磨合稳定期的过程，在绩效考核组织、业务经营、员工积极性、绩效文化方面均取得了较好成效。该项目在济宁地区已经成为“风向标”“领头羊”，在整个山东乃至周边地区的影响力越来越大，从项目上线开始，每年泗水农商行要接待多个其他银行考察学习。

（一）绩效考核组织日趋成熟

管理认知层面日趋成熟，考核工作参与度高。一方面，行领导（包括

“一把手”和其他领导班子）非常重视绩效考核工作；另一方面，“一把手”对绩效考核的参与度高，落实“一把手”负责制，由“一把手”亲自抓绩效考核工作。对内，针对中高层及核心员工逐个开展一对一面谈，主持疏导工作；对外，与项目组沟通频率较高，仅 2019 年上半年与项目中心就沟通了 2 次。行领导对绩效考核工作的正确认知、准确把握、重视与参与，可有效引导行内全员重视绩效考核，提高对绩效考核的认可度。

不断完善组织构架，提升绩效管理水平。组织层面搭建了由董事长与其他班子成员、各部门总经理、支行行长、各单位会计主管、绩效专员参与的“三层管理”体系，是“一纵一横”绩效考核组织体系的本地化演变。通过“一纵”中的专管员机制保证业务管理数据和绩效考核数据的准确性和及时性，打通绩效管理体系的“最后一公里”。通过“一横”让各业务条线部门直接参与到绩效管理体系的建设与运营中，更好地服务于各业务条线部门的业务管理与业务发展。“三层管理”体系的运行日趋成熟，推动绩效考核工作稳定开展，绩效沟通与反馈机制及时有效，有力支持了绩效管理水平与经营管理水平的双提升。

（二）业务经营稳健向好发展

通过绩效考核体系的打造，以内生力促进泗水农商行各项业务稳中有快地发展，使行内业绩稳步提升，风险可控，积极探索产品创新，履行支农扶贫的社会责任。同时，该行整体经营管理水平逐年提升，在全省综合考评中的排名持续提高。

业务规模方面，存贷款余额规模稳健增长。截至 2018 年末，泗水农商行的各项存款余额为 64. 55 亿元，增量 4. 83 亿元，增幅 8. 09%，增幅位居全市第三；各项贷款余额 36. 45 亿元，增量 3. 00 亿元，增幅 8. 24%，增幅位居全市第四。

业务质量与风险防控方面，整体信贷与流动性风险可控，泗水农商行的相关指标符合监管标准。截至 2018 年末，泗水农商行的不良占比为 2. 63%，资本拨备覆盖率为 158. 35%，资本充足率为 13. 95%。

产品与服务创新方面，体现业务延展和支农扶贫社会责任。一方面，泗水农商行积极拓宽业务范围，先后推出理财、扫码支付、贵金属代理、社保卡等新型业务，提升综合服务能力和客户黏性；另一方面，信贷产品体系紧紧围绕支农扶贫主题，先后推出养老公益贷、富民农户贷、富民生产贷、创业担保贷款、农机具、丰收贷等信贷产品，为传统金融不服务或服务不到位的长尾弱势客户群提供优质金融服务。

在全省农商银行经营管理综合考评中，泗水农商行逐渐脱颖而出。2017年，该行在全省经营管理综合考评中提升74个位次；2018年提升6个位次，并在2018年中国农村金融品牌价值榜评选活动中荣获“全国农村金融十佳绩效管理银行”荣誉称号；2019年，在全省经营管理综合排名中排名第十二，提升8个位次，在济宁市位列第二。

（三）员工积极性显著提升

泗水农商行在绩效考核项目建设中，充分发挥绩效考核“指挥棒”和“发动机”的积极作用，打破原有“平均主义”，实现量化到人、按绩取酬。通过考核和激励机制的有效构建，激发员工积极性。目前，全行员工对绩效考核工作接受度很高，形成了“多劳多得，你争我赶”的工作氛围，从而提高个人与机构业绩，绩效兑现符合预期，员工满意度也随之提高。具体体现在以下方面：

考核办法与指标从落实到持续完善，提振了全员干事的热情。2017年，通过开展40余场次绩效专访，确定全行考核制度。结合2017年考核结果和实际需求，2018年进行客户经理、内勤考核制度修订。为了突出营销考核，制定《全员营销考核办法》，2019年在客户经理考核方面注重客户数、效益指标，在内勤人员考核方面引入厅堂业务替代率考核、提升营销考核占比，丰富考核方式；在大堂经理考核方面进行修订和新增信贷内勤考核。通过制度方法与指标的落实与持续优化，员工工作热情大幅提升。

绩效工资整体兑现合理，体现业务导向。从2019年3月开始施行新的考核方案，选取2019年3—6月的绩效工资兑现情况，得薪率为93%。各项考核指标绩效工资占比显示向重点业务倾斜，存款、贷款绩效占比高，体现了该行的业务发展导向，引导全员在工作过程中侧重提高重点业务的业绩。

绩效与岗位职责、业绩等要素紧密结合，体现分配导向。从前、中、后台岗位来看，充分体现了“一线高于后台”的绩效分配导向。根据 2019 年 3—6 月绩效工资兑现数据，信贷人员月均绩效工资为内勤人员月均绩效工资 1.7 倍；在具体岗位的绩效构成中，又充分凸显了该岗位主业的重要性。根据 2019 年 3—6 月绩效工资兑现数据，信贷人员的绩效工资构成中贷款工资（即信贷岗位的主业）占比最高，厅堂人员绩效工资构成中厅堂业务替代率绩效、存款绩效工资（即厅堂人员的主业）占比最高。

（四）绩效文化逐渐深入人心

形成了多劳多得、按绩取酬的绩效文化。一方面，通过制度宣讲与培训、员工座谈会等方式，使员工切实认识到“大锅饭”和平均主义已成过去，对新型绩效考核形成一定认知，并在认知基础上逐步转变思路和相关行为；另一方面，通过绩效考核系统的上线运行，大幅提高了考核的效率，实现“T+1”，方便员工随时随地查询查看业绩，薪酬兑现也更加及时清晰。绩效查询与兑现的效率和明晰程度，让员工在及时充分了解业绩情况和薪酬构成的同时，积极主动地剖析自身短板和长处，从而提高专业素养和技能，补齐短板，发挥优势。此外，员工还可基于对考核办法的理解，总结提高绩效的路径，在后续的工作开展和营销活动中往行方侧重的方向努力，从自己行为的改变中获益。

实现个人与团队的协同发展。根据泗水农商行各岗位考核管理办法，推行员工绩效工资与个人业绩、机构业绩考核相挂钩的模式。员工工资构成中的机构效益工资直接与机构经营情况挂钩，即机构效益工资与机构得分挂钩，使机构得分直接作用于效益工资。通过绩效工资与个人业绩、机构经营情况的双关联，员工在做大做好自身岗位业绩的同时，也需关注并支持机构业绩的获得与维护，从而实现了个人与机构发展的协同统一，促进整体经营业绩稳中有序地提升。

五、项目建设启示

泗水农商行以“经营目标、总指挥、促发展”为核心考核理念，以“一个重视、两方动起来、三层管理”管理运营模式确保绩效考核的高效落地与执行，以考核导向促社会责任履行，逐步形成具有泗水特色的考核体系。泗水农商行的绩效考核项目工作取得了显著效果，并成为地区标杆，其在建设和打磨过程中积累的经验，对中小银行绩效考核管理的打造具有一定的参考和借鉴意义。

（一）绩效考核建设需围绕经营目标展开

促进各项业务良好发展是银行的经营发展目标，因此绩效考核应当围绕经营发展目标进行规划、执行以及运营，并在此过程中针对经营业绩与绩效兑现等效果评估结果，对绩效考核体系进行不断的调整优化。泗水农商行通过绩效考核“传送带”的作用，将经营目标分解到各支行、各部门、各岗位人员，再根据各岗位工作的侧重点设置差异化的指标集合，形成具有自身特色的绩效考核体系。

（二）“一把手”的重视度和参与度是绩效考核顺利推进的决定性因素

要做好绩效管理工作，需坚持秉承“绩效管理是‘一把手’工程”的理念。董事长和领导班子的决心与支持是绩效考核工作能否顺利开展的关键。只有领导班子重视并参与绩效管理相关工作和活动，中层领导才会重点推动和做好上传下达，基层员工才会有驱动力参加培训、自主学习、形成深刻认识。泗水农商行的行领导非常重视绩效考核工作，董事长曾多次在会议中公开表示绩效考核是银行转型的重要举措，是银行管理的重要抓手。由董事长亲自抓绩效管理工作，通过沟通疏导凝聚管理层与核心员工认识，实现逐点击破、以点带面，从而树立全员绩效管理意识，为后续绩效考核项目的建设与推进奠定基础。

（三）绩效考核组织机构的建立是绩效考核精准性的保障

在搭建考核体系之前，“五结合”工作（即与外部形势、银行发展阶段、银行绩效考核阶段、银行发展战略、领导管理风格相结合）尤其重要。通过对五大方面要素的综合分析，找到适合该行的考核方案。若与任一要素有较大矛盾，都会最终导致考核方案落地困难。泗水农商行结合内外部多方面因素，搭建了适宜的绩效管理组织，实现了本地化的绩效管理建设落地。

泗水农商行通过建立“总行绩效领导小组—各条线专业绩效管理—各支行绩效管理”三层管理结构，打造灵活的绩效管理组织。不同层级各司其职，形成高效的绩效管理流程，做到职责清晰、分工明确，实现绩效考核的全流程覆盖和纵横双维度的传导机制，由此保障战略目标在各层分解的准确性和绩效考核信息精准到位的传达。

（四）“两方动起来”是绩效考核落地运营的有效支撑

“两方动起来”是通过项目“走起来”和员工“动起来”，使行内全员形成较为成熟的考核理念认知，理解现行的考核制度与方案，借助员工管培机制提升业务和岗位所要求的技能与专业素养，以营销活动与配套激励政策提高行员的主观能动性。统一全员考核思想、树立全员绩效考核意识是产生内驱动力的重要手段。培养能力相匹配的行员、调动全员积极性是行内强身健体的有效路径。因此，应重视“两方动起来”，通过制度宣讲、下沉支行调研和培训、营销竞赛、员工成长计划等活动，强化行内全员对绩效考核的认知，提升行方的整体绩效考核能力，从而有效支撑绩效管理的运营。

（供稿人：梁淑娴）

案例2　武汉农商银行绩效专管员队伍建设

面对目前日趋复杂的经济环境，越来越多的商业银行将绩效考核作为应对严峻形势的重要手段，赋予绩效考核完善管理、下沉战略、助力发展的重要使命。武汉农商银行作为全国规模排名前十的农商银行，以优质的绩效专管员队伍为基础，实现绩效管理过程持续循环，形成了良好的考核文化。本案例从项目建设背景出发，阐述绩效专管员的建设思路，以及如何运营管理，探讨绩效专管员队伍建设的核心方向及基本方式。

一、项目建设背景

（一）武汉农村商业银行概况

武汉农村商业银行（以下简称“武汉农商银行”）是国务院、中国银监会批准成立的全国首家副省级省会城市农村商业银行，于 2009 年 9 月 9 日正式挂牌成立。截至 2019 年 9 月，存款规模 2000 余亿元，贷款规模 1200 余亿元，资产规模 2600 余亿元，是中部地区唯一资产规模超过 2000 亿元的农商银行。全行 200 余个营业网点遍布武汉城乡，并于咸宁、宜昌、黄冈三地设置异地分行，另在湖北、江苏、广东、云南、海南、广西六省筹建了 40 余家村镇银行。近年来，武汉农商银行主要业务经营指标和监管指标持续达标，稳居武汉金融行业第一方阵。

“立足荆楚、辐射全国、紧系民生、面向未来，打造精品银行、中型银行，最终实现一流股份制银行”是武汉农商银行战略目标。总行零售业务部及一级支行对零售条线营销人员、营销团队的管理形成相辅相成的关系，对个人客户群体的细分和差异化运营是完成零售业务强基工程的关键因素，以优化客户结构、增强业务竞争力并抓好风险防控为主为对公业务强基的重要支撑。对于金融市场业务，立足于专业化，成为优秀的金融市场交易商和撮合商，有力支持了零售业务与公司业务的提升与转型。

自上而下完善风险管理团队、营销团队的组织架构以及团队内专业人才的培养体系，提升全行风险管理、主动营销的意识，并同步建立以总行战略为导向的绩效考核体系，服务于能力提升、人才激励工程的实施，助力全行实现从人事管理向人力资本管理转型的目标。

（二）考核项目及专管员队伍建设历程

2012年8月，武汉农商银行与天维信息展开合作。2013年1月，武汉农商银行绩效系统正式投入使用。2015年8月，武汉农商银行为进一步解决在经营转型中面临的问题，最大限度发挥绩效考核的作用，与天维信息签订了绩效管理咨询合同。2017—2019年，从最开始以打破“大锅饭”、调动员工积极性为核心的考核建设思路，逐渐转变为以绩效专管员为基础，搭建绩效管理体系，以绩效考核为工具，配合总行战略执行，探索专业营销人才建设的考核新思路。截至目前，客户经理队伍管理模式日趋成熟，网点内勤人员配置标准化，按劳取酬的考核思想深入人心，客户分层维护的零售体系初具雏形，机构分类管理因地制宜，客户基础有效提升。以绩效反馈为重要依据，专业的营销队伍、风险管控队伍的团队运营机制日益完善，联动营销激励机制效果愈加明显。

为配合考核制度和系统建设需要，总行设置两位专职绩效专管员，主要负责技术条线与业务条线的相关事宜，如对接总行部室考核需求、考核制度制定等。在考核系统投入使用及推广阶段，为保障制度体系和系统的正常运转，组建一级支行绩效专管员队伍，主要进行业绩关系管理和系统基础数据管理等工作，形成了绩效专管员队伍雏形。在搭建绩效管理体系初期，网点行长加入了绩效专管员的队伍，担负起绩效管理体系中的基层管理职责，形成了由总行专管员——一级支行专管员—二级支行专管员组成的“一纵”管理体系；同时，以总行两位绩效专管员对接各总行部室，建立“一横”的管理体系。借助绩效专管员“一纵一横”的绩效考核管理运营保障体系，一支专业素质强、业务能力硬、服务意识高的专业化考核队伍逐步形成，绩效管理运行日趋成熟、绩效反馈机制及时有效，有力支持了人力资源架构调整与结构优化。

二、绩效专管员建设的动因

随着绩效考核工程的不断推进，绩效考核与全行的战略执行、业务运营联系越来越紧密，绩效专管员队伍建设的必要性与重要性日益凸显。

（一）满足绩效考核项目建设的需要

管理层面，基于总行——级支行—二级支行的三级组织架构制定的绩效管理制度，必须依托一支三级架构的专业考核队伍执行。换言之，总行、支行、员工之间应保持高效沟通，以确保绩效辅导、绩效反馈信息的通畅。武汉农商银行的总行专管员、一级支行专管员、二级支行行长三级架构绩效专管员队伍已经形成，在计划任务下沉到人、对员工辅导沟通、进行绩效工资各级反馈、绩效分析结果应用等方面，绩效专管员的作用无可替代。三级管理架构满足了各层级的绩效管理需要，“一纵”的管理体系在绩效考核工程建设中发挥着重要的作用。

文化层面，建设初期大部分员工对于绩效考核仅有感性的认知，基层对考核理念、考核导向的认识度不高，认为绩效考核仅仅是用来发放工资的工具，无法有效提高员工的工作积极性，故绩效考核文化的建设尤为重要。“以点带面”是绩效考核文化建设非常有效的手段。绩效考核制度的下沉、基层绩效分析是绩效文化建设的关键节点，在关键节点上配置一支考核技能过硬的专业队伍，无疑能够起到事半功倍的效果。

考核制度完善、绩效系统建设依托于持续的绩效反馈，绩效专管员处于绩效反馈的关键一环，因此其作用不言而喻。同时，绩效考核中长期存在的手工数据以及定性化考核数据的统计导入，都需要借助分支行绩效专管员的绩效管理技能。

（二）战略执行、精细化运营的需要

武汉农商银行以能力提升、人才激励为基本策略，实现业务模式与运营

模式的转型，配合宏观战略的执行。公司条线、零售条线、厅堂服务、网点后台支持以及柜面服务配置专人专岗，对各类人员实行条线化、专业化的管理、培养，并抽取优质的营销及服务人员成立专业的风险管理团队及公司业务、零售业务营销团队，匹配相应的考核机制，以精细化考核为重要手段配合多元的人才培养及业务团队建设。在复杂、多元的人才培养以及各项业务团队建设战略下，多维度、精细化的人才及团队考核评价体系需要素质过硬并且精通人力资源、银行业务的考核人才来执行与完善。绩效考核本身为促进业务发展而存在，绩效、业务本是互相促进的，精通考核与业务的分支行绩效专管员，有益于人力资源结构优化业务运营工作的开展。

武汉农商银行拥有200余个网点，业务覆盖区域广，各地经济环境差异大，运营管理难度高。随着经济下行期的到来，商业银行逐渐从被动式发展转为主动寻求差异化、特色化发展，越来越注重“内功”的修炼，精细化内部运营、精准化策略营销逐渐成为其“必修课”。武汉农商银行已基本形成基于客户分层、“以客户为中心”的核心理念的运营、考核机制。在此背景下，对客户进行多维度的结构分析、精准画像已是业务运营的必要条件。绩效系统数据比较全面，有力支持了武汉农商银行“以客户为中心”的相关数据需求及考核需求，绩效专管员过硬的系统使用技能及绩效、业绩分析技能使其成为执行此关键环节最合适的人选。

三、绩效专管员管理模式

打造一支高素质的绩效专管员队伍，离不开一套行之有效的、成熟的管理机制，即清晰的队伍定位、明确的培养思路与精细的日常管理运营。

（一）绩效专管员的定位及职能

基于绩效考核工程四大体系建设、战略执行以及精细化运营、管理的需要，武汉农商银行绩效专员的定位主要体现在六大方面：一是绩效系统稳定运行的保障者，确认手工业绩及定性考核的结果并导入系统，保障绩效工资准确、及时兑现；二是绩效考核管理功能持续发挥的保障者，管理绩效计划任务、员工机构、岗位及业绩认定调整；三是考核理念、考核导向、总行战略的传导者与执行者，总行人力资源部对广大员工的考核培训以分支行绩效专管员为关键执行节点下沉至基层；四是基层考核反馈的甄别、上报者，借助分支行绩效专管员专业的绩效管理技能，总行人力资源部可快速得到基层的价值反馈，使绩效考核建设更具有针对性；五是绩效考核结果正确运用的保障者，基于对绩效的分析等专业考核技能，绩效专管员能够评估各岗位价值与人员结构，为人力资源结构优化提供核心依据；六是分支行业务运营的协助者，绩效专管员对绩效系统内的数据进行多维度分析，有助于支行做出最好的营销决策，在“以客户为中心”的协同经营、交叉经营模式逐渐替代现行条线经营模式的背景下，绩效系统承担了部分 CRM 系统的功能，分支行绩效专管员熟练的系统使用技能以及分析技能为营销活动提供了极大的帮助。

基于上述六大定位，对武汉农商银行的绩效专管员队伍按照人员配置、细化定位、岗位设定及工作职责进行解析（见表 2-1）。

表 2-1　绩效专管员定位及职责明细

维度	人员配置	细化定位	岗位设定及工作职责
总行专管员	2 名	1. “一纵一横”体系交叉管理的关键节点 2. 绩效系统稳定运行、绩效稳定兑现的保障者 3. 绩效管理工作的监督、落实者 4. 绩效反馈收集分析与绩效结果分析的应用者 5. 绩效考核制度的完善者	1. 对接总行业务部门管理需求及考核需求，结合总行要求规范绩效管理流程，保障“一纵一横”的管理体系稳定运行 2. 对接科技部门，保障绩效系统的数据获取，监督一级支行绩效专管员的绩效任务下达、手工数据及定性考核结果导入等 3. 对全行员工业绩、员工机构及岗位变更的审核，员工个人业绩认证凭证、员工资料管理，组织绩效分析以及绩效培训等并指导、协调分支行完成，审核评价分支行绩效分析等成果，传达总行管理要求 4. 根据绩效日常运行发现问题，收集分支行绩效反馈并进行分析甄别，对绩效考核结果进行分析，形成系统性文件，为总行相关决策提供核心依据 5. 根据日常的绩效反馈、结果分析等持续完善绩效考核制度

续表

维度	人员配置	细化定位	岗位设定及工作职责
一级支行专管员	一级支行配备 2~3 名，其中公司部 1 名，零售部 1 名，综合部 1 名	1. 绩效系统数据的保障者 2. 绩效制度、理念传导的关键节点 3. 绩效反馈收集、结果的分析者 4. 绩效管理的执行者	1. 导入绩效系统手工数据及部分定性考核结果，核对绩效工资的准确性 2. 向基层解释相关考核制度，传达总行考核导向与理念，配合总行绩效专员协调分支行时间与资源进行绩效宣讲、绩效分析等关键工作 3. 收集基层绩效反馈，对分支行绩效考核结果进行分析，发现分支行绩效运行存在的问题，并将基层绩效反馈与绩效分析结果反馈给总行绩效专管员 4. 员工业绩认定、业绩调整等 5. 其他工作
二级支行专管员	二级支行行长承担该角色	绩效管理的基层执行者	1. 员工业绩认定，基层考核诉求收集、解释 2. 其他网点管理工作

总行专管员、一级支行专管员、二级支行行长的日常工作职能可概括为逐层管理、协调辅导。以员工业绩认定调整为例，基层员工提出业绩认定及调整诉求，二级支行行长根据实际情况进行初审后，提交材料给一级支行公司部或零售部绩效专管员，由绩效专管员协助业务部门进行二次审核，完成之后提交总行业务部门，总行业务部门与总行专管员协同进行终审，终审之后录入绩效系统。再以分支行绩效分析会的开展为例，总行人力资源部选定开展分析会的支行，总行专管员与一级支行专管员进行沟通协调，确认绩效分析会议召开时间与分支行参会人员。然后，一级支行综合部、公司部、零售部专管员分别从各自条线开始编写绩效分析会议必需的绩效分析文件。在此过程中，总行绩效专管员将全力协助并辅导文件的编写工作。同时，一级支行绩效专管员将会协调二级支行行长挑选参会员工代表，代表基层员工对绩效的反馈意见。准备工作完成之后，总行专管员与一级支行绩效专管员充分协调，协助总行人力资源部与分支行相关领导完成绩效分析会议，总行专管员负责收集归档并进行管理。

（二）绩效专管员的培养思路与培养举措

武汉农商银行的绩效专管员的六大角色定位决定了其必须拥有两大基本技能与三大核心能力。两大基本技能：一是绩效系统使用技能；二是员工绩效、员工业绩分析技能。三大核心能力：一是绩效考核制度熟练运用能力；二是绩效反馈的筛选、甄别能力；三是绩效结果的运用能力。两大基本技能的学习与三大核心能力的提升形成武汉农商银行分支行绩效专管员培养的两条主线：一是绩效系统操作与考核制度细节下沉；二是绩效反馈、绩效分析案例模拟与交流。同时，针对这两条主线形成一系列培养举措与机制，具体如表 2-2 所示。

表 2-2　绩效专管员培养解析

培养对象	培养思路	培养目标	基本培养举措
分支行绩效专管员	绩效系统操作、考核制度细节认知	1. 业绩、绩效数据熟练查询 2. 手工数据、定性考核数据及时准确导入 3. 熟知考核细节，向基层传导考核导向与理念	1. 总行专管员编写操作文件，以截图的形式对绩效专管员需查询的数据位置、需导入的数据进行操作指引（此操作文件内容使用对象不限于绩效专管员，同样面对广大员工，使其可以查询自己的业绩与绩效） 2. 将考核制度以岗位、业务为两个基本维度进行切割，总行绩效专管员制作详细的考核地图，一级支行绩效专管员可根据员工岗位与想要查询的业务快速定位考核制度（此文件涵盖所有现行考核细节） 3. 总行人力资源部每年组织数次针对一级支行绩效专管员的系统性培训，培训内容为绩效系统常用操作与绩效考核制度，并就培训内容组织考核，考核结果纳入绩效专管员专项奖励 4. 组建一级支行绩效专管员线上交流群，解答专管员日常疑问，共同进步，总行绩效专管员对一级支行专管员进行针对性辅导

续表

培养对象	培养思路	培养目标	基本培养举措
分支行绩效专管员	绩效反馈分析与案例模拟交流	1. 准确甄别绩效反馈 2. 准确分析绩效结果	1. 总行专管员协助一级支行专管员对员工的绩效组成、分布、业绩状况等维度进行分析，开展绩效分析会议 2. 基于对绩效工资的分析，绩效专管员收集基层员工反馈，并结合自身理解，于绩效分析会议向总行、支行领导和广大员工进行阐述，并提出改进意见和建议 3. 总行专管员持续线上、线下辅导培养

（三）总行对绩效专管员队伍的日常管理运营

专管员的管理思路与基本手段，是基于前文提到的专管员的核心定位并结合武汉农商银行的实际情况演变而来的。武汉农商银行绩效专管员的管理、运营思路与基本手段是在数年的绩效考核运营中提炼总结的，并非一开始就形成了系统化的体系（见表 2-3）。同时，专管员的管理与运营并不独立存在，专管员能力的提升服务于考核完善与业务发展，这也是武汉农商银行对绩效专管员管理与运营的核心思路。针对此思路，武汉农商银行绩效专管员形成了基于人力资源部—总行绩效专管员—分支行绩效专管员组织架构的成熟、学习提升管理机制与纠错反馈运营机制，并以积分为手段实现。

值得一提的是积分的获取、惩罚的维度和动作并非一成不变，而是一直处于不停的总结与完善之中。除一些基本的维度，如绩效工资正确性验证、舞弊套利等行为，其他维度都是逐渐完善的。例如，天维信息每个季度基于全行的绩效运营情况，以全行的业务发展状况为基础，对全行的考核效果进行评估。但天维信息的考核效果评估仅限于全行宏观层面，无法针对支行进行细节挖掘，考核效果分析往往无法体现各分支行个性化因素。由此，武汉农商银行形成了由分支行自行组织、总行相关领导参与、绩效项目组协助进行的绩效分析大会，分支行绩效专管员通过绩效分析编写的价值材料成为总行绩效运营的核心依据，因此在分支行绩效专管员积分获取通道增加该项。

表 2-3　绩效专管员奖励、惩罚维度明细表

培养对象	解析维度			
	积分获取维度	积分获取行为	有效判定	积分扣减
一级支行绩效专管员、网点行长	系统运行	系统漏洞反馈、系统优化可行性建议、绩效工资准确性核对等	总行考核项目组判定可行性与准确性	个人原因导致绩效工资无法按时发放、与员工协同舞弊等（部分维度一票否决）
	绩效培训	培训参加场次、培训考核结果、分支行自行组织绩效培训场次及效果等	培训场次统计、分支行绩效文化建设情况，由总行项目组对日常运营进行判定	
	自我提升	提交的绩效分析材料	总行项目组对材料价值进行评估并匹配相应积分	
	绩效运营	基层考核矛盾处理、考核管理及制度优化建议等	员工反馈、总行项目组对建议可行性进行评估	

四、项目建设效果

武汉农商银行绩效专管员的建设取得了较好的效果，主要体现在以下几个方面：

一是全行绩效考核工作的组织层面，得益于绩效专管员熟练的系统操作技能。全行考核工作稳定进行，每天绩效系统数据更新之后，总行绩效项目组基本都会接到分支行绩效专管员以及基层的绩效咨询电话。全行每月上旬绩效工资及时准确发放，分支行按照总行下发的绩效分析模板进行绩效分析。每季度进行绩效考核分析及效果评估，并组织各分支行开展分支行内绩效分析工作。年末进行年度绩效总结，支行向总行提出大量的可行性意见和建议；基层员工的考核意识、考核积极性明显提升，从以往绩效项目组听到最多的反馈是“明明我做的事最多却怎么绩效最少”“怎么我名下存款业绩这么多，反而绩效工资不如业绩没我好的高”之类的话语，逐渐转变为“请问一下我

的工资我怎么算不太清楚”“总行的导向是鼓励我们投小额贷款，能不能帮忙估算一下大概有多大差异”等，员工主动关注绩效，了解总行战略意图；同时，借助分支行内绩效分析，支行对员工的能力、绩效水平了解得更加深刻。例如，一级支行在年初对基层下达年度绩效计划时，反馈到总行的阻力逐年减小，任务分配更加合理，分支行绩效分析会组织效率更高，绩效专员提供的分析材料质量也呈现上升的趋势。

二是人才培养层面，首先建立了一支素质过硬的专管员队伍，数据操作能力得到提升，能够熟练进行绩效数据操作与分析，专管员自身绩效感知度、分析问题能力提升。绩效问题处理非常锻炼个人的综合能力，基层反馈的绩效问题有很大一部分是基于自身利益提出的，具有较强的局限性，对于问题的处理需要较强的甄别、分析能力。其次是业务感知力的提升。考核本身服务于业务，日常的绩效分析，如各岗位绩效结构的变化是否符合本岗位的建设理念，各岗位绩效水平高低是否代表总行的岗位导向，绩效资源的投入是否符合总行核心战略，考核运营是否存在与业务偏离等情况，更深层一些的，如绩效专管员在数据分析和绩效辅导过程中提升了业务感知力、判断力和管理能力，成为行内骨干或管理人员。

五、项目建设启示

本案例主要对武汉农商银行绩效专管员建设的历程、思路以及运营管理的基本方式进行了研究。分析表明，武汉农商银行绩效专管员建设案例有以下三个非常关键的核心启示作用：

第一，优秀的分支行绩效专管员是绩效考核成功运营的核心因素。任何一套制度成功的关键并不在于制度设计，而是在于执行，绩效考核制度同样如此。绩效考核的建设关键主要在于考核制度、理念的下沉与考核运行分析及沟通反馈。分支行绩效专管员相比基层员工视角更广，立足点更高，其对考核、业务的认知有利于消解考核在基层引起的一些不必要的矛盾并提升基层对考核的认识，其反馈有利于总行根据实际情况完善考核规则。

第二，分支行绩效专管员是优质的人才储备资源。知人善任、人尽其才、人员合理调配、对员工针对性培养等举措是优化人力资源结构的重要手段，分支行绩效专管员对基层员工的综合素质、能力专长以及短板比较清楚，了解人员使用状况及人事配合程度。在人力资源优化层面，绩效专管员对绩效结果的分析提出的意见和建议具有很高的参考价值。

第三，绩效专管员队伍建设不必局限于绩效考核，成熟的专管员管理、运营机制的形成与银行自身的经营思路、所处环境等自身因素息息相关。管理者可跳出绩效考核的圈子，不必将绩效专管员局限于绩效考核的范围之内。武汉农商银行的绩效专管员队伍建设历程及经验表明，分支行绩效专管员关于考核的工作将会涉及人力资源、业务分析等方面，仅仅作为考核而存在的绩效专管员很少。优秀的绩效专管员除具备熟练的考核技能与过硬的考核素质之外，还需具备一些其他知识，如人力资源、业务运营等。同时，绩效专管员队伍的管理与运营机制并非可以完全借鉴，绩效考核方案需要结合银行的实际情况进行设计，考核运营同样需要结合实际情况因地制宜。考核运营不同，专管员的管理与运营同样有所差异，如武汉农商银行，因其地域差异性以及本身的技术系统支持条件，考核制度详细、覆盖面广，绩效专管员需要具有非常熟练的考核技能来应对系统数据需要、绩效反馈等，故将绩效基本能力提升作为其运营、管理的核心主题。值得一提的是，每家银行因其经营环境、自身战略以及绩效考核工程建设背景等因素的独特性，在此基础上提炼的绩效专管员建设经验往往都是最适合自身的。故从微观角度分析，武汉农商银行绩效专管员的建设经验不能完全照搬，毕竟各家银行在考核建设背景、自身经营环境等方面存在差异。但从宏观角度来讲，绩效考核都是为了提升全行业绩以及管理水平，故武汉农商行绩效专管员建设的核心思路与关键举措值得借鉴。

（供稿人：向以剑、罗智雄）

案例3 某公司“一纵两横”绩效管理架构建设

某公司是某集团总部其下设的一家分公司，在组织架构上属于市级分公司，其下设县分公司及网点支部。采用“一纵两横”的管理架构，从市公司层面到县分公司每个支部，逐层深入，为项目建设以及项目运营打下了坚固的基石。“一纵两横”的架构强化了某公司的上下绩效管理参与度，提升了某公司内部管理的执行力，确保了项目管理的范围覆盖到位，做到了目标同向、行动同步、执行同力。

一、项目建设背景

某公司负责本辖区某行业生产、经营、服务工作，经营范围有金融、保险、传统业务等。在公司高速发展的过程中，原绩效考核处于纯手工或半自动化模式，半手工操作上报数据、汇总数据，手工考核到机构。种种迹象表明，原有的绩效考核体系已经不适应公司发展要求，已经不能满足业务快速发展和客户精细化管理的需要。公司急需从实际运营中，围绕集团总部的指导方针把公司作为根据点，把绩效管理落实到每个县、镇、乡网点，以保证绩效考核可以完全覆盖，把建设具有公司特色的绩效考核系统作为支撑，力争打造一个数据完备、考核参数配置灵活，具有科学考核评价体系的先进的绩效管理平台。

公司面对日益激烈的市场竞争、快速的机构人员增长，急需建立一套科学的“按绩取酬、多劳多得、公正透明”的考核到人的绩效考核机制，并配套合理的绩效管理体系。通过考核机制充分调动广大员工的工作积极性和营销的主动性，引导和驱动经营管理，发挥绩效考核“指挥棒”和“发动机”的作用。在此背景下，某公司建立了一个全员绩效管理平台，满足企业对机构、部门、团队、人员的绩效全过程管理，实现全市员工绩效考核的精细化管理，助力公司快速发展。

公司绩效考核建设项目根据总公司的导向确定目标，以从业人员素质提升为手段，以加强机制建设、强化员工考核激励、完善支部网点的渠道建设和专业风险管控为具体建设内容进行绩效考核体系建设并运营，以此促进业务的快速发展。

二、"一纵两横"的绩效管理架构

科学合理的项目组织架构是绩效考核项目建设顺利实施的基础。为提高某公司绩效考核管理能力，保证绩效考核体系建设顺利推进，与项目团队组建成立包括某公司考核办、各县分公司考核办的绩效考核管理团队。由项目组和公司组成的绩效考核管理团队负责绩效考核管理平台建设及监督各地市绩效考核体系建设工作。其中，某公司考核办包括公司考核办负责人、公司绩效考核专管员（业务、技术）与项目总监、咨询师等；县分公司考核办包括县分公司考核办负责人、县分公司绩效考核专管员（业务）。此外，还有支部绩效负责人、支部绩效考核专管员。

项目组绩效考核管理团队包括天维信息绩效考核管理服务的项目总监、咨询师、工程师、推广师等。通过打造"一纵两横"的绩效考核运营保障体系，建立了一支专业素质强、业务能力硬、服务意识高的专业化绩效考核从业队伍（见图 2-2、图 2-3）。

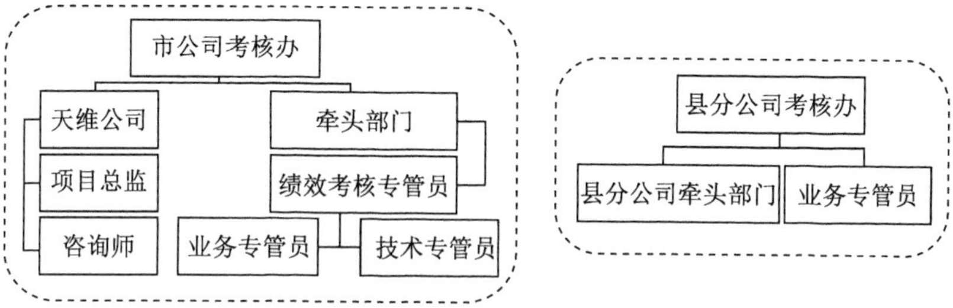

图 2-2 市公司和县分公司考核办机构

"一纵"是指建立从某公司到县分公司、支部的逐级绩效考核专管员机制，以保证业绩管理数据的准确性，打通绩效考核的"最后一公里"。为此，要制定专门的绩效考核专管员管理办法，明确考核专管员的组织管理、配置和岗位职责、任职要求、岗位考核和津贴以及选拔与奖惩等，确保绩效考核的执行和落地。"两横"是指市公司/县分公司成立绩效考核相关业务条线小组，如人力资源考核业务组、会计考核业务组、金融考核业务组、其他考核业务组、数据校验业务组、系统保障组等。从横向上需要各个业务部门参与到绩效考核体系的建设中，各业务部门需要深度参与分管条线的考核管理办法的研讨制定，将本部门管理发展思路体现在考核中，为后续推行绩效工资分析及绩效管理改进打下良好的基础。“两横”的打造强化了各部门考核管理参与度，有效提升了部门工作协调程度，助力某公司战略绩效管理的推进。

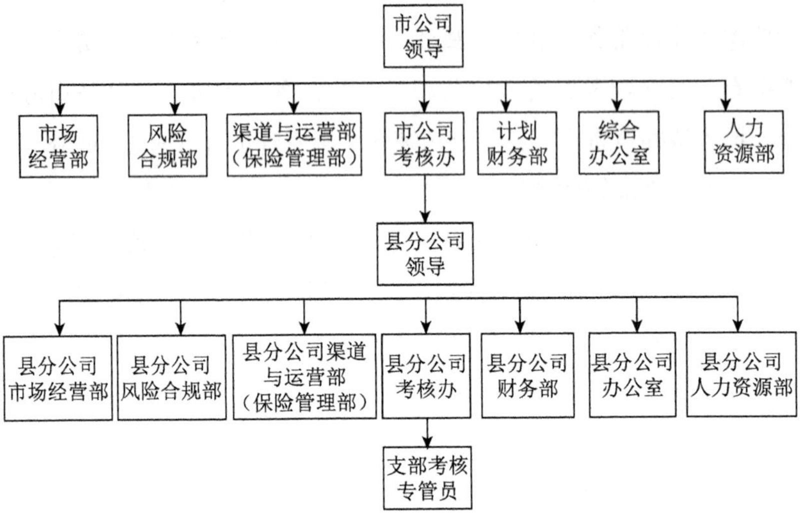

图 2-3　“一纵两横”组织架构

构建“一纵两横”管理体系的最终目的是，能在项目建设过程中达到目标清晰、沟通无障碍、实施有把控、管理有抓手以及系统能有用，为打造有效果的绩效管理构建保障机制，需要“一纵两横”的管理体系作为支撑，在建设过程中明确考核体系建设目标和建设内容，按照“打造绩效考核管理体系，软件与管理分开管理，围绕效果来”的原则，构建一个管用的、有“效果”的绩效考核体系，提升某公司绩效考核管理能力，实现员工、客户乃至整个企业的发展。

三、“一纵两横”架构的建设过程

在项目启动初期，天维公司对某公司的绩效考核体系建设开展规划咨询，对接总公司战略目标、年度经营管理计划，经过与相关负责人的沟通，制订项目计划。制订计划，是为了防止在实际执行过程中出现沟通障碍和执行过程不顺畅的情况，导致前期项目存在风险。众所周知，风险越高，项目失败的概率越高。为了解决沟通执行不顺畅的问题，应做到以下两点：一是为确保公司项目整体计划在项目建设过程中能清晰、有条理地执行，应建立沟通机制，在实际推行过程中把项目实施计划管理起来；二是先打造体系，结合公司的岗位职责以及在项目建设过程中参与的角色，制定职责和要求，其目的是让每位参与项目建设的成员都清楚自己的职责分工。体系打造完成后，在沟通上将从原来的项目组与牵头部门互相沟通转变成为绩效管理团队决策。业务部门代表横向体系，充分参与到日常沟通和决策中，发挥各个职能机关的优势，结合双方调研的结果制定相应的制度。纵向体系根据横向体系的沟通结果，用最有效的方式执行，横向负责沟通决策，纵向负责执行监督。项目组和牵头部门负责监督执行项目计划，把纵向体系和横向体系紧紧连接起来，需要做好以下五项工作。

（一）建立沟通机制，规范项目组人员的沟通方式

项目总监在整个项目执行过程中对项目负全责，出现任何沟通不顺畅事宜，项目范围内的沟通及问题处理要以项目总监的意见为参考标准。项目执行过程中有超出原计划工作的需要经项目总监同意，涉及客户的由项目总监与客户沟通确定落实工作计划。项目组成员应按项目计划，使用项目组统一制定的模板按时填写工作信息并及时发送给项目总监。在项目执行不同阶段，由该阶段项目负责人负责编写项目周报，如在咨询规划和制定方案阶段由咨询经理负责编写该部分的项目周报，在系统设计以及实施开发阶段由技术经理编写该部分的项目周报，最后由项目总监统一收集整理后提交给客户。项

目总监与客户主要沟通协调处理项目问题、解决客户投诉等事项，各阶段项目负责人主要与客户沟通日常工作中的细节事项。

（二）构建“一纵两横”体系，明确工作职责

纵向体系是打通从公司到各个支部网点的通道，形成以公司领导为指挥中心，通过绩效考核牵头部门进行传达和引导，每个支部绩效考核专管员按照公司的指引，对支部进行打造和规范，确保在建设过程中能实际覆盖到机构，从以往的每个人监管，升级为每个支部监管，大大降低了市公司的管理难度。纵向体系的构建能够明确各岗位职责，规范日常执行动作，确保从上往下传达考核导向；横向体系则主要由市公司的职能部门和县分公司的职能部门组成。县分公司职能部门主要根据所管辖县的各个机构业务状况进行统一管理，作为对接绩效考核管理的入口向市公司靠拢，配合市公司职能部门的方案进行有效反馈。市公司的职能部门主要负责统筹绩效考核业务，结合县分公司的反馈信息，根据市公司的发展方向，对考核制度和考核方式进行权衡。总的来说，横向以部门条线管理为依据，确定对接绩效考核的人员，确保各个业务部门参与绩效考核体系的建设中，各业务部门分管自己条线的管理工作，保证在绩效考核体系建设与推行时能充分参与。各岗位工作职责如表 2-4 至表 2-6 所示。

表 2-4　市公司岗位职责

岗位名称	岗位描述	工作职责
市公司总经理	市公司总经理对本市绩效考核工作的质量和成效负责，为绩效考核打下根基，保障绩效考核项目稳步推进，是绩效考核项目的决策者	1. 市公司领导组建绩效管理团队 2. 年度战略解码，制定本年度的考核方案 3. 主持和推广考核方案，灌输考核理念，统一员工的思想 4. 主持绩效工资分析会 5. 主持员工座谈会

续表

岗位名称	岗位描述	工作职责
考核办公室主任（牵头部门负责人）	在绩效考核管理体系中，负责全市公司绩效考核体系的建设、组织实施与管理，沟通发布归档等，在推行“一纵两横”体系中负责执行和把控的部门，需要确保全市绩效考评工作有章可循、有序开展，确保考核结果的公平与公正	1. 落实各县分公司考核办的培训、工作检查、考核、监督与备案工作 2. 制订、执行市公司的绩效考评工作计划 3. 主持开展各项绩效管理工作，指导各部门和所辖员工完成绩效考评工作 4. 安排对各县分公司二次考核、分配结果的审核、备案以及县分公司、支部的推广工作 5. 承上启下与部门协调，与公司方项目总监对接，负责协助组织、协调、推动、执行、督导、汇报等一系列工作 6. 完成领导交办的其他工作
市公司绩效考核专管员	绩效考核专管员是绩效考核项目的基础建设者，是考核工作的具体执行者，负责各项业务、技术工作的具体执行，以推动考核项目的顺利开展。绩效考核专管员还可以细分为业务专管员或技术专管员，分别由不同人负责，也可以由同一岗位的人兼任	1. 配合公司方项目总监进行绩效管理方面的相关工作（如支行调研与访谈） 2. 负责维护类工作，维护绩效系统基础信息，及时调整人员岗位变动信息，进行权限维护管理以及问题收集 3. 负责审核类工作，在系统内负责调整业绩关系并进行资料整理归档 4. 收集、申诉处理类工作，对支部人员提出的疑问进行解答，根据收集的问题进行分析，向项目组进行反馈并有针对性地制定培训内容 5. 完成领导交办的其他工作
各业务部门绩效考核专管员	在绩效考核管理体系的建设与运营中，与各业务对应的条线部门负责人及其兼职专管员负责市公司绩效考核业务层面的工作、各条线绩效考核的相关工作、市公司各机构的相关业务条线任务数的预制工作，以及各机构的任务分解工作，需要在新考核方案发文之前完成	1. 负责所属条线部门对应的业务年度计划制订、分解和下达任务工作 2. 讨论与制定所属条线业务的年度考核方案 3. 负责所属条线业务考核手工数据的收集、统计与评分工作 4. 分析与汇报所属条线业务的绩效工资 5. 收集、处理所属条线业务的员工意见和一般考核问题 6. 配合绩效管理体系建设中与条线业务对应的其他工作 7. 完成领导交办的其他工作

表 2-5 县分公司岗位职责

岗位名称	岗位描述	工作职责
县分公司总经理	负责县分公司绩效考核体系的建设、组织实施与管理，对本县分公司的支部绩效考核工作的质量和成效负责，让绩效考核项目能在分公司下的支部落地，并协助市公司引导支部参与绩效考核体系建设	1. 在市公司领导下，根据分公司的建设规范，结合各支部的实际情况做好绩效体系建设、组织实施和管理好业务条线团队，把控各支部的推行情况 2. 参与市公司的考核方案制定，根据分公司的发展特色，提供考核方案意见和建议，配合天维信息项目总监提供关键性建议 3. 推广考核方案，灌输考核理念，统一县分公司下各支部的绩效考核思想 4. 主持本县的支部绩效工资分析会 5. 主持本县的支部员工座谈会
县分公司考核负责人	根据市公司牵头部门和县分公司领导的安排，负责组织县分公司绩效考核体系的建设、组织实施与管理，以及绩效考核相关项目的管理工作并反馈市公司的对接沟通情况。结合分公司的地方特色，在项目建设过程中协助市公司为绩效考核打下根基，确保县分公司的绩效考评工作有章可循、有序开展	1. 负责支部各类考核专员的筛选、培训、工作检查、考核 2. 负责指导、组织县分公司存量清理工作，并负责日常业绩关系的管理与监控 3. 负责组织与绩效考核相关的培训、宣讲、考试、推广工作 4. 负责县分公司绩效考核信息统计、核对与绩效结果的确认、公布 5. 负责县分公司绩效申诉的收集整理及裁决结果的反馈申述工作 6. 负责县分公司绩效考核相关文件、材料的归口管理
县分公司绩效考核专管员	县分公司的业务部门各设一名绩效考核专管员，主要负责县分公司绩效考核业务层面的工作	1. 负责各县分公司下各个支部的绩效考核推进和协调 2. 负责落实市公司各条线绩效考核的相关工作，如维护类工作和申诉处理类工作 3. 负责县分公司条线业务的员工意见收集、一般考核问题处理与反馈工作 4. 配合绩效管理体系建设中与条线业务对应的其他工作 5. 上级领导交办的其他工作

表 2-6　支部岗位职责

岗位名称	岗位描述	工作职责
支部绩效考核专管员	支部绩效考核专管员是基层绩效考核工作的执行者和宣导者，对绩效考核工作的深入开展具有非常重要的作用	1. 落实市公司和县分公司的工作安排，确保支部的绩效考评工作有章可循、有序开展 2. 负责本支部绩效考核的相关工作，包括日常的业绩关系维护、岗位调动处理，涉及跨机构的处理须上报县分公司备案 3. 负责本支部的维护类工作、审核类工作、申诉处理类工作等，并反馈给县分公司绩效考核专管员

（三）构建绩效考核制度体系，考核系统上线

打造绩效考核体系主要是为了在启动之前能更科学、更灵活地规划项目实施方案，因为所有的想法和目标都必须通过建设才能体现。完成架构确定以后，项目组根据项目总体计划进行排期和跟进，确保项目按计划进行。在业务系统和软件系统构建过程中，充分发挥“一纵两横”体系的作用，顺利完成考核体系打造和系统上线，具体过程如下。

1. 业务咨询、存量清理

确定项目的总体计划后，根据“一纵两横”的管理模式，项目组派出资深的业务咨询团队，主要提供绩效考核管理现状分析及诊断、绩效考核管理建议、绩效考核管理系统建设规划等。业务咨询团队参考其他同业先进的考核业务需求，结合总公司对某公司的考核及发展规划，与横向团队进行充分沟通，并通过现场座谈调查、论证等形式确定考核理念，构建该公司的绩效考核体系。

通过分析某公司的组织架构、业务流程、管理模式、绩效考核管理现状和发展思路等信息，根据管理架构，由某公司业务专管员与公司方咨询团队到每个县分公司，再由每个县的绩效专管员筛选和引导咨询团队到支部进行实地调研访谈，双方进行总结提炼后，根据项目实施计划，由双方绩效考核团队进行制度梳理，制定符合各分公司的绩效考核制度方案。根据考核方案、制度办法进行业绩关系存量清理，在存量清理的过程中，由项目组对接市公司绩效专管员和县分公司考核部门，再由县分公司根据市公司的存量清理要

求进行落实和跟踪，最后由市公司和项目组进行数据核对和考核价格测算。

2. 需求细化、应用开发

需求分析师将根据绩效考核管理制度进行业务需求分析，针对分析结果与市公司业务专管员确认业务逻辑，与技术专管员分析与澄清数据，最后整合成需求规格说明书。

在需求细化完成后，项目组技术团队根据需求规格说明书制订设计开发测试计划，开始转入系统应用设计和开发阶段，历经数月的时间，将需求说明书上的所有功能逐一在系统中实现。

3. 数据对接、应用接入测试、上线并交付

项目组与绩效专管员针对某公司基础数据进行数据分析、梳理，在保证数据可用的前提下接入绩效考核系统。完成系统应用开发/配置之后，双方团队制订项目实施计划，开始在绩效考核平台部署、开通接入、测试等工作，再由绩效专管员配合市公司的各业务部门进行功能测试。在测试完成后，由牵头部门与项目组一起向行领导汇报绩效考核的整体状况，确认通过后宣布系统正式上线使用。

（四）系统优化，推广培训，效果评估

完成系统建设，开始投入使用时也是系统运维的开始，往往一套系统上线后，需要经过一段时间磨合并且进行优化调整，结合宣传和推广，改善存在的问题，只有经过这个过程才能真正达到建设的目标。某公司在完成打造系统上线以后，也经历了磨合的过程。

1. 系统运维和优化完善

在绩效考核系统上线正常运行后，市公司绩效专管员根据项目组技术团队的指导对绩效考核管理应用进行维护，根据制度和业务需求的变化进行系统应用优化，完善系统功能。

2. 推广培训、绩效宣导、定期组织支行调研和辅导

在考核制度讨论定稿后，进行考核制度理念的宣讲，提高员工对考核文化的理解。在系统上线使用前，项目团队组织全公司人员进行系统操作使用

培训，扫除系统功能使用障碍。把培训深入高层、中层及基层，就是为了使绩效管理的理念深入每位员工心中，让员工通过培训明白绩效考核体系有助于管理和营销。

绩效考核项目组与市公司牵头部门负责集中培训宣导工作，市公司和县分公司的各条线部门予以协助。在市公司集中培训宣导后，县分公司考核部门负责组织县内的各支部进行培训宣导，在集中培训宣导后配合各县分公司条线部门组织各支部考核办法学习、系统使用学习和转培训工作。

市公司根据系统磨合期间的辅导计划，组织县分公司每次覆盖 2~3 家支行，辅导员工操作绩效考核系统，灵活使用绩效考核系统中的重点功能和亮点功能，包括各项客户价值查询功能、业绩关系分配、绩效分析功能等。分析每位员工的绩效工资结构和工资水平，找出短板，量身制订改进计划。

3. 运营辅导、效果评估

绩效考核管理推广后，通过开展运营工作对项目情况实行主动监控、考核辅导、交流与反馈，如绩效反馈、绩效宣传、内部绩效沟通会、绩效工资分析会、员工座谈会等，帮助市公司/县分公司平稳度过问题多发期，让绩效考核管理工具好用、管用。这项工作需要长期关注、持续改进，绩效体系建设才能卓有成效。

在运营辅导阶段，由市公司牵头部门发起，市公司领导班子和条线部门开展员工座谈会和绩效工资分析会，坚持“从群众中来、到群众中去”，倾听支部员工心声，形成市公司、县分公司与支部间多维度反馈沟通的机制。通过运营辅导的方式引导员工积极营销，从收集的信息中及时发现问题，完善考核制度，对发挥考核导向作用有良好的效果。借助项目组咨询团队的绩效分析报告，形成常态化绩效工资分析机制，在县分公司和支部两个层面，对业绩好的支部和绩效高的员工予以表彰，充分发挥带头模范作用。

双方考核团队根据工资分析结果，结合调研的意见和建议，形成效果评估，根据效果评估报告与某公司沟通诊断效果评估存在的问题，并制定相应解决方案。

（五）市县分公司磨合优化绩效考核体系

参照天维绩效管理最佳模型，利用“一纵两横”的管理架构，以岗位职责作为支撑解决磨合期遇到的问题，持续优化绩效考核体系，确保达成预期的考核目标。市公司牵头部门制定磨合期总体方案，在反馈和沟通机制健全的情况下，由市公司牵头部门指导县分公司，确保支部在绩效系统每天维护业绩关系，市公司与公司方咨询团队每月做工资分析，每季度做效果评估，每季度具体优化措施依据实际需求而定，逐步完善绩效考核体系。

四、项目建设效果

绩效考核项目建设需要按流程、规划逐步完成，而不是一蹴而就，项目组和牵头部门经过项目体系构建、打造、上线和推广，目前已经顺利运行多年，且在绩效管理上已取得比较好的效果。总体表现如下。

（一）管理层面发挥“指挥棒”的作用

主要体现为市公司领导班子执行到位，打造和运营“一纵两横”的管理体系，每年针对体系进行复盘，充分研讨，及时调整。通过过程把控和下沉支部看出市公司领导班子对绩效考核项目高度重视，出席相关会议、调研走访，具有高度的执行力和亲和力。公司上下已建立覆盖市公司—县分公司—支部的绩效专管员网络，绩效考核与业绩分配工作得以稳定开展。定期进行交流与研讨，对于信息交流与矛盾的及时化解亦有很大帮助。

（二）绩效文化逐渐深入人心，员工认可度逐渐提高

经过两年的调研跟踪发现，员工对考核已有一定感知并开始转变思路，逐渐由过去的“一锤子买卖”转变为存增量化考核。同时，市公司—县分公司—支部的沟通反馈机制日趋成熟，各级人员的答疑、培训工作有条不紊，响应及时。另外，部分支部已开展业绩排名工作，并根据业绩水平进行二次

考核，基层的“多劳多得”绩效文化逐渐形成。在某公司绩效考核体系建设过程中，我们认为打造“一纵两横”的管理架构是建设的基础，要以“四三理论”为指导，将绩效考核体系建成后的运营管理作为工作重点，建立绩效考核体系的长期管理机制。

（三）从项目建设的过程中找到了符合公司特色的体系建设方法

市、县两层级机构在四个体系建设上的侧重点不同，市公司重在打造制度体系和软件体系，县分公司主抓管理体系和文化体系，两者缺一不可。实践表明，在制度体系建设上，70%由市公司主导、30%在县分公司，而管理体系与文化体系则30%在市公司、70%由县分公司主导，即制度体系重点在市公司，管理体系与文化体系重点在县分公司，这为某公司后续战略的发展提供了重要的参考依据。

（四）建立具有公司特色的项目沟通架构

按照传统项目的管理模式，甲乙双方往往会形成清晰的界线，但是在某公司的绩效考核体系构建过程中，使用的合作方式却是甲乙双方共同组成的“一个中心、三个支柱”不分彼此的合作方式。以市公司“一把手”和市公司的建设目标为中心，把市公司领导、县分公司领导以及项目总监作为三个支柱，将“一纵两横”的管理体系充分结合起来，形成以绩效考核牵头部门为代表的建设团队；向上有“一把手”和市公司的领导作为支撑点，向下有牵头部门和县分公司领导作为枢纽，项目组层面有项目总监作为沟通桥梁，充分发挥整个体系的优势。对比传统的架构，其有着非常明显的改善，在项目管理过程中，执行效率更高，落地效果更好，如图2-4所示。

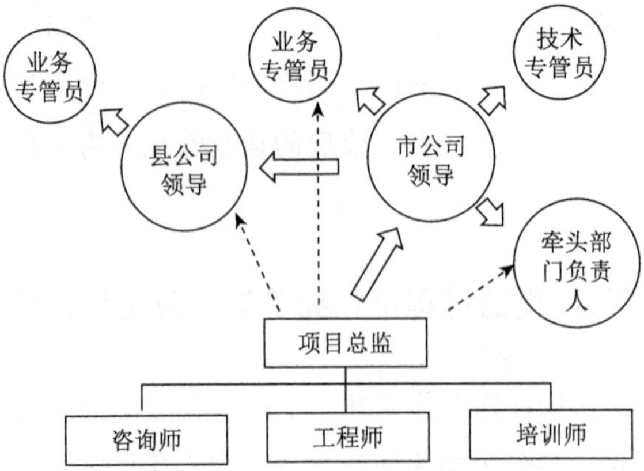

图 2-4　项目沟通架构

某公司绩效管理体现了考核方案思路创新，多角度实现精细化考核。某公司在考核方案中最大的创新是引入银行绩效考核模式的全新经验。考核方式从原来考核到机构再由机构平均分配变成考核到人、存量到人，增加日均考核，一改过去单一的计酬模式，极大地提高了员工薪酬的透明性、稳定性和延续性。此外，考核方案以账户为最小单元，实现了各条线业务的精细化考核，使“指挥棒”的导向作用更加明显。

五、项目建设启示

某公司绩效考核体系的成功打造，表明非银行企业的业务考核也符合商业银行考核的一般规律，商业银行遇到的考核问题，在非银行企业的考核体系中同样存在。此管理架构还可以有效解决类似某公司总分支三层架构考核体系建设过程中遇到的难题。这验证了绩效考核是企业发展的原动力，是企业的核心制度；精细化绩效考核是企业发展的大趋势。坚持以绩效考核为改革的内驱动力，建立“多劳多得、按劳取酬”的绩效分配机制，发挥绩效考核的“指挥棒”作用，是提升企业经营管理水平的关键点。绩效考核能够为企业经营发展提供内在动力，但同时绩效考核也是一个动态发展的过程，是一项长期性、系统性工程，也是一个循序渐进、逐步提升的过程，必须采用

“建立架构，统一规划，分期实现，持续改进”的思路，逐步推进考核的深度和广度，建立适合企业发展阶段的、科学的、有效的绩效管理体系。要充分认识事物的不同发展阶段特征，对绩效管理要高度重视、对建设过程要耐心管理，必须坚定不移地开展绩效考核体系的建设。

（供稿人：张瑞明）

案例4 株洲农商行绩效磨合期的“五会”管理实践

随着中国经济继续保持中高速增长态势，银行业开放程度逐渐加大，利率市场化程度越来越高，互联网金融企业和民营银行渐成规模，银行业已进入金融脱媒和高竞争时代。在竞争激烈的外部环境下，银行业必须转型，但银行业在转型期会遇到存款难增、贷款难放、风险难控、成本难降、效益难升、人才难求、绩效难考的七大困境。绩效考核体系作为银行内部管理体系的重要组成部分，在塑造和提升银行核心竞争力、构建精细化管理体系方面的作用越来越大。对于中小银行来讲，构建一套完整、规范的绩效考核体系至关重要，中小银行要实现高质量、可持续发展更离不开科学有效的绩效考核体系。一般来说，银行绩效考核体系建设包括建设期、磨合期、成熟期三个阶段，而磨合期是绩效考核项目成败的关键。绩效考核项目磨合期主要有三个难点，分别是：“一把手”参与度不够、银行绩效考核“一纵一横”体系打造不到位、绩效考核未及时充分与银行中长期战略或经营计划进行对接。本案例结合株洲农商行在绩效考核磨合期对接年度经营计划的关键工作内容和运行效果，具体分析了该银行如何通过五个关键管理会议解决三个难点问题的流程和运行办法，为中小银行在绩效考核磨合期对接年度经营计划中的“一纵一横”体系提供参考和指引。

一、项目简介与建设历程

（一）项目介绍

株洲农商行是由两家独立的法人行社合并而成的市级城区农商行，地理位置靠近湖南省省会长沙，所在城市经济较为活跃，市民经济收入和消费水平较高，所在地区交通发达，辖内同业金融机构多。2019 年底，株洲农商行存款市场占有率为 8%左右，排名相对比较靠后，面临非常残酷的竞争态势。株洲农商行下辖营业网点为 35 家支行，实现了城区各乡镇网点全覆盖，员工约为 550 人。2019 年，存贷款业务均完成了省联社下达的本年度指标任务，在存贷款业绩高速发展的同时，该行对于信贷风险同样做了较好的控制，该行表内五级不良贷款率远远低于农信系统内平均值。

（二）项目建设历程

由于面临激烈的外部市场竞争环境，株洲农商行寻求通过绩效考核助力转型发展，于 2017 年合并成立不久即开始寻求与第三方公司进行绩效考核项目的合作。合作之前，银行内部已具备一定的考核基础，形成良好的绩效文化氛围，具体表现为：一是银行领导班子高度认可“打破大锅饭、考核到人”的理念，认为绩效考核要高标准、高要求推进；二是行内中层干部执行力强、工作效率高；三是基层管理人员中不乏对绩效考核有认识、有想法的骨干人员，普通员工市场竞争意识强，认同多劳多得的绩效考核文化。

在良性绩效考核的文化土壤上，株洲农商行经过多轮考察学习以及商务谈判工作，在 2017 年 10 月正式与第三方合作公司签订为期 5 年的绩效考核服务项目。第三方合作公司与该行在 2017 年 11 月正式启动绩效考核项目工作，并成功召开项目启动会。经过 6 个月的项目建设期、3 个月的绩效系统试运行准备工作，绩效考核系统于 2018 年 7 月中旬成功上线绩效工资模块，并在全行大力开展制度和系统的培训工作。株洲农商行在 2018 年 8 月正式运用绩效系统，100%兑现员工的绩效工资，实现了绩效考核垂直考核到个人的模式，同时也实现系统跑数“T+1”，员工可随时在绩效考核系统中查找自己的个人业绩和绩效工资。当年第三季度，绩效管理工作重点为支行调研、支行员工绩效辅导和2018年绩效考核办法培训等系列工作，并以此为标志，绩效考核工作平稳步入磨合期。2018年11月，总行提早启动2019年绩效考核对接年度计划工作。2019年2月，2019年度绩效考核方案正式定稿，并在2019年5月及时兑现了全行第一季度绩效工资。

二、“五会”管理的建设背景

在该项目建设期出现过高层体验效果差、中层利益博弈大、基层员工关注少的考核现象，导致出现项目建设期周期长、行方体验效果不明显等问题。

（一）高层体验效果差

高层领导对于绩效考核项目体验效果较差，认为员工工作积极性提升不明显，业绩增长与绩效考核项目关系不大，绩效考核无法有效对接银行中长期战略规划等。主要表现有：绩效考核项目激励性不够，员工收入增长不明显，无法更好地调动员工的积极性；该行业绩是行方各层级员工共同努力的结果，绩效考核对行方的助力作用不明显；绩效考核没有很好地对接该行的中长期战略目标，考核导向与行领导决策方向出现偏差。

（二）中层利益博弈大

业务部门考核思路与领导期望有偏差，绩效考核讨论会难组织，业务条线部门绩效考核参与度不够。具体表现有：业务部门针对支行的考核思路与总行领导层面的期望有偏差，如总行的考核导向是“做小做散，成本优先”，而业务部门为了完成条线的考核任务，也会期望对大额贷款发放和高成本存款营销进行绩效奖励，造成领导不满意、部门很委屈的结果；部分业务部门认为绩效考核工作只是绩效考核办的工作，与其部门工作关系不大，在绩效管理相关讨论会议工作中准备和事后反馈工作不多；部分业务部门只关注本部门绩效考核利益，不关注基层员工的绩效利益；部分业务部门没有按照总行的要求对基层员工开展辅导工作。

（三）对基层员工关注少

基层管理者和普通员工对总行年度考核导向认识不够，不能充分地贯彻总行的考核导向，造成绩效考核“指挥棒”作用发挥不理想。基层对总行考核导向认识不够的表现有：有的基层管理者认为支行绩效管理工作只是支行绩效专管员的事情，很少参与支行绩效管理工作；有的基层员工不熟悉绩效系统的操作流程，误认为绩效考核只能由总行和支行管理者操作；有的基层员工不了解总行的考核制度，不熟悉绩效工资具体算法；有的基层员工只关注绩效工资的最终兑现结果，不关注个人营销业绩的贡献度；有的基层员工认为存款分配只享受绩效提成，不愿承担管户存款下降扣罚责任；有的基层员工认为总行的成本考核导向会打击员工营销存贷款业绩的积极性；等等。

三、“五会”管理的建设过程

基于该行建设期的问题，在绩效考核磨合期为了更好地贯彻全行绩效考核一盘棋的考核思路，株洲农商行与第三方公司一起群策群力，结合第三方公司工作思路和项目实际情况，在项目现场开展了“五会”管理工作。株洲农商行的“五会”管理指的是在2019年绩效考核磨合期对接年度计划工作的五个关键会议：一是在绩效考核第一次兑现绩效工资后，项目现场开展的总行层面的绩效工资分析会、支行层面的员工座谈会、支行调研等工作的“摸底会”，依托半年度效果评估内容，行领导带队深入基层一线，了解基层员工对绩效考核工作的看法；二是经过前期两个月的摸底工作，在总行层面由董事长组织全行所有中高层行领导出席的“联席会”，该会议的目的主要是针对2019年绩效考核工作进行充分沟通，统一认识，了解总行领导考核思路和要求，确定新一年的考核总体基调和大方向；三是由第三方项目组主导的2019

年绩效考核制度调整“规划会”，参会人员包括董事长、行领导、业务部门负责人、绩效考核办，会议目的主要是聚焦绩效考核工作重点，确认年度考核框架；四是根据前期确定的2019年绩效考核工作框架，与业务部门沟通讨论落实包括考核规则、定价导向、存贷款业绩认领规则梳理等具体规章制度和措施的绩效考核“推进会”；五是第三方项目组向董事长、行领导、业务部门负责人、绩效考核办、支行代表在总行层面进行2019年绩效考核制度的定稿“汇报会”。

自项目于2018年8月首次系统兑现工资，正式进入磨合期后，为了更好地贯彻以效果为目的的服务合作，株洲农商行与第三方公司一起组织相关绩效运营会议，将项目管理最佳模型行为串联起来，形成绩效考核管理和文化体系合力，从而快速平稳地推动项目成功进入磨合期。项目现场开展了“五会管理”，平稳疏导各层级员工对绩效考核的利益诉求，让全行员工齐心合力，进一步认同和接受绩效考核文化，并从绩效改革中获取改革红利，使自身的收入也稳步提升。株洲农商行“五会”管理的基本情况如表2-7所示。

表2-7　株洲农商行“五会”管理基本情况

会议名称	会议场次	会议时间	参会人员						
			董事长	其他行领导	业务部门负责人	绩效考核办	支行行长	支行代表	第三方项目组
摸底会	8	2018年10—11月	√	√	√	√	√	√	√
联席会	1	2018年11月	√	√	√	√			√
规划会	2	2018年12月	√	√	√	√	√	√	√
推进会	N	2019年1月底			√	√			√
汇报会	1	2019年2月	√	√	√	√	√		√

（一）摸底会（2018年10—11月）：深入基层，心中有数

“摸底会”组织形式丰富多样，包含总行绩效工资分析会、员工座谈会、支行调研等。株洲农商行依托半年度绩效考核效果评估内容，包括董事长在内，总行挂片领导带领绩效考核办和调研小组深入各基层支行开展绩效考核

座谈会，进行绩效管理沟通，传导总行考核导向，收集员工意见，掌握基层人员对当前绩效考核工作的看法。

通过这项工作，一是有利于建立顺畅的总行与支行沟通机制，挂片领导特别是董事长亲自带队调研有助于强化宣传总行考核导向，表明总行坚定推进绩效考核工作的决心，提高基层人员对绩效考核工作的关注度；二是有利于提高总行领导班子所有成员对绩效考核工作的参与度，在全行营造出“人人关心绩效、个个关注考核”的良好工作氛围；三是行方与第三方公司就行内业务考核痛点和考核现状形成共识，群策群力，增加双方的信任度和融洽度。

随着绩效管理工作的持续、有序和深入推进，已经形成常态化的银行绩效管理沟通机制，基层支行、员工与总行沟通渠道越来越顺畅，员工反馈意见有保障，可随时通过多种渠道反馈意见和建议，摸底会工作形式也从集中、高密度地走访过渡到日常、高频率地反馈。

（二）联席会（2018 年 11 月）：了解行方需求和期望

“联席会”参会人员包括董事长、行领导、业务部门负责人、绩效考核办以及第三方项目组。会议由董事长亲自主持，会议目标主要是针对 2019 年绩效考核工作充分沟通、统一认识、了解总行领导考核思路和考核导向、确定考核基调。会议基本流程如下。

（1）召开联席会议，与会人员为 2019 年绩效考核的建设工作积极建言，进行“头脑风暴”会。会议按照行领导发言、业务部门发言、第三方项目组发言、董事长总结发言的顺序依次展开。

（2）行领导为 2019 年绩效考核工作提供方向并做决策部署，提高业务部门、绩效考核办、第三方项目组对全行绩效考核工作的统一认识。

通过联席会，各业务部门自动对接领导班子对新年度的绩效考核期望与要求，调整本部门绩效考核工作思路，有利于从高层设计到中层细化战略的落地，有效改善点对点单向沟通的重复低效、信息偏差等弊端。

（三）规划会（2018 年 12 月）：确定思路，框定方向

规划会参会人员包括董事长、行领导、业务部门负责人、绩效考核办、支行行长、支行代表以及第三方项目组。会议目标主要是聚焦绩效考核工作重点，确认年度考核框架。会议就 2019 年绩效考核规划报告进行讨论，确定 2019 年考核重点、关键内容及落地保障。会议流程如下。

（1）根据前期确定的工作方向，绩效考核办结合与业务部门的讨论结果，沟通 2019 年绩效考核工作框架。

（2）针对 2019 年绩效考核工作框架进行沟通讨论，确定框架。

另外，会议章程就规划会内容与各支行行长进行了沟通交流、征询意见，目的是让各支行管理人员提前掌握总行 2019 年考核导向，同时也有利于各支行表达个人建议，提高各支行在绩效考核工作中的参与度，强化与支行基层员工的绩效考核联系。

通过规划沟通会，将领导班子的思路设计落实为中层的具体执行要点，也有利于高层领导与中层干部就执行要点与方向达成行动共识，减少执行偏差。各条线部门集体参会也极大地促进了“全行一盘棋、条线齐协作”的行动协同度，有效防范各条线部门绩效考核中容易出现的本位主义思想。

（四）推进会（2019 年 1 月底）：确定细节，细化落实

“推进会”参会人员包括各业务部门负责人、绩效考核办以及第三方项目组。会议目标为落实年度考核框架、细化绩效考核规则。会议内容如下。

（1）根据前期确定的 2019 年绩效考核工作框架，细化落实制定 2019 年绩效考核制度办法，与业务部门沟通讨论落实，包括考核规则、定价导向、存贷款业绩认领规则梳理等。

（2）确定考核方案内容。与业务部点对点沟通讨论考核细节后，开展项目推进会，各业务部门集中进行沟通讨论，统一协调各业务部门的考核意见，在遵循总行考核导向框架不变的基础上修改完善，进一步形成考核方案。

通过推进会，业务部门从领导班子的思路设计、执行方向到落地细节全

程参与，提高了业务条线部门的绩效管理能力，提升了绩效管理水平。各业务部门随着自身绩效管理水平的提升，结合自身条线工作需求、绩效运营工作推进思路等方面的认识，能根据各条线考核要求，更好地提出考核要求，并制定切实可行的考核制度。

（五）汇报会（2019年2月）：确定制度，正式发布

“汇报会”参会人员为董事长、行领导、业务部门负责人、绩效考核办、支行行长以及项目组成员。会议目标为确定2019年绩效考核方案。会议内容主要是沟通汇报2019年绩效考核办法，对考核制度内容进行最终定稿，确认后在全行发文。

通过汇报会，2019年株洲农商行绩效考核方案正式定稿，且在全行范围内正式发文，有效地指导了各基层支行2019年度重点工作的部署，及时准确地按照总行要求做好实施绩效考核工作的各项准备工作，为2019年和“开门红”业务拓展打下坚实的基础。

四、项目建设效果与启示

株洲农商行通过“五会”管理，确定了过程严谨、推进有序、高效执行的绩效考核工作流程。通过该流程，将绩效考核真正融入业务工作；从总行领导班子、中层业务部门到基层管理人员都深入地参与绩效考核规划讨论、细则制定工作，提高了全行对绩效考核的关注度和认识，有利于各业务部门运用绩效考核助推条线业务发展，有利于集中支行管理人员的智慧，有利于推进绩效考核工作。

（一）项目建设效果

（1）2019年全行日均存款保持稳定增长，日均存款增长指标在全市农商行中保持领先。到2019年底，株洲农商行存款较年初日均净增14.32亿元，超额完成省联社11.5亿元的全年日均存款净增目标。

（2）全行贷款保持稳定增长，贷款余额增长指标在全市农商行中保持领先。到 2019 年底，株洲农商行贷款余额较年初净增 18.3 亿元，超额完成省联社 10 亿元的全年贷款余额净增目标。全年贷款余额增长值在全市农商行中保持领先，整体增速为 27.35%。小额贷款客户数增长明显，小额贷款净增客户数占全行贷款净增客户数的 95%左右。

（3）存贷比不断提高，贷款收益结构不断优化，株洲农商行贷款盈利能力不断提高。2019 年，该行采用了贷款模拟利润考核，按照担保类型区分不同的 FTP 价格，按照客户类型和贷款客户金额区间区分不同的单价，鼓励高息贷款产品发放，单价向小额贷款倾斜，引导客户经理贯彻总行“做小做散”考核导向，提升客户经理议价意识。

（4）信贷风险总体可控。到 2019 年底，株洲农商行表内五级不良贷款率相比上年末下降 0.25%。

（5）转型业务持续稳步推进。到 2019 年底，株洲农商行电子银行任务完成情况良好，社保卡、云闪付、手机银行动户净增等任务均超额完成。

（6）经营持续向好，在省联社的排名不断提升。2018—2019 年，株洲农商行推行绩效考核系统建设工作以来，员工对绩效考核接受度逐步提高，基层员工反映矛盾不断减少，员工积极性提升明显，涌现出大量标杆网点和标杆员工。在全省农信系统中的绩效等级排名由 2018 年末的 B 等级再上台阶至 2019 年末的 B+等级。

（二）案例启示

总结株洲农商行“五会”管理的工作实践经验，其构建的银行绩效考核系统建设“一纵一横”体系，为中小银行绩效考核管理和文化体系的良性打造提供了有益的启示和经验。通过总结株洲农商行“五会”管理经验，中小银行在绩效考核项目建设过程中可以得到以下几点启示：

首先，董事会和经营管理层的决心与支持是开展绩效考核对接年度计划工作的关键。要做好绩效化管理工作，最重要的是领导高度重视。例如，株洲农商行董事长亲自主持召开联席会，召集领导班子与业务部室开展“头脑风暴”会，让大家畅所欲言。

其次，中层执行力是重要保障。这与各家银行自身的企业文化、中层队伍的建设紧密相关。例如，株洲农商行联席会后，要求各条线一周内提交本条线 2019 年度绩效考核工作重点。各业务部门全程参与本条线绩效考核细则的制定工作，考核制度充分结合了自身条线的业务需求。

最后，基层员工的认识度是项目成功的根本。这与各家银行所处的地理环境、行内绩效文化息息相关。例如，株洲农商行的“摸底会”和“汇报会”都会充分考虑各营业基层网点员工的实际情况，充分听取基层员工对绩效考核的诉求和意见，为员工表达考核诉求提供了各种沟通渠道，同时也将高层、中层的考核意图和要求传导给基层员工，形成绩效考核“全行一盘棋、全员共齐心”的良性局面。

只有领导高度重视、中层强力执行、基层认识到位，才能保证绩效考核项目在“一纵一横”管理体系打造过程中，充分贯彻总行的考核导向，使基层的考核诉求得到响应和反馈，提升全行员工积极性，进而推进银行业务发展，真正实现考核的效果。

（供稿人：王晓博）

案例 5　精细化管理助力青田农商银行高质量发展

精细化管理的本质意义就在于它是一个对战略和目标进行分解、细化和落实的过程，是让企业的战略规划能有效贯彻到每个环节并发挥作用的过程，同时也是提升企业整体执行能力的重要途径。一个企业在确立了建设“精细化管理工程”这一带有方向性的思路后，重要的就是结合企业的现状，按照“精细化”的思路，找准关键问题、薄弱环节，分阶段进行。每阶段完成一个体系，便运转、完善一个体系，并牵动修改完善相关体系。只有这样，才能最终整合全部体系，实现精细化管理工程在企业发展中的功能、效果和作用，而精细化管理是银行发展的必经之路。本案例将以浙江青田农村商业银行（以下简称“青田农商银行”）为例，讲述如何通过精细化管理使全行从一个全省农信社中的高危行社走上高质量发展之路。

一、项目建设背景

2008 年，美国房贷两大巨头——房利美和房地美股价暴跌，持有“两房”债券的金融机构大面积亏损，引发的金融危机波及全世界，造成全球经济至今未完全复苏。同年，青田农商银行的经营困境让所有青田农商银行人铭记。在 2005 年初，青田当地共有中农工建和青田农商银行五家金融机构，青田农商银行在当地的存款市场占有率为 20%左右。而到 2008 年初，金融机构依旧保持五家，但是青田农商银行的市场占有率已经下降至 9.8%，在当地的金融机构中排名倒数第一。

“冰冻三尺非一日之寒”，当时的状况是多种综合因素造成的。青田县位于浙江省东南部、瓯江中下游，东接温州，北接台州，是丽水市下辖县，主要为山区，素有“九山半水半分田”的说法。该县面积 2493 平方公里，下辖 32 个乡镇（街）414 个行政村，总人口 55.9 万，但当地居民前往欧洲经商的历史悠久，目前旅居海外的青田籍华侨华人逾 30 万人，“家家有华侨，户户有侨眷”是当地的真实写照，因此青田县被称为“中国华侨之乡”。青田县特有的人员结构，使当地人员具有以下几大特征：

第一，思想多元化。青田人遍布世界各地，传统思想与现代思想、中方思想文化与西方思想文化等碰撞融合，形成了多元化的思想，当地人信奉事实道理，不信奉权力。

第二，舆情管理难。青田人分布的广泛性，结合现代传媒技术的发展，使传播的媒介更加多样化，同时传播的速度也更快，管控也更难。

青田农商银行始创于 1954 年，2005 年改制为一级法人联社。2013 年，省政府启动全省第四批农村合作金融机构股份制改革试点，并将青田农信联社列为第四批股份制改革试点单位。借着“丽水金改”的东风，青田农信联社加快股改步伐。2014 年 12 月，青田农村信用合作联社改制为浙江青田农村商业银行股份有限公司，成为丽水市第二家成功改制的商业银行。经过几年的努力，现已发展成为丽水地区资产质量较好、盈利能力最强、综合实力跻身全市前列的农村金融机构。

自改制以来，青田农商银行坚持“服务‘三农’，支持县域”的定位，将“三农”和小微企业作为业务发展重点。截至2019年12月末，青田农商银行下辖1个营业部、16个支行、20个分理处，员工人数400余人，其中本科及以上学历占比80%以上。各项存款余额161.5亿元，各项贷款余额102.9亿元。

二、项目建设历程与依据

（一）建设历程

从2012年开始，青田农商银行和天维信息开展合作，时间已经长达7年，合作先后经历三期，涵盖前中后台、PC端、手机端等各方面内容。通过绩效考核建设，提升了行内精细化管理水平，有力地发挥了绩效考核的“指挥棒”与“发动机”作用，促进了全行业务的快速发展。

（二）建设依据

面对竞争越来越激烈、变化速度越来越快、客户要求越来越高的经营环境，各家法人单位必将走上精细化管理之路。“杨三角”理论（见图2-5）指出，企业要持续成功必须掌握两大关键成功因素：正确的战略以及合适的组织能力，即企业持续成功=战略×组织能力。这两个因素之间是相乘关系（而不是相加关系），如果其中一项不行，企业就无法获得成功。

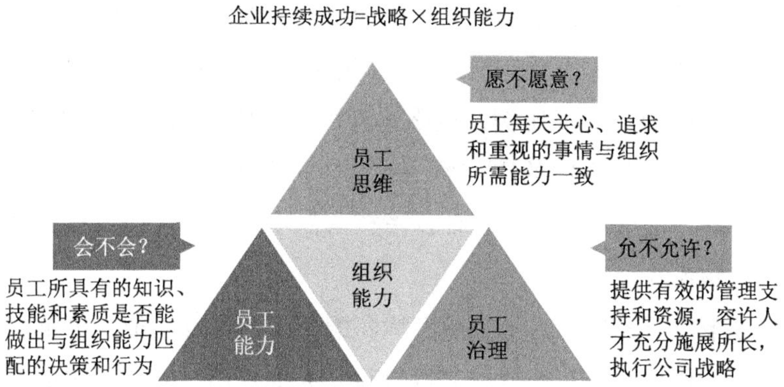

图 2-5　“杨三角”理论

组织能力指的不是个人能力，而是一个团队所发挥的整体战斗力，是一个团队在某些方面能够明显超越竞争对手、为客户创造价值的能力。其中包括三方面：一是员工能力，即公司全体员工所具有的知识、技能和素质。公司建立员工能力模型（也称胜任力模型或素质模型），通过行为评鉴中心和 360 度反馈等手段评估员工能力，利用人才盘点建立接班人培养体系，并通过导师制、培训课程、网络学习、行动学习和观摩学习等方式提升员工能力。二是员工思维模式，即员工的行为表现与组织能力匹配的价值观、行为和投入度。核心是奖惩机制是否明确，一般通过绩效管理引领，发挥绩效考核的“发动机”与“指挥棒”作用。三是员工治理方式，即提供有效的管理支持和资源，容许人才充分施展所长，执行公司战略。核心是机构与岗位设置的合理性。

三、项目建设过程

青田农商银行基于“杨三角”理论基础，以绩效管理为抓手，先后启动了薪酬改革、人事改革和机构改革，服务于该行的战略，促进该行的发展。

（一）薪酬改革

改革的实质就是利益的变革，如果岗位、网点分布等发生了变化，而收入结构、水平没有变动，改革最终将沦为形式。因此，青田农商银行以绩效改革为抓手，强化改革成效，推动固定薪酬向绩效薪酬转型，逐步降低固定薪酬比例，提高绩效工资比例，最终达到固定工资与绩效工资占比三七开。根据不同的岗位设计不同的岗位薪酬结构，按照分步走、分步实施的方式，逐步将全员纳入考核，最终实现计价考核与专项考核、产品考核与客户考核相结合的考核模式。

实施薪酬改革的目的，不只是发挥薪酬传统的保健功能，更重要的是发挥薪酬的激励作用。原有的分配制度侧重于人的资历，对于员工的业绩、行为表现关注不够，容易出现“大锅饭”、平均主义，削弱了员工的工作热情，影响了员工工作绩效能力。通过薪酬改革，除保障员工基本生活的薪酬以外，其余所有薪酬都纳入考核，有利于调动员工的工作积极性，建立多劳多得、按绩取酬的绩效文化。

（二）机构改革

组织架构的设计受到内外部环境、发展战略、生命周期、技术特征、组织规模、人员素质等因素的影响，并且在不同的环境、不同的时期、不同的使命下有不同的组织架构模式。因此，为了提高企业的竞争力、内部的运营效率，实现战略目标，企业的组织架构应顺势而变。

青田农商银行完成一级法人改革后，吸收合并了当地的华侨信用社与华兴信用社，遗留问题包括：网点经营覆盖面积重叠严重，多家网点争夺同一片市场资源；薪酬福利标准不均衡，考核模式不一致，两者差距较大；两级法人背景下的大社制依然延续，大的支行可能管理着六七个网点，存在管理幅度大、管理成本高、利益冲突多、市场竞争力弱等问题，出现问题时难以协调，与当时的社会发展环境严重不匹配。

青田农商银行的机构改革首先对网点布局进行重新划分调整，多余的网点全部撤并。制定撤并原则，统筹规划，对于某个网点是否撤并，要总体看发展潜力和发展后劲，同时兼顾企业社会责任，不单纯以业绩论英雄。对于低产低效、重复建设、内耗严重及布局错误、市场资源严重不足的网点，坚决予以撤销。另外，加强扁平化管理，减少管理层级，缩短管理的指挥链条，推动机构从大社制向小社制转型，增加一级支行数量。真正做到市场驱动、顾客需求驱动，大大提高服务质量，快速响应市场的变化，大大增强了市场竞争主体力量。最终实现一级支行数量从改革前的 10 家增加到 17 家，对于部分不满足开设支行条件，但是有必要设立网点的区域则设立分理处，且对支行与分理处一对一管理。

（三）人事改革

青田农商银行以推动选人用人从相马机制到赛马机制转型为目标，开展人事改革，即从原有的提拔任用模式转为制定统一的规则，人人都可以参与竞争，得分最高者胜出。本次改革主要分为以下两个阶段：

第一阶段以干部竞争上岗、员工双向选择为主要内容。通过此项改革使一批年轻的干部脱颖而出，拓宽了人才来源渠道，培养了队伍的危机意识和竞争意识，让每位员工都意识到，如果想晋升，或者转岗至自己心仪的岗位、网点，只有通过努力获得别人的认可才能实现。打破了以前岗位安排、职位晋升论资排辈的现象，也有利于形成人适其职、团结和谐的良好局面。双向选择是在充分尊重个人意愿的基础上，把个人理想、工作需要、组织安排有机地统一起来，以促进人员的合理流动和合理配置。

第二阶段以干部能上能下、收入能增能减，收入凭贡献、工作凭业绩，能者上、庸者下为主要内容。采取以下三种方式：一是采取竞聘程序公开、竞聘岗位公开、任职条件公开、岗位目标公开、薪酬模式公开、退出承诺公开的六公开干部竞聘制度，建立了公平、公正、公开的规则。其间 7 名支行行长、15 名分理处主任、2 名会计主管被解聘，71 名员工被提拔。二是推行后备干部机制，实现素质有条件、业绩有标准、条线全覆盖、动态调整。通过建立干部储备池，搭建完备的干部梯队。当某个岗位出现空缺的时候，有人员能够随时补上，保证经营管理的可持续发展。通过动态调整，确保新鲜血液的及时补充，对于不符合要求的及时淘汰，保障了后备干部活力，提高了后备干部的质量。三是实行节约用人机制，从人力资源管理向人力资源经营转型，推动用人观念的转变，强化人均量、本、利的意识。避免只要增加新的工作任务，基层就感觉现有人员工作已经饱和，无法再增加负荷，而向总行伸手要人的局面。迫使基层管理者主动思考，如何提高人均效能，如何最大化发挥人员的潜能，从要数量向要质量转变。

三大改革的推行，涉及各个岗位、各类员工的利益，为了做好以上工作，减少绩效改革推行的阻力，在绩效管理方面采取的举措有以下几方面。

1. 做好绩效沟通，减少矛盾与阻力，增加斗志与活力

三大改革尤其是绩效改革，涉及全行每个人，因此绩效管理中的沟通是非常重要的。不管是目标建立过程中的绩效沟通，还是实施过程中的绩效沟通，抑或是绩效评价时的绩效沟通，都非常重要。在目标建立阶段，管理人员和员工经过沟通就目标和计划达成一致，并确定绩效评价的标准，这是非常基础的环节。如果缺少了沟通，员工就没有参与感，心里有抵触甚至根本不认同单独由管理人员提出的目标和计划，因此这个环节的沟通是不可缺少的。在目标实施的过程中，员工可能遇到这样或那样的问题，甚至还会遇到一些跨部门的障碍，作为管理人员有义务与员工随时进行沟通，解决他们在技术、资源、经验、方法上的困难，确保他们在顺利完成目标的同时能获得最直接的指导、帮助和经验积累。最后，在绩效评价时，沟通就显得更为重要和必要。通过沟通，管理人员能告诉员工过去几个月的成绩、失误、长处和不足，指导员工朝正确的方向发展，并就上一个工作周期的工作结果达成一致的意见。

2. 提高员工的认同感与凝聚力

青田农商银行在改革过程中，始终坚持五个必谈，几乎覆盖了全行各类人员，提高了员工对改革的接受度与凝聚力。五个必谈包括：第一，工资拿最高的 3~5 人必谈。此类人群是绩效优秀人员代表，通过与其面谈，可以了解他们的成功经验，同时与其沟通行内、自身的发展现状，增加他们的危机意识，激发他们持续发展的动力。第二，工资拿最低的 3~5 人必谈。作为低绩效人员代表，需要及时了解原因；作为管理者，需要对症下药，给予他们建议。第三，工资增幅最大的 3~5 人必谈。通过与绩效增幅最大的人员沟通，总结其工作方式、方法与经验，判断是否可复制、推广给其他员工，以促进行内其他人员的共同成长。第四，工资降低幅度最大的 3~5 人必谈。第五，平常多抱怨、多发牢骚者必谈。在改革推进过程中，要尽量减少负面情绪扩大化，通过与此类人员的沟通，讲述改革实施的背景及考虑因素，获得员工理解，听取他们的建议，采纳合理建议。

四、项目建设成效

青田农商银行以高质量转型发展为目标，以银行绩效管理为核心，以协调三大改革为抓手，积极推进精细化管理，使全行的面貌焕然一新，激发了行内活力，各项业务得到快速发展。具体表现如下。

（一）促进各项业务快速发展，摘得县域存款“小冠军”

在改革之初，青田农商银行的市场占有率倒数第一，随着改革的深入，市场占有率先后超过了当地建设银行、农业银行、工商银行和中国银行。截至 2019 年，青田农商行当地存款市场占有率排名位居第一，摘得县域存款“小冠军”，达到 22%，而市场竞争环境更加严峻，从最初的 5 家金融机构增加到 16 家。

（二）提升精细化管理水平

绩效考核是战略落地的最有效工具，通过实施绩效改革，动员行内每位员工，员工能够自主地发现市场竞争中出现的问题并寻求应对策略。绩效考核工作从传统的手工计算转为系统计算，业绩考核更加高效，实现了“T+1”。薪酬兑现更加及时明了，按月兑现，员工能够清晰地了解自己的各项薪酬构成以及来源。素质教育更加务实高效，让员工为了不落后于其他员工，积极主动地提升自己的能力素质，针对自己的薄弱环节进行学习，也让总行发现全行员工的能力短板，做到因材施教。人员结构更加稳定，实现薪酬无计较、言语无抱怨、诉求无上访、行为无吵闹、工作无懈怠。

（三）实现业务的可持续发展

三大改革为全行的发展奠定了良好的基础，使各项业务能够有序、自然地运转。截至 2019 年 12 月，在新一届领导班子的努力下，青田农商行各项存款余额较年初新增 33 亿元，各项贷款余额较年初新增 19 亿元。

五、项目建设启示

青田农商银行的三大改革相辅相成，以绩效管理为核心，协同推进了银行的高质量发展。其改革主要经验如下。

（一）着眼长远，规划引领，循序渐进

改革是一个利益变革的过程，是对利益的重新分配，其中涉及的利益关系纷繁复杂，在实施的过程中也必将招致部分人员的反对。机构改革、人事改革、薪酬改革三者呈三角关系，三者缺一不可。如果只有机构改革，没有人才匹配，机构改革的作用将无法体现；如果只有人事改革，薪酬体制未变动，就不能有效地调动人员的积极性。因此，需要做好总体的规划，配套实施。在推动绩效改革的过程中，要符合实际情况，循序渐进，逐步完善，避免一蹴而就的思想，因为改革并非一朝一夕能够完成的。

（二）落实四项制度，提高决策的科学性

员工作为变革的主体，是主要参与力量。在推行各项变革过程中，要紧紧依靠员工，听取一线的声音，解决一线的疑惑，抓好落实以下四项制度。

（1）调查研究制度：没有调查就没有发言权，作为决策者需要深入一线进行考察，进一步了解基层的真实情况。

（2）咨询听证制度：坚持公平、公开、公正的原则，坚持实事求是，充分讨论，广泛吸纳合理意见，充分发扬民主作风，提高决策的科学性、民主性。

（3）培训沟通制度：新事物的出现都会面临不了解、不理解的情况，需要通过广泛的培训宣讲、绩效沟通等，将决策的背景、目标宣传贯彻到位，提高员工对绩效改革的接受度。

（4）定期报告制度：要求各项改革举措执行责任部门，定期向行领导班子汇报执行情况，发现其中存在的问题，对于存在不合理之处能够及时纠正改进，为后续的优化提供决策建议，以保障改革的有效性与连续性。

（供稿人：钟智）

案例6 效果评估助力钦州市区联社业绩提升

随着我国金融市场与国际金融环境的融合进一步加大，银行业金融机构增加民间资本进入，宏观审慎评估与微观审慎监管进一步强化，激烈竞争的金融环境和日趋严格的监管环境对银行业的转型发展和精细化管理提出了更高的要求。在此形势下，2016年11月，钦州市区农村信用合作联社（以下简称“钦州市区联社”）与广州天维信息技术股份有限公司（以下简称“天维信息”）就“绩效管理是推动银行战略业务落地的‘指挥棒’和激发员工动力源泉的‘发动机’”达成了高度共识，签订了为期五年的绩效管理数据服务合作。在合作过程中，天维信息以特色的绩效管理“五结合、四平衡”“三阶段、四体系”为理论指引，以“三库一平台”为数据支撑，以自主研发的“PAS绩效管理系统”为落地工具，按期按质为钦州市区联社构建了绩效管理体系。

一个体系的高效运转，除了日常运维外，离不开定期审查与完善。为了使绩效管理体系紧贴钦州市区联社业务发展需求，提升核心岗位人员的激励效果，在合作期间，天维信息运用效果评估工具定期评估钦州市区联社绩效管理体系运行情况，及时发现、反馈问题，并提供相应的解决方案。

本案例围绕钦州市区联社绩效管理体系建设和运营的全生命周期情况，旨在通过梳理绩效管理体系在运营期间，项目组如何运用效果评估工具挖掘钦州市区联社经营管理痛点，提供相应应对策略和解决方案，在提高钦州市区联社绩效管理水平的基础上，进一步提升企业潜在价值，增强核心竞争力，为银行提高绩效管理水平和同行开展绩效管理提供借鉴。

一、项目建设历程

（一）项目背景

钦州市区联社成立于2008年12月，致力于服务“三农”、服务中小企业、服务钦州地方建设。钦州市区联社综合实力强，服务网络较为完善，截至2019年11月，各项存款余额达171亿元，各项贷款余额达121亿元，存贷款连续多年稳居当地第一。钦州市区联社组织架构完善，内设16个部门、52个营业网点，其中城区营业网点15个，乡镇营业网点37个，共526人。考核岗位涵盖中层管理人员和基层办事人员，包括联社部门经理、部门副经理、办事员、基层信用社主任、单列社主任、内勤副主任、信贷副主任、分社负责人、信贷员、柜员、会计、授权中心岗位、派遣员工（大堂经理、保安）等。

（二）项目建设历程

2016年是中国银行业转型发展的关键年。国际环境方面，人民币作为唯一新兴经济体货币由国际货币基金组织（IMF）宣布纳入特别提款权（SDR）；国内市场方面，银行业金融机构多措并举深入推进供给侧结构性改革，普惠金融作为国家级战略规划正式落地；行业监管方面，宏观审慎评估体系（MPA）正式实施，《银行业金融机构全面风险管理指引》正式发布，银行业进一步强化宏观审慎评估与微观审慎监管。钦州市区联社除了面临国内日趋严格的监管环境、大中型银行市场下沉的威胁和民间资本、互联网金融的冲击外，还要做好准备迎接外资银行陆续抢滩中国带来的激烈竞争。值此关键时刻，若再不采取有效措施提升银行综合竞争力，其良好的发展趋势将面临威胁，甚至有可能动摇生存的根本。

为了应对以上危机，适应外部经营环境的变化，实现企业可持续发展，钦州市区联社通过分析当前形势和自身优势，提出了“做小做微”的战略转型思路，而绩效考核的精细化管理是实现战略转型落地的必备武器。经过多方考察、评审和调研，钦州市区联社最终于 2016 年 11 月确定与天维信息合作，借天维信息之力搭建绩效管理体系。双方通过深入探讨，达成三个层面的目标共识：首先在软件和制度体系层面，构建适合钦州市区联社当前发展需要的绩效管理体系，稳步推进，逐渐深入，促进精细化管理水平提升；其次在文化层面，充分调动员工的工作积极性与主动性，发现并留住优秀人才，促进员工的个人发展并发挥其个人价值；最后在管理层面，以战略为指引方针，紧贴战略发展方向，全面规划绩效管理体系，推动员工个人、机构乃至整个联社绩效结构优化、业绩水平提升，最终促进联社业务全面发展。

绩效管理体系的构建是一个系统化的工程，具有复杂性、综合性、灵活性等特点，需要持续循环改进、优化、完善。经过 6 个月的项目建设期，钦州市区联社历经规划咨询、制度建设、存量清理、价格测算等多个咨询环节，明确了绩效考核方案和制度，实现了软件系统落地和存量业绩认领，确定了存款、贷款、中间业务等各项业务的定价，成功于 2017 年 6 月实现工资平台上线、绩效工资按系统兑现。这标志着钦州市区联社正式度过绩效管理体系的建设期，迈入绩效管理体系磨合期。磨合期是每个银行在构建绩效管理体系过程中躲不开的难点和焦点。在磨合期，项目组在钦州市区联社领导班子的充分授权和支持下，借助“效果地图”等天维经典理论工具定期开展效果评估工作。通过分析、评估绩效管理体系建设过程中各阶段、各体系存在的痛点与不足，对比绩效管理体系建设的“三阶段、四体系”理论的核心目标，不断改进、优化、完善，最终实现了钦州市区联社期望的绩效管理目标效果，即促进员工发展，提升联社业绩。

二、效果评估逻辑

企业战略的落地以及经营管理水平的提升是一个循环更新的过程。按年度将企业的中长期战略分解为年度计划，再将年度计划细化为各岗位当年重点任务目标及培训各员工的营销行为，最后通过绩效考核的实施及兑现来激发员工的积极性，由上而下层层分解目标，由下而上层层落地战略，从而实现目标效果。然而，在实施绩效考核过程中，要保障每个环节正常、准确地开展，则必须以实现预期效果为目标，定期开展效果评估，严格把控实施效果。只有不断地磨合、优化和完善绩效管理体系，才能真正实现与企业战略、经营管理的紧密结合，推动银行精细化管理和银行业务全面发展的目标实现。

（一）绩效管理效果

在阐述效果评估这一概念之前，首先需要明确什么是效果。只有清晰界定效果的范围、层次、评价标准，才能准确地对项目进行效果评估。经过近20年绩效管理体系的实践探索与理论研究，天维信息从过往300多个绩效管理项目中，提炼并形成了绩效管理效果表，如表2-8所示。

表2-8　绩效管理效果

	效果	建设期 （0.5~1年）	磨合期 （1~3年）	成熟期 （无限期）
核心效果	1.提升行员积极性 2.促进银行业务发展 3.提升客户价值	打造精细化的绩效管理体系	形成具有自身特色的绩效管理体系	形成有效的绩效管理体系
管理体系	提升绩效管理能力	建立绩效管理组织和流程	按照磨合期绩效管理流程进行正常运营	按照成熟期绩效管理流程进行规范化运作
文化体系	提升员工积极性	感知绩效变革	帮助员工了解、重视、接受、认可绩效变革	促使员工行为改变，从绩效变革中获益
制度体系	建立管用的指挥体系	引入先进的绩效管理办法	磨合出合适的绩效管理办法	有效支撑战略落地的绩效管理办法
软件体系	建立灵活的绩效管理平台	快速上线	灵活调整	高效运行

绩效管理效果由三个阶段、四大体系围绕项目核心效果构成。三个阶段分为建设期、磨合期和成熟期，四大体系对应管理体系、文化体系、制度体系和软件体系。在不同的项目阶段，对四大体系有不同的效果要求，主次分明、层层推进。在建设期，软件体系的快速上线是绩效管理系统实施落地的基础；在磨合期，核心聚焦如何结合实际运行效果，找到适合行方发展需求的绩效管理方法；到了成熟期，文化体系开始占据主导作用，通过促使“人”

的想法和行为改变，激发员工的积极能动性，让个人及组织在绩效变革中获益。总之，绩效管理项目力求达到三层效果：第一层，以“人”为核心，通过绩效系统上线运行，实现业绩兑现，提升员工积极性；第二层，以“事”为核心，通过激发员工活力和动力，推动银行核心业务发展；第三层，以“可持续发展”为核心，通过支持战略业务的发展和落地，为银行转型、创新提供动力，最终实现客户价值和核心竞争力提升。三层效果逐步实现，层层递进，相辅相成。

绩效管理效果表对各阶段、各体系的效果进行了明确的界定。那么，什么是效果评估呢？综合以上内容，效果评估是借用专业理论和方法对实际效果进行系统性结构化的测量评判、监测反馈，通过分析行方与项目组合作以来绩效管理体系带来的积极变化，总结行方绩效管理规律，挖掘行方绩效管理存在的问题，从而提出下阶段工作方向与优化建议，以此形成效果管理的闭环。通过效果评估，可确保绩效管理体系在方向上始终服务于企业经营，在结果上达到客户预期效果。

（二）效果评估模型

在开展效果评估时，天维信息自主研发的绩效管理效果评估模型（PEM）（见图 2-6）是对银行绩效管理体系进行全面评估的重要工具。

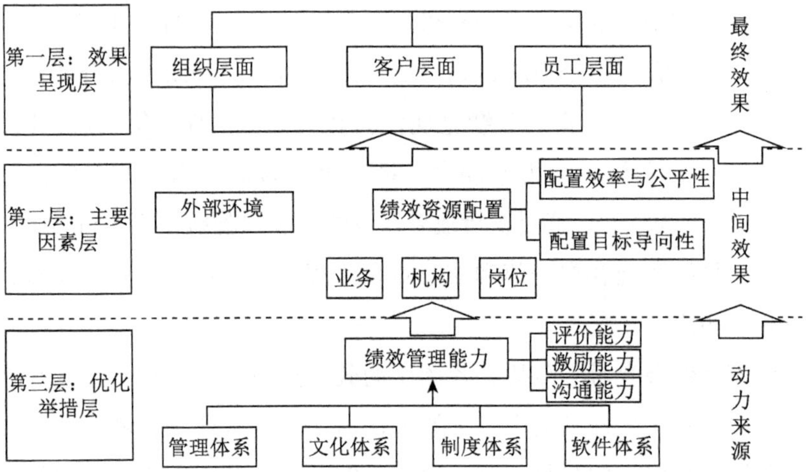

图 2-6　绩效管理效果评估模型（PEM）

根据绩效管理效果评估模型，绩效管理主要分为三个层次：优化举措层（行为）、主要因素层（过程）、效果呈现层（结果）。通过以“三阶段、四体系”理论为指引构建、完善绩效管理体系，银行将逐渐提升绩效管理能力，增强绩效资源的调配能力和精准度，最终促进银行价值增长。

绩效管理的三个层次效果评价是一个有机整体。优化举措层致力于为银行打造高绩效管理能力，是银行业务发展的动力来源。绩效管理能力是企业拥有知识、技能、技术、管理等要素的有机组合。绩效管理能力指数即 PMI 指数（见表 2-9），通常用来从被考核者的视角观察目前行方绩效管理能力。该指数涵盖评价能力、激励能力和沟通能力三个因素：评价能力是了解被考核者对于考核的评价准确性以及评价的结果公平性的认知；激励能力是通过工作积极性和绩效差距评估激励机制的合理性；沟通能力反映的是沟通渠道以及沟通效果。

表 2-9　PMI 指数及其各维度计算方法

<table>
<tr><th>一级</th><th>二级</th><th>题目</th></tr>
<tr><td rowspan="4">评价能力（56%）</td><td rowspan="3">准确性（17%）</td><td>当前考核方式、考核结果很合理</td></tr>
<tr><td>考核方式能根据岗位和工作内容给予客观的评价</td></tr>
<tr><td>绩效工资可以充分反映我的工作绩效</td></tr>
<tr><td>公平性（39%）</td><td>部门间与岗位间的考核结果是公平的</td></tr>
<tr><td rowspan="4">激励能力（29%）</td><td rowspan="4">激励性（29%）</td><td>考核方式能够激励我开展工作的积极性</td></tr>
<tr><td>绩效考核方式能够激励我完成更多工作任务</td></tr>
<tr><td>支行（部门）内部绩效的差距能够体现业绩贡献</td></tr>
<tr><td>同岗位间绩效差距能够体现业绩贡献</td></tr>
<tr><td rowspan="5">沟通能力（15%）</td><td rowspan="3">沟通渠道（2%）</td><td>对于考核不了解、有异议的地方，我有很明确的询问对象</td></tr>
<tr><td>我行有比较通畅的渠道向上反映在考核中遇到的问题</td></tr>
<tr><td>我愿意根据实际情况对绩效考核的制度和考核方式提出建议</td></tr>
<tr><td rowspan="2">沟通效果（13%）</td><td>组织定期的绩效沟通、交流（面谈、调研、座谈会等），对工作改进很有效</td></tr>
<tr><td>我能够根据绩效沟通的结果采取行动</td></tr>
</table>

优化举措层往上，即到达主要因素层。该层效果全面体现在绩效管理能力对资源的配置效率上。在资源稀缺的情况下，如何将有限的经济资源分配到产品、条线、人员、岗位、机构，从而达到投入产出比的最大化，实现银行价值增长的战略目标，是该层次效果需要解决的核心问题。

最终，绩效管理的显性效果体现在组织、客户和员工三个维度，即效果呈现层。其中，组织维度主要分析业务规模增长效率以及机构变化情况；客户维度通过识别、剖析价值客户结构和行为，促进银行客户的价值提升；员工维度强调个体工作绩效，通过分析任务绩效、关系绩效、创新绩效与学习绩效，挖掘员工的全面发展与适应组织的能力。该层次强调回归银行价值，追求在战略引领下的业绩增长与员工满意度的提高、员工行为与银行目标的一致性。

三、效果评估模型运用

2017 年 6 月，钦州市区联社绩效管理系统正式上线工资平台，实现绩效工资兑现，正式进入绩效管理体系磨合期。磨合期主要着眼于提升运营水平，通过更好地实现绩效管理运转，激发员工活力，推动银行业绩增长。效果评估是运营工作的突破口和切入点，项目团队在进行效果评估时，以“三阶段、四体系”理论为指引，对标磨合期管理体系、文化体系、制度体系、软件体系目标效果，全面评估绩效管理系统在实际运营中存在的问题，作为下一阶段运营工作优化建议的参考。

绩效管理建设是一个不断改进、不断完善的过程，因此每次开展效果评估时，需要结合项目实际运行状况，有所侧重地展开效果评估及提出优化措施。

钦州市区联社效果评估主要分为前期、中期、后期三个阶段。前期，员工对绩效考核的态度及接受程度是绩效考核项目开展与推进的关键点，因此评估方式以网点调研、开展员工座谈会及绩效分析会为主；中期，绩效管理的四个体系建设是员工动力的来源，因而效果评估应重点转向员工反馈及“四大体系”的建设现状；后期，长期绩效考核文化的形成是项目稳定、持续优化与运行的保障，因而全面绩效管理建设的程度、水平和影响是项目团队最重视的问题。在整个绩效管理体系磨合期，钦州市区联社与天维信息项目团队共开展了六次效果评估，每次评估的重点、发现的问题和成效均不相同，如表 2-10 所示。

表 2-10　六次效果评估内容

频次	时间	评估重点	评估方式	发现问题
第一次	2017 年 12 月	管理体系 文化体系	访谈基层员工	缺乏“一纵一横”组织 绩效反馈缺乏渠道和机制 员工不理解考核制度
第二次	2018 年 6 月	制度体系 软件体系	访谈基层员工 工资分析	员工反馈制度未能完全体现岗位工作 系统缺乏明细的业绩数据功能
第三次	2018 年 11 月	全面绩效管理体系	调研基层网点 业绩与工资分析	城区与偏远乡镇收入差距过大

续表

频次	时间	评估重点	评估方式	发现问题
第四次	2019 年 2 月	上一年的工资和当年经营目标分析	工资分析 分析年度目标	当前制度与年度目标有部分偏离
第五次	2019 年 5 月	第一季度业绩与工资分析	业绩与工资分析	存款考核制度和单价存在调整空间
第六次	2019 年 8 月	上半年业绩与工资分析	访谈基层员工 业绩与工资分析	结合下半年的经营方向调整贷款考核制度

（一）第一次效果评估

2017 年 12 月，即实现绩效工资兑现后第 6 个月，项目团队以管理体系与文化体系建设为重点，开展了第一次效果评估。通过与网点的基层社主任和员工访谈沟通，项目团队发现主要问题有以下两点：

一是大多数员工不了解、不理解绩效考核制度的目的及对个人的影响。

二是部分员工对系统计算的绩效工资结果产生异议，但不清楚沟通渠道。

针对以上问题，项目团队围绕管理和文化提出了建议，并与联社领导班子达成共识。此后，联社立即围绕管理体系构建“一纵一横”的组织架构，并构建“微信绩效管理群”加强双方的绩效管理沟通。同时，构建绩效文化体系，面向全社员工开展绩效培训与辅导，组织了为期三天共五场的制度与系统操作培训和答疑，确保员工能够了解制度和系统。

此次效果评估构建了管理体系，为后续的绩效管理工作奠定了基础。

（二）第二次效果评估

半年之后，即 2018 年 6 月，项目团队开展第二次效果评估。本次效果评估重点关注制度体系和软件体系，项目团队的咨询师访谈基层员工代表以及分析实施绩效管理以来联社的业绩变化、系统使用情况、工资结构。

经过为期一个月的调研、分析、评估后，项目团队发现经过上一轮制度与系统培训后，员工对绩效考核的了解和认识有所改善，登录系统的次数在逐月提升，并且联社的存、贷款业绩随着考核的导向有较为明显的变化，但仍存在以下问题：

一是部分员工反馈制度未能完全体现岗位工作。

二是系统缺乏明细的业绩数据功能。

结合发现的问题及项目阶段建设目标，项目团队的咨询师重新围绕联社的发展战略、年度计划及考核岗位的工作职责调整考核制度，技术工程师则围绕基层员工提出的需求优化绩效考核系统。

（三）第三次效果评估

第三次效果评估时间是在 2018 年 11 月。选在该时间段，一方面是为了对当年绩效管理效果和存在的问题进行总结，另一方面是为下一年制度调整打基础。

在正式评估前，项目团队开展了支行调研、问卷调查、考核制度诊断、绩效工资分析等系列准备。通过分析员工反馈的问题和业绩兑现结果，项目团队发现，经过上一轮的效果评估调整后，绩效管理建设卓有成效，大多数员工认可考核，钦州市区联社的个人存款业务占比从 70.4%增长到 75.2%，业务结构正在发生转变。但同时也存在以下问题：

部分偏远乡镇的员工反馈其与城区的收入存在较大差距，尤其体现在存款绩效、业务量绩效等方面。

项目团队咨询师结合员工反馈的情况，系统调整了绩效考核方案，由单一通过地区差异系数调整城区与偏远乡镇的收入差距，调整为优化系统考核指标，如引入存款价值客户的增量考核和电子替代率的考核等业务指标，均衡存款新增与柜面业务的薪酬包，公平公正地缩小城乡薪酬差异。

此次效果评估围绕全面的绩效管理体系进行重点评估，从多方面客观地评估钦州市区联社过去一年以来的绩效考核效果，坚定推行绩效管理的信心，同时也寻找目前考核的差距，正视问题，实事求是，以确保绩效管理建设之路走得不偏不倚。

（四）第四次效果评估

2019 年 2 月，项目团队启动第四次效果评估。本次效果评估属于阶段性的总结汇报，汇报的对象是钦州市区联社的高层和中层管理人员。本次效果评估的目的为结合当年的考核目标提出考核方向和下一阶段工作规划，主要通过分析 2018 年全年工资兑现情况及现有制度执行情况，评估绩效考核项目是否切实支持经营目标实现。

此次效果评估总结了绩效管理第一阶段工作的成果，并明确绩效管理下一阶段要把机关部门纳入考核范围，实现全面绩效管理的工作目标。同时，提出现有的考核制度与当年的年度目标存在偏差，需要及时调整考核制度。

（五）第五次效果评估

第五次效果评估于 2019 年 5 月开展。由于刚过“开门红”时期并兑现完第一季度工资，因此评估重点在于分析第一季度的绩效工资和业绩情况。通过检查各岗位的薪酬分析制度与员工及业务得薪情况判断年初制定的考核制度与当年的发展计划及当前的区域环境是否偏离，确保绩效管理发挥“指挥棒”的作用。通过此次效果评估，项目团队发现钦州市区联社当年的对公存款受政策影响下滑较大，因此提出了调整存款考核的单价和结构，以满足联社发展与考核的解决方案。

（六）第六次效果评估

2019 年 8 月，即间隔一个季度后，项目团队开展了第六次效果评估。本次效果评估的重点是上半年业绩与工资分析，通过访谈基层员工和分析上半年的业绩和工资数据，重点判断现有考核制度能否满足经营需求，是否需要进行制度、单价上的调整，同时项目团队围绕下半年联社的经营方向加强贷款业务投放，并针对评估结果提出了调整现有考核制度、引入贷款任务制考核的模式，以激发员工的动力。

四、项目建设效果与启示

钦州市区联社与天维信息围绕绩效管理体系建设全生命周期，借助六次效果评估，明确指出不同阶段存在的问题和与目标效果的差距，提出绩效管理建设的专业改进建议，最终促进目标效果达成，推动企业发展。

（一）取得效果

绩效管理体系的建设和运营是一个逐步推进、持续改善的过程，在不同的发展阶段呈现不同的效果。例如，建设期的核心效果是实现绩效管理自动化；磨合期的核心效果是不断改进系统运用过程中的痛点，磨合出适合自身的管理体系；成熟期则致力于在以上基础上，充分发挥管理体系“指挥棒”的作用，助力企业战略决策落地。以实现预期效果为出发点和落脚点，需要定期开展效果评估，严格把控项目实施效果，验证效果。可见，在这漫长的过程中，效果评估是一项贯穿始终的工作。效果评估在绩效管理中的作用主要体现在以下三个方面：

第一，肯定成效，坚定信心。通过每期效果评估，对目前所取得的成绩、呈现的效果进行阶段性总结，有利于坚定我们推行绩效管理建设的信心。正如前文所说，绩效管理建设是一个循序渐进的过程，不可能一蹴而就，需要我们坚定不移地推行，而推行的信心来源于肯定效果。

第二，寻找差距，正视不足。全面客观的效果评估，除了肯定成效之外，还应剖析绩效建设过程中的不足。通过与预期效果进行对比，结合绩效管理的“四体系”建设情况进行分析，寻找与绩效建设预期效果的差距，并且正视问题点，实事求是，这样才能确保绩效建设之路走得不偏不倚。

第三，指导实践，改进提升。基于效果评估结果，以改进提升为突破点，最终落实到优化调整的具体实践工作当中，确保建设之路走得又好又快。

在绩效管理体系建设由浅入深的过程中，我们需要明确认识，科学运用效果评估的作用，坚定信心、实事求是、稳扎稳打，这样才能保证效果可以真实呈现。纵观钦州市区联社实施绩效管理三年所取得的成效，从考核到机构“大锅饭”发展为考核到人按劳分配，“多劳多得，少劳少得，不劳不得”的考核文化受到 87.51%的员工认可。业务结构实现“做小做微”变化，储蓄存款占比超过 80%。可见，战略转型的目标正逐步实现。绩效管理效果能按预期实现，离不开钦州市区联社领导班子对项目团队的信任和充分授权，更离不开项目团队坚定不移地运用效果评估工具分析和诊断问题，并提出建设性改进措施。

（二）启示

通过分析钦州市区联社建设绩效管理体系的过程，我们发现钦州市区联社绩效管理体系的效果评估贯穿整个绩效管理运营过程。通过效果评估工作明确指出该阶段存在的问题与效果差距，提出绩效管理建设优化改进的建议，全力建设绩效管理体系以保障效果形成。同时，根据钦州市区联社的建设历程，得出了以下几点启示：

第一，绩效管理体系建设离不开运营，而绩效管理体系的运营工作必须以效果评估为中心展开。如在运营阶段进行调研访谈、员工座谈、绩效分析、一对一辅导、制度和系统培训等工作，都是根据效果评估需要的材料和改进建议开展的，因此，它是所有工作运转的核心。

第二，效果评估要持之以恒。在建设绩效管理体系中，较多银行往往重视打造而忽略运营或者在运营阶段只执行 1~2 次的效果评估，在还没有看到产生的终极效果时，就认为效果评估工作无用。其实不然，绩效管理的效果是分阶段实现的，在每个阶段产生的效果是不同的。因此，我们需要对每个阶段的工作借助效果评估诊断问题，找出规律，提出改进建议，这样才能促进各阶段的效果形成。

第三，效果评估工作的开展要分阶段和时期。根据钦州市区联社的案例，几乎每 4~6 个月就开展一次效果评估，并且每次评估的内容都不一样。例如，在 1—2 月主要补充上一年度效果评估的完整性，并结合当年的考核目标提出考核方向和下一阶段规划。在 4—5 月则分析第一季度的绩效工资，同时检查当年的年度计划是否与考核制度有重大偏离，是否存在组织架构调整等。在 7—8 月则以员工座谈会、考核制度问题诊断、绩效工资分析等为主要内容，判断下半年考核方向是否需要调整。在 10—11 月回顾当年前 9 个月的绩效管理工作，通过支行调研、问卷调查、考核制度问题诊断、绩效工资分析等工作的开展，一方面对当年效果进行总结、评估，另一方面为下一年制度调整打基础。通过不断地循环调整，最终促成效果形成。

第四，绩效管理体系的建设围绕着“四体系”打造。在运营阶段，效果评估工作必须紧密围绕“四体系”的各个层面，从管理、文化、制度、软件体系分别评估。例如在磨合期，管理体系的效果是帮助客户形成具有自身特色的管理体系，文化体系的效果则是使员工了解、重视、接受、认可绩效变革，制度体系则是找出适合自身特色的绩效管理办法，软件体系则是改善系统功能、保障灵活运用。因此，效果评估要以绩效管理“四体系”的效果目标作为寻找问题根源与优化建议的依据。

（供稿人：成龙）

第三章 文化体系案例

案例7 牙克石农商行的创新型绩效文化建设

企业文化是一种观念形态的价值观，包括企业的价值观、企业道德和企业精神等。农商行文化对绩效管理的实施、运行起到一种无形的指导、影响作用，决定着绩效管理方式。反过来，农商行文化最终要通过绩效管理工作中的价值评价体系、价值分配体系发挥其功能。本部分以牙克石农商行为例，探讨如何依托领导行为正确处理农商行文化与绩效管理的关系。

一、项目建设历程

（一）项目介绍

牙克石农商行前身为博克图信用社，2009年7月，牙克石市农村信用联社经内蒙古银监局审核批准为独立会计核算的统一法人联社。牙克石农商行于2017年8月正式挂牌，现拥有营业网点26家、正式员工300余人，以农、牧、林业和小微企业为主要服务对象，服务范围已覆盖全市城乡并辐射周边地区。牙克石农商行的人民币存款、贷款总量在全市银行业金融机构中均排第一位，是牙克石市营业网点最多、服务范围最广、缴纳税收最多的地方性金融机构。

自统一法人以来，牙克石农商行以合规经营为主线，以推进法人治理为导向，以加强内控建设为突破，稳健经营、稳步发展，全力建设成为党委政府的放心银行、广大客户的满意银行、行稳致远的健康银行。在企业自身取得发展的同时，对地方经济的发展做出了巨大的贡献，10年来累计上缴各项税金逾2.5亿元。

长期以来，牙克石农商行在规模提升、资产结构优化、人员布局、内控流程等方面均取得了长足的进步，而“大锅饭”式的传统分配方式具有较大的局限性，成为阻碍牙克石农商行持续优化改革的短板。业绩优秀的员工难以得到合理激励，造成员工内动力不足，这也导致了行内多项重要业务的改革迟迟难以落地。

（二）项目建设历程

牙克石农商行于2016年9月与项目组开展合作，同年底绩效考核系统正式交付上线，进入试运行阶段。2017年第一季度，正式使用系统进行绩效工资试算和模拟考核。经过第一季度的试运行，从4月开始正式使用系统进行绩效考核；同年11月，启动效果评估工作，对近半年的项目情况以及业绩情况进行分析评估；12月开展项目二期建设工作，包含制度建设、存量清理、价格测算等工作。2018年2月，正式完成二期建设项目和线上考核；8月开启支行调研工作，听取一线员工对考核的想法及建议并对制度进行优化；12月开展项目三期建设工作。2019年6月，针对支行调研培训期间各分支机构反馈意见，形成处理策略，使绩效考核紧紧围绕着各项战略展开，始终与全行经营发展思路高度结合。

二、企业文化有效传导绩效管理理念

领导行为影响企业文化类型，企业文化决定绩效管理模式，而先进的绩效管理模式有助于提升企业竞争实力。以领导者“个性”为代表的企业“个性”可以基于领导者理性与感性，以及长短期导向两个维度划分为四类企业文化，分别是以权威与效率为导向的秩序型文化、以企业家精神为导向的创新型文化、以提升竞争力为导向的效果型文化、以参与归属感为导向的参与型文化。牙克石农商行在发展经营过程中逐渐摒弃以内部维持和短期活动为主的思路，逐渐向创新驱动转型，因此其企业文化正由秩序型文化向创新型文化过渡。对于牙克石农商行来说，企业文化对绩效管理具有决定性的作用，是影响员工绩效的关键因素。绩效管理得以顺利实施的原因，是其建立了一种绩效导向的文化氛围。沟通顺畅、积极向上的企业文化有助于牙克石农商行形成持续良好的绩效。企业文化对绩效管理的作用具体表现如下。

（一）导向作用

不同的文化建设历程会有不同的绩效管理政策。企业文化集中了领导者的价值取向，对员工有较大的感召力，能够把企业成员的行为动机引导到企业战略目标上。而实施绩效管理，本质上是要将企业价值观和经营理念以更具体、更直观、更容易为本企业的员工所理解和接纳的形式在企业运作中体现出来，并通过绩效计划、绩效实施与管理、绩效评估、绩效反馈等环节予以强化。比如，牙克石农商行强调的价值观是客户导向、质量取胜，则将这些经营理念具体地体现为快速办理业务、及时通知、确保资产质量和可靠性，并进一步将这些企业的价值观和运作理念转化为关键绩效指标，如对资金使用周期、合同签约率、资产不良率等指标做出明确规定。企业绩效管理体系的建立需要企业文化这一“软环境”的支持，企业文化应体现这样一种精神，即领导者重视员工个人及团队的绩效达成和能力发挥。

（二）凝聚协同作用

牙克石农商行通过领导者的价值取向，整合个体之间以及个体与领导者之间的关系、行为与目标，从而形成强大的聚合功能，增强企业的向心力和凝聚力，使绩效管理的结构性功能大大提高，以增强绩效管理的整体效能。此外，企业文化对绩效管理的凝聚协同作用还体现在对绩效管理内部各环节的协同上。

（三）无形的规范作用

企业特定的文化氛围往往会通过潜移默化的心理作用、有形无形的导向作用以及多方面的凝聚和激励作用，在组织内部形成广泛的群体暗示、感染、模仿等典型示范、舆论导向、制度规范等企业风气，对领导者及其成员的行为产生约束作用。牙克石农商行运用这种无形约束，在外部信号诱导下，迅速实现预期行为，并有效缓解了企业的有形硬约束对员工心理的冲击，削弱冲突和逆反心理。这种无形规范作用大大提高了绩效管理的效率。

（四）内外关系协调作用

企业文化不但可以对内调节员工之间、员工与领导者之间的相互关系，在内部形成和谐良好的人际关系，为绩效管理创造一种良好的氛围，而且可以对外协调企业与社会的各种关系，为企业的生存与发展开拓良好的公共关系局面。就牙克石农商行来说，其目标定位于“实现银行、企业、政府三赢”，而绝非经济利益。这样的企业文化能够得到社会的认同，有利于企业对外关系的协调。

三、绩效文化建设的支撑点

综上所述，牙克石农商行的管理者鼓励创新，重视学习与成长，充分尊重员工个人，重视团队协作。团队协作是牙克石农商行绩效管理的重点。另外，员工的成长也是重要的绩效衡量指标。

通常而言，创新型企业是否具有成长性在于其是否具有持续创造价值的能力。企业的学习和成长能力有三个主要来源：人力、系统和组织程序。这就要求管理者应以人为本，不断地开展新产品知识的培训学习，辅助员工自我提升。同时，重视团队协作，引导员工有组织、有计划地适应团体作战模式，以适应市场发展的需要。另外，应通过建立有效的信息系统为绩效改革工作提供支撑。建立良好的激励机制，充分发挥绩效的动能效应，以激发全体员工的积极性。

（一）紧抓培训环节，重视培训效果

随着绩效管理工作的开展，牙克石农商行管理者对员工作用的认识发生

了很大的转变。改善业务流程和业绩的建议大多来自一线员工，因为他们离客户最近。领导者对员工培训投入了大量的人力、物力，同时为不重视这一工作的员工设立了“二次学习中心”，通过合理的绩效奖惩制度增强其学习动力。

（二）平衡个人与团队的关系

在以支行经营为核心的农商行中，总战略目标逐级下达，把总战略分解到各个支行。此时支行是工作的基本单元，员工的角色从一个孤立的个人转变为与其他团队成员一起以整个支行的绩效为己任。

由于支行的特殊运作方式，要求支行员工在团队和个人两个层面上负有责任，因此应调整传统以个人导向为基础的评估体系。团队绩效的评估和管理，不仅要对支行的绩效目标进行评估和管理，还要对支行员工的工作表现及团队定位进行评估和管理，以加深其与全行战略的结合程度。

（三）建立绩效信息系统

银行员工需要快速、及时、准确地获得客户信息反馈，唯有获得这些信息反馈，员工们才能坚决执行银行发展战略。不管采取渐进式的改进计划，还是采取跃进式的改进计划，良好的绩效信息系统是员工改进工作的必要条件。牙克石农商行管理者重视的指标包括①考核系统的容量：可以评价一线员工对正确的业绩计价、内部业绩关系调整信息的可得性与反应速度；②信息反馈与处理速度；③战略信息覆盖率：可以衡量目前可用信息与个人目标需求之比。

（四）激励时注意责权利对等

有效的激励主要看企业责权利的匹配程度。因为只有在责权利有效匹配的条件下，员工才有积极性，才能自我约束。否则，只有责任而没有权利和利益，会使员工缺乏活力；只有权利和利益而没有责任，对员工就没有约束，会损害银行的整体利益。管理者只有做到责权利的对等匹配，银行才能高效地运行。而且这种责权利的对等，应体现在行内的每个工作岗位和每道工序上，并且作为价值观念影响每位员工。因此，衡量激励措施是否有效主要看责权利的对等程度。但是，它也只是一个定性指标，实际操作困难较大。牙克石农商行管理者主要从以下三个方面对激励措施进行责权利对等衡量：第一，员工提出的合理化建议采纳程度及对应成果物的评优积分累计；第二，分支机构的定性考核指标分解及完成进度；第三，团队业绩与全行战略导向的契合度。

综上，牙克石农商行的绩效文化提倡个人与团队的共同成长，重视软件与制度的协同优化，最终得以同时实现机构利润的增长与风控水平的提升。

四、绩效文化的建设过程

牙克石农商行的绩效管理主要是通过管理者对员工的持续性培训来不断提高银行竞争力，同时注重对团队及个人的考核。从平衡计分卡的角度来讲，牙克石农商行更注重客户层面和学习成长层面。管理者在进行绩效管理体系构建时主要关注 KPI，包括销售业绩（用存款、贷款、中收三个指标衡量）、员工及客户满意度、资产质量等。

（一）绩效计划阶段

由于牙克石农商行绩效管理注重个人的成长以及团队的成长，员工个人的主动性和创新性被充分调动。因此，领导者制订绩效计划的依据是采用个人目标制度（PBC），即建立在职位基础上的个人业绩目标。

具体操作如下：领导与员工在考核初期进行沟通，就绩效目标或主要应负责任和绩效改进达成共识，精准地评价其前期工作的完成情况，确定哪些方面需要改进，并确认绩效标准的准确含义、评价类型及取得评价的方法等，以避免期末考核时由于标准尺度不一而引起不必要的矛盾。员工根据职位的关键绩效指标，包括职位应负责任和具体的业务目标、团队的实际情况制定个人目标，同时遵循 SMART 原则。个人目标以数量、质量、效率指标等作为评价的参数。在这一阶段，领导者主要根据支行的规模、性质、市场环境等对各主要指标的权重加以分析，促进支行建设。在推行 PBC 时，以 KPI 为指导，使 KPI 与 PBC 有机结合起来。

（二）绩效实施阶段

绩效计划的落实和完成情况，以及绩效管理最后实施的效果都与本阶段有很大的关系。对于牙克石农商行来说，在这个过程中，由于员工素质普遍较高，领导者乃至支行行长的主要工作不再是指导与监督，而是沟通。通过良好的交流获取信息，发现潜在的问题，控制好资产的各个方面。在绩效管理实施过程中，制订的绩效计划若不切实际或无法实现，领导者将会修正目标计划，团队的目标与任务也随之调整。当然，团队成员之间也需要持续的绩效沟通。因为受市场变化或者是环境变化的影响，团队成员能不断地得到绩效反馈信息，从而发现自己工作中的不足之处，以便不断地优化自己的工作行为，提高绩效与工作能力。

（三）绩效评估阶段

银行的分支机构人员往往具有较强的流动性，因此团队成员之间并不一定相互了解。另外，由于团队成员自身的原因，评估结果可能出现种种误差，如近因效应、晕轮效应和个人偏见等，最终会影响横向考核的准确性。因此，牙克石农商行重点增加了对中层管理者绩效评估知识的培训。培训内容包括两个方面：第一，强化中间管理层对评估的重视程度；第二，为避免评估误差，让其了解出现误差的原因以及误差造成的危害，并让其有切身感受。

（四）绩效反馈阶段

绩效结果的反馈与应用是牙克石农商行绩效管理最重要的阶段。这一阶段一般采取绩效反馈面谈的方式。面谈中，领导者将绩效结果告知被考核者，肯定员工的优点与成绩，从而对员工起到积极的激励作用。

总之，通过对牙克石农商行绩效文化特点的分析，该行领导者践行了以人为本的理念，员工竞技状态较好，领导者尊重不同团队的工作方式。在整个绩效管理系统中，领导者最为重视绩效反馈阶段。全程关注绩效改进计划，推动员工个人及团队的成长。绩效实施阶段中重点关注配套改革的到位、执行的到位、改进完善的持续性、技术系统的支撑以及坚持统筹兼顾。从领导者的角度看，员工的积极性提升，业绩得到提升，带动了机构整体业绩的提升，从管理中得到效益，形成客户、员工、银行共同发展的良性循环。

五、取得成效

开展绩效管理三年以来，牙克石农商行绩效考核项目已初见成效，绩效考核系统有序推进及落地，对全行业务发展起到了积极的促进作用。一是通过绩效考核系统将行领导战略导向高效地传导至营销终端，使经营思路更加明确；二是通过绩效考核系统明晰地展示兑现结果，使资源配置更加透明；三是通过绩效考核系统促使绩效资源向重点发展业务倾斜，使资源配置更加合理。在这个过程中，牙克石农村商业银行不负众望，于 2018 年 7 月荣获第八届中国农村金融品牌价值榜“全国农村金融十佳绩效管理银行”这一极具竞争力的全国绩效管理领域大奖。

牙克石农商行的企业文化在具有高度不确定性、快节奏的外部环境中应运而生。创新与尝试能够引领成功，适应和革新会带来资源和利润。在当前金融市场优胜劣汰的环境中，行方着眼于未来的竞争优势，不断地创新思维、推动新产品，将经营方式革新作为其管理工作的主要内容，每个项目团队都是能应对各类情况的独立作战单位，组织结构随着项目的变化而改变。时至今日，回首过往，牙克石农商行绩效考核工作已与银行的中长期发展战略高度结合，形成了独特的农商行绩效文化，具体表现如下。

（一）以人为本

以人为本主要表现在，行领导提高了对员工的知识文化素质要求，控制企业规模的过度扩张，重视人际关系协调。领导者以人为本，重视工作环境。

由于存在轮岗，该行人际关系也较为宽松。行内领导较为重视培养思维活跃型人才，鼓励年轻员工追求发挥自我价值的事业。

（二）重视员工的学习与发展

领导者对员工的学习与发展较为重视。可以说，牙克石农商行是一个真正的学习型组织，倡导员工必须有一种自我超越的精神追求，使每个员工在这种企业文化的影响下建立个人愿景。员工通过自我超越成长的学习修炼，敏锐地认识到自己的不足和学习的必要性，将学习作为一种真正的终身目标，持续增强学习的能力以及掌握知识的能力，成为能够持续自我超越的人。

（三）勇于创新，敢于冒险

领导者重视市场开发能力，但是新渠道的开发是风险和机遇并存的，新客户会带来高额利润和良好的投资回报，一旦风险爆发，银行将遭受巨大的损失。如果缺少激励机制，外勤团队就会产生畏难情绪，不愿承担风险。因此，牙克石农商行的领导者勇于创新，敢于冒险，不惧失败，树立新的价值观念，营造浓厚的创新文化氛围。

六、项目建设启示

由本案例可知，牙克石农商行是创新型文化日趋占据主导的组织，领导行为对绩效管理体系的实施、运行起到了一种无形的指导、影响作用。本案例对其他农商行的绩效文化建设有如下几点启示。

（一）重视个人和团队协作

牙克石农商行的 PBC 绩效管理模式要求所有员工围绕“力争取胜、快速执行、团队精神”的价值观设定个人目标。而在制定 PBC 的过程中，员工在领导者的指导下制定考核目标，不是简单的任务分解和对上级命令的执行。员工与领导者不断进行沟通，从而提高员工的参与感，落实每个岗位的责任并调动员工工作的积极性，同时可以保证其目标得到切实的执行。员工要想在个人业绩上取得好的成绩，就必须清晰了解自己部门的业绩目标，抓住工作的中心，充分发挥团队合作优势，并强调切实执行。

（二）身体力行，无缝沟通

在绩效管理过程中，牙克石农商行始终把沟通放在重要的位置。无论是在PBC的制定还是执行过程中，牙克石农商行一直崇尚双向沟通的文化，不存在单向指令和无处申诉的情况，并通过多种形式打通沟通渠道。因此，领导者要营造一种上下级之间无缝沟通的文化氛围，这是值得借鉴的重要经验。这就要求高层领导者身体力行，养成主动沟通的好习惯。

（三）倡导团队优势，强调个人执行

牙克石农商行员工制定PBC考核目标，并列举出下一年为了实现目标，在业绩目标、执行方案和团队合作三个方面需要采取的具体行动。充分发挥了团队合作优势，并强调切实执行。同时，不同单位和部门相互沟通，共同合作。这是团队具备良好协作意识的充分体现，领导者应提倡把团队合作作为全体员工思考问题的出发点和工作习惯。在牙克石农商行绩效管理中，也着重强调了执行的重要性，从而更加突出了领导者尊重员工的理念。

综上，通过对牙克石农商行的分析不难看出，企业文化对绩效管理有着深远的影响。同时，牙克石农商行的绩效管理充分体现了以创新型企业文化为主导的领导者的主要行为特点，即尊重个人、注重团队协作。

21世纪，人类进入了知识经济时代，银行绩效管理也发生了重大变化，从只重财务方面发展到兼顾财务和非财务两个方面。在这两个方面的衡量中，还要重视企业文化对绩效管理的影响。由于国内金融业领导者风格迥异，企业文化各不相同，因此在不同的企业文化下，领导者应进行合理的绩效管理，这将有助于培育和提升企业的核心竞争力。

（供稿人：杨歌）

案例8 高绩效文化导向下的绩效管理文化体系建设
——以洪泽农村商业银行股份有限公司为例

绩效文化是企业文化的精髓，是通过绩效管理形成的绩效价值观。通常情况下，企业会通过绩效管理对企业的人、财、物资源进行有效整合，建立一套行之有效的激励与约束机制，让员工逐步熟悉和认同企业的经营管理理念，对企业文化形成统一的认识，逐步确立共同的价值观念。本部分以洪泽农村商业银行股份有限公司为例，探索洪泽农村商业银行股份有限公司在高绩效文化导向下的绩效管理文化体系建设成功经验。

一、项目建设背景

江苏洪泽农村商业银行股份有限公司（以下简称“洪泽农商行”）成立于2014年6月，是经原江苏银监分局批准设立的独立法人金融机构，其前身为60多年前成立的农村信用社。目前，全行下辖17个支行、1个营业部，注册资金3.4亿元，员工300余人，是全区营业网点最多、存贷款规模最大、金融覆盖面最广、群众基础最深的金融机构。企业文化建设与企业发展相适应。在企业发展过程中绩效管理工作必不可少，而且随着企业管理者对市场经济和企业管理的认识不断加深。随着企业的发展，企业文化也在不断完善，绩效管理工作也应随之进行调整优化，再通过绩效管理工作改变企业员工的认知，形成新的共同价值观，最终完成对企业文化的建设。

天维信息通过多年实践经验总结了银行绩效管理建设的“四个体系”理论：管理体系、文化体系、制度体系和软件体系。四个体系如果按作用体现划分的话，管理体系的作用占40%，文化体系的作用占30%，制度体系的作用占20%，软件体系的作用占10%。

二、项目建设历程

（一）高绩效文化理念的引入

1. 银行面临的形势和挑战

2016 年 11 月，洪泽农商行与天维信息开展合作，启动了全面绩效管理改革。这一年洪泽农商行的新绩效管理体系以优化支行及基层员工考核为主，成功迈出绩效考核改革第一步。2017 年 4 月，首次通过绩效系统兑现员工工资。洪泽农商行员工逐渐接受“多劳多得、按绩取酬”的考核理念。

2017 年下半年，洪泽农商行面临信贷风险积累、资产业务萎缩、内部管理混乱等问题。困则求变，面对重重困难，洪泽农商行着手进行改革，通过组织架构调整、人力资源改革、绩效管理优化等举措稳定了局面，为持续稳健高质量发展打下了坚实的基础。

2. 新的战略规划形成

2018 年，洪泽农商行绩效管理改革逐渐深入。这一年开始对机关部室考核进行优化，同时为引入模拟利润考核做准备。2018 年底，洪泽农商行根据业务发展以及金融形势变化，在认真分析区域经济现状和经营管理水平的基础上，制定了 2019—2021 年新三年战略规划，明确了未来三年发展路径，即坚定走“零售型、效能型、学习型，精细化、平台化、阳光化”发展道路，矢力将洪泽农商行打造成为在淮安有地位、在江苏有影响的现代农村商业银行。其中，洪泽农商行将“零售型”作为发展之首，进一步坚定支农支小的市场定位，全力推动零售转型战略落地，深耕本土，坚守阵地，切实发挥农村金融主力军作用。

2019 年 9 月，洪泽农商行与天维信息开展战略咨询项目合作，将天维信息定位为银行“行外战略规划部”。天维信息战略咨询项目组通过调研访谈、数据收集分析对洪泽农商行战略进行了初步诊断，并就零售板块、公司板块、信息科技板块、人力资源板块四大板块进行了战略研讨，对全行战略工作进行分析并提出解决方案。2019 年 10 月，战略咨询工作进入战略分解阶段；同时，2020 年绩效管理调整工作随之启动。根据战略分解指标，将总行“三型三化”战略融入 2020 年绩效管理体系，将绩效管理工作与总行战略紧密结合。

3. 启动“金堤文化”建设

2019 年 3 月，洪泽农商行启动企业文化建设。6 月，“金堤文化”手册应运而生。“金堤文化”是洪泽农商行人共同价值观的高度凝练，集地域特点、人文属性、时代特色于一体，充分彰显了洪泽农商行人“深植一堤二湖三水，普惠百姓千企万家”的决心和使命，是指导洪泽农商行人推进转型发展和高质量发展的基本准则，是实现洪泽农商行“精耕细作，拼搏担当，开拓进取，追求卓越”的永续动力。

洪泽农商行自与天维信息合作以来，启动了全面绩效考核，打破原有的“大锅饭”分配体系，成立牵头部门，设置总行、支行绩效专管员，先后完成经营机构、机关部室的考核调整，引入模拟利润考核，部署手机版绩效系统，逐步建立一套覆盖全员的、考核较为精细的绩效管理体系，实现了考核指标的可量化，助力经营业绩持续提升。随着理念宣讲、制度培训、支行座谈会、绩效分析会等绩效管理工作的开展，“规则公开与公正、过程透明、结果公平”“多劳多得、按绩取酬”的绩效文化逐渐深入人心。同时，洪泽农商行结合自身的愿景、使命、核心价值观等要素，逐渐打造出符合洪泽农商行人的共同价值观，集地域特点、人文属性、时代特色于一体的“金堤文化”。

（二）高绩效文化导向下的绩效管理文化体系建设

企业的绩效管理体系建设一般包括建设期、磨合期和成熟期三个阶段，这也符合员工的认知与心理转变和企业管理能力不断提升过程的需要。每个阶段都有与之对应的文化体系建设工作，这些文化体系建设工作的开展过程也是银行员工对银行绩效管理工作乃至对银行绩效文化的认知从感知到了解、从了解到重视、从重视到接受、从接受到认可，并愿意付诸行动，最后受益的过程（见图 3-1）。

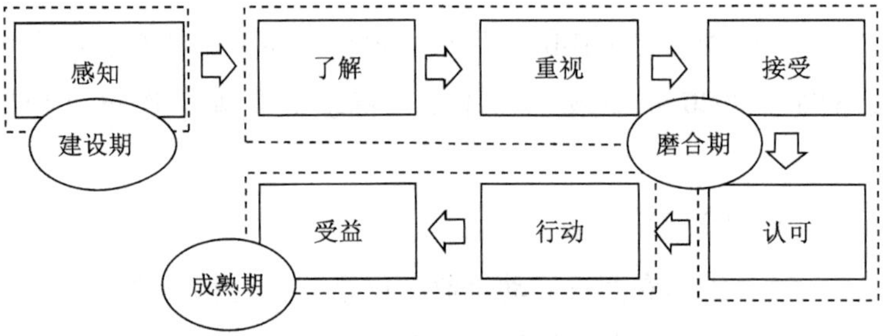

图 3-1　行员对绩效文化的认知过程

洪泽农商行经历了建设期，进入了磨合期，并在不断磨合中逐渐走向成熟。我们常说绩效管理体系的建设“三分靠打造，七分靠运营”，这句话放在文化体系的建设上也同样适用。

企业文化刚刚形成的时候，企业员工对企业文化的认知只是停留在感知层面。企业文化初步形成后，应通过绩效管理工作加强员工对企业文化的了解，通过绩效管理会议（关键是绩效分析会、员工座谈会和支行内部绩效座谈会）、理念宣贯与培训、标杆打造与宣传表彰、软文推广、制度宣导、系统培训和岗位淘汰等运营工作让员工重视、接受、认可它，最终能够为此付诸行动，从而受益。洪泽农商行绩效管理文化体系建设过程中的主要工作包括以下几项。

1. 打造绩效管理团队

打造高效的绩效管理团队，包括行方绩效管理团队、公司方绩效管理团队。洪泽农商行的绩效管理团队包括董事长、分管领导、牵头部门负责人、总行绩效专员、支行绩效专员。绩效管理是“一把手工程”，这一点在洪泽农商行表现得十分明显。洪泽农商行董事长非常重视绩效管理工作，并亲自参与到绩效管理工作当中，有效地推动了绩效管理工作的开展。分管领导也非常关注各项绩效管理工作的实施与进展。同时，牵头部门负责人、总行绩效专员的纽带作用明显，可有效组织协调上级、横向团队、下级参与绩效考核工作，为洪泽农商行绩效管理体系建设工作奠定了基础。

2. 制度宣导

绩效管理体系建设之初，洪泽农商行就在项目组的协助下建立了一套完整的、合规的、全覆盖的制度体系。其中，总行机关部室考核以百分制为主、考核内容为关键业绩指标、关键工作指标和关键行为指标（360度评价）。基层经营机构考核以计价制为主、千分制为辅，计价制考核存款、贷款、电子银行和中间业务等业务，千分制考核机构经营目标。另外，考虑到合规经营，考核到经营机构的还包括党建管理百分制考核办法、信贷管理百分制考核办法、运营管理百分制考核办法等十项管理类考核办法。随着监管要求的变化和洪泽农商行精细化管理水平的提高，考核制度设计也不断优化完善。在最新的考核制度中，总行机关部室考核仍以百分制为主，考核内容为关键业绩指标、关键工作指标和关键行为指标（360度评价），但机关部室考核与农商行战略相结合，承接战略指标落地，在关键业绩指标中增加了战略导向类指标，在关键工作指标中增加了战略督导类指标，同时在合规经营方面增加了综合管理类指标作为扣分项。基层经营机构考核仍以计价制为主，但针对支行行长考核增加了存款、贷款和人均创利的计价考核，客户经理区分零售客户经理和公司客户经理考核。考虑到合规经营方面，机构经营目标考核最终得分受综合管理类指标得分影响。另外，运营管理部参照事业部制考核，运营条线人员由运营管理部总经理进行考核。每年在制度宣导之前，都会将制度发文，考核规则公开公正。制度宣导时也特别强调“规则公开与公正、过程透明、结果公平”“多劳多得、按绩取酬”的高绩效文化理念，加深行员对绩效文化的了解。

3. 系统培训

合作第一年，洪泽农商行的绩效系统实现了行员绩效工资的兑现，然后陆续完成经营机构、机关部室的考核调整，引入模拟利润考核，部署手机版绩效系统上线，行员通过绩效系统看到的数据也更全面、更方便。通过系统培训，使行员熟悉绩效系统的功能，可以通过绩效系统查询业绩与绩效工资，查看自身的业绩与绩效工资是否相匹配，让行员对“规则公开与公正、过程透明、结果公平”“多劳多得、按绩取酬”的绩效文化理念有了更直观的了解。

4. 绩效分析会与员工座谈会

天维信息在与洪泽农商行合作过程中，建议洪泽农商行建立“两会”运营机制，即定期开展绩效分析会与员工座谈会。洪泽农商行开展绩效分析会时，分管领导、牵头部门负责人和总行绩效专管员都会参加，会议一般由咨询师进行绩效工资分析结果的汇报，从绩效工资得薪率、各岗位员工绩效工资差距等多维度进行分析，解答农商行员工对绩效结果的疑问。此外，洪泽农商行还定期开展员工座谈会，主要收集绩效考核反馈意见，同时也对员工的疑问进行解答。

如果说制度宣导和系统培训旨在加深农商行行员对绩效文化的了解，那么绩效分析会与员工座谈会的开展，则是为了提高农商行行员对绩效文化的认可度和接受度。从洪泽农商行开展绩效分析会和员工座谈会的现场情况来看，农商行行员平时积累了许多疑问和对绩效管理工作的误解，他们需要渠道来反馈这些疑问和误解，也愿意以座谈会的方式将自己的疑问提出来，将自己对绩效管理工作的误解说出来。通过定期开展绩效分析会和员工座谈会，在了解行员的疑问和误解的同时，也为行员进行了答疑解惑，消除了行员对绩效管理工作的误解，加强了绩效文化的宣贯，使行员逐渐接受、认可“规则公开与公正、过程透明、结果公平”“多劳多得、按绩取酬”的绩效文化理念。

三、项目建设效果与启示

（一）取得效果

洪泽农商行的绩效管理体系建设经历了由建设期到磨合期的转变，在文化体系建设方面取得以下效果：一是员工认知转变。因为考核完全公平、公正、公开，所以考核制度、考核规则定稿后会发文公示。员工绩效工资收入与自身的业绩、工作量、岗位职责密切相关，基层员工最大的感受就是自己的业绩完成得多、完成得好，绩效工资就高，“多劳多得、按绩取酬”的绩效文化逐渐得到员工认可。二是员工行为的改变。绩效管理文化体系工作陆续开展后，银行员工更愿意了解考核制度，研究考核规则，希望通过对考核制度、规则的研究，找到提高绩效的方法。之所以发生这种行为上的变化，是因为员工明白只要自己对相关的考核制度有所了解，熟悉考核规则，就可以结合自身的业绩、工作量或者履职得分计算出自己的绩效工资，也就可以通过调整自己的营销计划、工作状态促进自己的业绩提升或是履职得分的提高，从而获得更高的绩效工资。三是员工行为的改变，促进了绩效管理体系的完善，同时也有利于企业文化的推广和传播。员工通过对考核制度、考核规则的了解，一旦发现其中有漏洞的地方，有模糊不清的地方，或者有自己不理解的内容，都会通过各种渠道进行反馈，并希望尽快得到准确的答复，因为这与其绩效工资密切相关。在洪泽农商行，员工的反馈渠道畅通无阻，反馈意见往往可以较快地被相关部门或者领导接收，并通过有效的沟通方式进行答复。比如，有不理解的制度或规则，员工会向支行绩效专管员、支行行长或者总行绩效专管员进行咨询；有漏洞的地方，也会及时反馈给总行绩效专管员，也会通过问卷调研、支行内部座谈会、总行开展的座谈会等渠道进行反馈。所以，员工对绩效管理建设工作中不妥的地方进行及时反馈，有利于绩效管理体系的完善。

（二）项目启示

1. 企业文化建设取决于“一把手”的重视程度和参与程度

绩效管理是“一把手工程”，绩效管理文化体系建设更是如此，即企业的绩效管理工作需要企业领导给予重视，只有这样绩效管理工作才能高效地运转起来。如果绩效管理工作是营造企业文化的途径和手段，那么要想让绩效管理工作在企业文化中发挥较大的作用，产生较好的效果，实际上取决于企业领导的重视程度、参与程度。

企业领导根据企业的实际发展情况，结合企业愿景、企业使命、文化观念、价值观念、企业精神、道德规范、行为准则、历史传统、企业制度、文化环境、企业产品等要素建立绩效管理体系，并根据绩效管理体系运营过程中发现的问题，对当前的绩效管理体系不断地进行优化调整。再通过宣导，让企业员工接受和认可绩效管理体系，形成统一的价值观念，从而形成企业文化。企业文化建设是一项长期的工程，企业文化要被企业员工从感知到了解，从了解到重视，从重视再到接受，最后从接受到认可，必须经历一个长期的过程。因此企业文化形成以后，还需要企业领导向员工进行企业文化的宣导，通过时间的沉淀强化员工对企业文化的认知，提升员工对企业文化的认可度。

2. 企业文化需要绩效管理工作来承载

企业文化本身是比较抽象的概念，要让企业员工感知到这种抽象的理念，就需要找到承载物。相比企业文化，绩效管理工作是比较具象的，可以具体到某一项工作上，比如制度宣导、座谈会、标杆评选等。把企业文化中的理念与各项绩效管理工作结合起来，比如通过绩效管理制度承载企业文化理念，再通过制度宣导将企业文化理念传播给员工；还可以通过座谈会的方式，在给员工答疑解惑的同时，将企业文化理念传播给员工；也可以通过树立标杆员工的方式，将企业文化理念传播给员工。总的来说，要让企业文化被员工感知，到最后被员工认可，影响到员工，改变员工的行为，就需要通过绩效管理工作不断强化，最终提升员工对企业文化的认同度。

（供稿人：陈旭峰）

案例9　赤峰松山农村商业银行绩效文化建设

面对国内外市场的机遇与挑战，商业银行日益重视绩效管理体系建设，特别是建设适宜自身发展的绩效文化。绩效文化涵盖了企业文化物质、行为、制度、精神各个方面，并与它们紧密联系。本部分以赤峰松山农村商业银行（以下简称“赤峰松山农商行”）为例，针对商业银行建设绩效文化的重要性，对该行绩效文化建设历程及成果启示等方面进行深入分析。赤峰松山农商行在工作实践中不断摸索绩效文化建设的过程和经验，对商业银行绩效文化建设具有一定借鉴意义。

近年来，商业银行受国际金融市场影响，以及互联网金融发展的有力冲击，业绩增长压力逐步增大，不良贷款率逐步上升。作为银行管理者，迫切希望银行员工能上下一心，提高银行的市场竞争力，因此绩效文化建设越来越被银行业管理者接纳和重视。国内许多企业不断提升自身绩效管理水平，逐步建立符合自身发展需要的绩效文化。而商业银行的绩效文化建设同样需要紧跟潮流，探索真正适合自身发展的绩效文化。

一、项目建设背景

赤峰松山农商行由原赤峰市松山区农村信用合作联社整体改制组建而成，是具有独立法人资格的股份制地方性金融机构。自 2012 年 12 月 28 日揭牌开业以来，始终秉承服务“三农”的经营宗旨，以支持地方经济发展为使命，在服务城乡、造福百姓的过程中，自身也获得了长足的发展。截至 2020 年 1 月末，资产总额超过 100 亿元，形成了“三农”金融服务、个人金融服务、小微企业金融服务、电子银行、中间业务等多元化的业务体系。全行在岗员工 730 人，下设职能部室 15 个、营业机构 60 个，遍布赤峰市区及各乡镇，为赤峰松山区 43 万农业人口和市辖红山区、新城规划区 60 余万居民提供储蓄、信贷、结算等金融业务。

赤峰松山农商行牢记“根植沃土，惠泽城乡”的生存发展战略，始终紧扣“服务‘三农’，服务小微企业和社区居民”的经营方向，以打造“管理规范、形象最佳、百姓信赖”的地方性银行为奋斗目标，一步一个脚印地续写辉煌，为区域经济社会持续协调发展做出新的贡献。2017 年 12 月，赤峰松山农商行与天维信息合作，开启了全面的绩效管理改革和绩效文化建设之路。在这一过程中，坚持把绩效管理视为“顶天立地”的工作，以战略发展为导向，以管理高效、激励有效为目标，对上承接经营发展战略，对下紧密结合每位员工切身需要。建立了符合战略规划并适宜自身实际的绩效管理体系，建立了彰显自身特色的绩效文化。

二、绩效文化建设的必要性

（一）高绩效文化是商业银行企业文化的精髓

高绩效企业文化是指通过培养企业良好文化氛围，充分发挥员工的创造性思维能力而建立的一种能增强群体凝聚力、提高银行竞争力从而促进银行持续发展的先进文化。它能够为银行发展提供源源不断的精神动力，因此高绩效文化就是强烈追求优异绩效的文化。在这样的文化氛围中，员工会自发地提高个人绩效，组织会依据绩效对员工进行评价，员工的薪酬、奖励、晋升均依据绩效而非领导者的主观判断。

（二）高绩效文化是个体的最高层次需求

马斯洛的需求层次理论认为，自我实现是人的最高层次的需求。个体基本的生理需要得到满足后，会逐渐追求满足更高层次的需求，高绩效文化建设本质上就是满足个体高层次需求。同时，高绩效文化是绩效管理“指挥棒”能否发挥作用、银行员工能否产生心理认知和情感认同的重要体现。绩效管理体系建立既是一场涉及企业、股东和所有人切身利益的变革，也是一种新的分配体系。构建新的分配体系需要得到广大员工的认可、接受，这样才能实现预期效果，这种认知与心理上的变化过程就是一种新文化的形成过程。高绩效文化和绩效考核体系是建立在满足人的需求基础上，最终目标是通过建立“规则公开与公平、过程透明、结果公正”“多劳多得、按绩取酬”的高绩效文化，帮助员工提高绩效，以满足行员个体价值认同、自我实现的最高层次需求。

（三）绩效文化建设是绩效管理工作的重要环节

根据天维信息提出的绩效管理“四大体系”理论，即管理体系、文化体系、制度体系和软件体系，绩效文化建设是绩效管理工作的重要一环，利用绩效文化感染和促进员工自省，自觉地运用绩效管理提升业绩，是绩效管理工作的核心任务之一。推行绩效考核不仅仅是为价值分配提供依据，更重要的是以绩效管理激发团队活力。要发挥其凝聚、导向和激励作用，保持绩效管理的生命力、活力，实现业绩增长及银行战略目标，关键是要依靠文化内涵的锤炼，并依托绩效文化有效实现核心价值引导、激发员工工作潜力、解放银行生产力。其最终目标是建立组织或企业、单位的绩效文化，形成具有激励作用的工作气氛，提高员工的素质和组织的业绩。

三、项目建设历程

自 2017 年 11 月赤峰松山农商行数据服务项目正式启动以来，项目组根据项目建设方案及实施计划，先后开展了需求分析、制度建设、存量清理、价格测算、系统建设、制度培训宣导、效果评估等工作，并于 2018 年 9 月正式兑现了绩效工资。绩效考核系统上线前后召开了 20 场次座谈会，访谈对象全面覆盖高管、中层管理与基层员工，通过调研绩效管理存在的问题提出具体的、有针对性的解决方案。全面梳理了业绩关系，为考核到人奠定坚实有力的业绩基础，让考核有的放矢，同时对客户维护工作也起到了推动作用。建立“总行垂直考核+支行二次考核”的制度体系，在绩效兑现前后开展线上线下培训 40 多场次，将绩效文化、考核理念宣贯到每个员工。通过 IT 绩效管理平台的打造，实现了绩效可视化，完成了薪酬的自动发放，每位员工可以实时通过绩效管理系统了解自身业绩与绩效薪酬，提高了员工的积极性。按月进行工资分析，按季开展效果评估，全面把控绩效运营质量，为制度调整及资源配置提供有力依据。截至 2020 年 1 月，绩效考核系统平稳兑现一年以上，助力赤峰松山农商行精细化管理水平的提升和各项业务的发展。

四、项目绩效文化建设与实践

（一）加强组织机制管理

（1）坚持秉承绩效管理“一把手”工程的理念。真正将绩效管理作为战略的传导系统，由董事长带领的管理团队直接管理、监督指导，凝聚管理层共识。尤其是在绩效辅导方面，与员工进行面对面直接沟通，传导绩效理念，收集员工想法，综合考核分析，最终实现绩效管理与经营管理的双向提升，发挥绩效考核的“指挥棒”作用，这决定了建设绩效文化的成败。

（2）建立“一纵一横”的绩效管理团队。建立从董事长到人力资源部（即考核办）、从总行到支行专管员的绩效管理“一纵”团队，专管员机制保证业务管理数据和绩效考核数据的准确性和及时性，发挥打通绩效管理体系“最后一公里”的作用。“一横”团队是指总行设立各对口业务条线部门负责人或兼职专管员，各业务部门直接参与绩效考核工作。“一纵一横”绩效运营管理团队是绩效文化建设的重要载体，通过运营团队、基层管理者、员工骨干将绩效文化传导到每名员工。

（二）加强“两会”机制管理

（1）员工座谈会是与基层员工进行绩效沟通的重要桥梁。员工座谈会一般在制度调整后和首次绩效兑现前、稳定兑现后及季度和年度召开，参会人员包括行领导、“一纵一横”绩效团队、支行及条线业务部门负责人、员工代表等。可与支行调研、支行绩效辅导、问卷调查等形式结合，在会议上充分听取员工意见反馈，交流心得，并安排标杆机构及个人分享经验，树“标杆”、立“典型”，以达到意见收集、理念宣导、凝聚绩效文化的目的。

（2）绩效工资分析会是阶段性绩效管理复盘的重要形式。绩效工资分析会一般在月度、季度、半年度和年度召开，参会人员主要包括行领导及“一纵一横”绩效团队。开展内容包括绩效兑现分析、绩效差距分析、绩效与业务发展关联性分析等，并结合阶段及年度效果评估，以达到为制度调整、业务改进和员工行为改进提供依据和建议的目的。

（三）积极开展培训

（1）宣讲绩效管理理念和制度是传导绩效文化的重要方法。中高层管理者要能够及时了解同行业绩效管理发展趋势，学习先进经验。基层员工在每年制度调整后，要通过结合“制度学习季”组织的全员覆盖的制度培训，或通过打造内训师队伍进行转培训。这是最有效、最直接让员工感受总行考核意图、考核导向和考核办法，进而感受新年度经营导向的重要方式。同时，兑现后开展培训活动，有助于对理解偏差或低绩效员工进行纠偏。

（2）制定并下发制度手册。通过将绩效制度化繁为简，提炼指标、权重和计算方式，并通过简单易懂的排版制定并下发制度小手册，为员工提供随时学习、便利学习的条件，将绩效制度学习向常态化推进，有助于员工感知、了解、认同绩效文化。

（四）注重长期宣传引导

长期宣传引导不仅是绩效文化建设的重要途径，更是凝聚企业文化和对外进行企业形象宣传的窗口。在绩效文化建设和绩效管理实施过程中，银行应充分运用各种媒介，以各种形式开展宣传引导，并着力对优秀团队、员工进行宣传，树立标杆和榜样，按月、按季通报业绩排名，按年表彰先进，以激发和调动全员积极性。运用官网、行报、微信公众号等线下线上方式进行软文推广，开展以绩效文化为主题的演讲、征文等活动，营造崇尚绩效文化的氛围。

五、项目建设效果与启示

（一）建设效果

赤峰松山农商行绩效文化建设的实践，是从项目建设期到磨合期一直坚持在做的事，通过“四三”理论和“五结合”理论的指导，在运用项目管理最佳模型的工具指引，并结合行方实际需求的基础上，绩效文化的建设呈现出很好的效果，主要体现为：

一是提升了绩效管理水平。通过组织机制建立，坚定绩效管理是“一把手”工程，打造“一纵一横”绩效管理团队，实现了总行战略的传导，充分发挥了绩效考核的“指挥棒”作用。通过综合考核分析，绩效管理水平与经营管理水平均得到了提升。

二是提升了员工积极性。在区域广、银行网点多、人员结构复杂、考核基础弱的背景下，实现了从考核到机构向考核到人的跨越，构建了有效的考核和激励机制，建立了可清晰到每位员工的目标。通过调研访谈、员工座谈会、培训宣导等绩效文化方式，建立了双向沟通和绩效辅导机制，改变了以往“大锅饭”的局面。

三是丰富了企业文化的内涵。通过对标杆机构、标杆个人的宣传，发挥榜样的力量，对后进者进行关注与辅导，注重团队素质提升，开展多种形式的绩效文艺活动，营造了全行上下认同的在业绩上“多劳多得、按绩取酬”，在干部选用上“选贤任能、能上能下”的高绩效文化。围绕高绩效文化建立新的企业文化体系，梳理价值观，树立追求高绩效的基本理念，不断向打造“管理规范、形象最佳、百姓信赖”的地方性银行的道路迈进。

（二）案例启示

项目绩效文化建设经历了漫长过程，让我们清晰地认识到，需要做好物质文化、制度文化、精神文化的协同工作，需要行领导一以贯之的支持，需要全行上下共同探索和坚持。同时，项目建设也带给我们以下启示。

1. 绩效文化建设与战略发展相结合

商业银行的绩效文化建设和发展是一项长期的、动态的过程，在此过程中需要有配套的保障机制，同时绩效文化是承接发展战略和全员传导发展战略的重要载体。因此，应该将绩效文化建设与经营管理紧密结合，结合银行战略发展合理规划绩效文化建设方案，避免绩效文化成为一种形式。银行管理层应高度重视绩效文化与银行战略的匹配关系，追求绩效文化与银行发展战略的高度契合。在绩效文化与银行战略发展阶段相匹配的前提下，大力推进绩效文化建设，提高绩效管理水平，确保考核理念等得到全体员工的认可与执行。这样才能降低协调成本，提升企业绩效及员工个人绩效，让绩效文化内化为银行的竞争优势，成为促进银行绩效提升的持久动力。

2. 通过沟通反馈促进员工主动提升绩效

绩效文化建设中要运用 PDCA 循环，保障对员工绩效结果的快速、持续反馈和辅导，员工可根据反馈及时调整个人行为，主动提升个人绩效。

每位员工在内心都希望了解自己的工作情况，以及他人对自己的评价。首先，这是出于员工对安全和稳定的需要，避免由于不了解自己的绩效而带来的焦虑。其次，员工希望自己的工作绩效能够得到他人的认可和尊重。最后，员工需要了解自己目前有待提高的地方，使自己的能力得到提高，技能更加完善。如果不能通过有效的途径将员工的绩效反馈给员工，员工只能通过猜测了解自己的绩效表现，这是绩效管理不到位的体现。员工希望了解自己的绩效，更多的是为了提高自己的绩效，提高自己的能力，增强自身竞争力。因此，绩效反馈是至关重要的一环，银行可以采用多样化、个性化的方式加强与员工的互动与沟通。例如，开展绩效辅导，定期与员工进行沟通交流，了解员工当前的情绪状态，从各方面满足员工的需求，最大限度让员工感受到组织对其的重视；也可以让员工参与到考核制度建设中，真正下沉到支行了解各支行员工对绩效考核的意见与期望。

3. 坚持以人为本

绩效文化建设应坚持以人为本的思想，契合员工价值观。理论和实践证明，银行绩效文化所具有的导向功能、激励功能和约束功能，在员工的自我价值实现、员工绩效最大化方面发挥了关键作用。因此，绩效文化建设的目标之一就在于将员工个人绩效价值观统一到企业所倡导的、大众认同的高绩效文化上，帮助员工加深对绩效考核的理解，促进员工自我价值的实现，以及员工和组织绩效的提升。

让员工参与制度、指标、计划的制订中并充分发表意见建议，同时加强沟通机制的建立和完善，保证充分的尊重、信任和权利的履行。使员工在潜移默化中建立高绩效文化的行为，引导员工的职业规划与银行发展目标一致，使员工自觉将银行目标作为自己的价值追求来实现。在绩效文化建设中，应注意将员工价值观与绩效管理紧密结合，从考核员工“固定”的工作成果转向关注员工的行为表现，通过将具体的绩效管理措施与员工价值观融合，增强员工对企业的使命感和责任感。

（供稿人：马家骥、刘海旭）

第四章　制度体系案例

案例 10　考核规划有效承接余杭农村商业银行发展战略

近年来，商业银行的发展无论是外部挑战还是内部转型，都面临诸多新情况、新问题。在复杂的市场环境下，引进更加先进合理的绩效管理理念既是余杭农村商业银行落地转型战略的现实需要，也是推进各项业务快速发展的必然要求。余杭农村商业银行坚持以“党建”和“战略”为引领，遵循“不折腾，不跟风，稳步推，讲实效”的改革方针，构建更科学、精细、高效的绩效管理体系，充分发挥绩效考核的“指挥棒”和“发动机”作用，转变员工营销理念，持续激发员工内生动能，从而有效应对激烈的市场竞争，推进高质量可持续发展。

本部分主要阐述如何输出既能有效承接战略目标，又能充分体现余杭农村商业银行特色的考核规划方案。共分为三个部分：第一部分介绍项目背景与历程，第二部分介绍绩效考核规划方案输出过程，第三部分介绍项目启示与经验。

一、项目背景与历程

余杭农村商业银行（以下简称“余杭农商银行”）是经中国银行保险监督管理委员会批准设立的股份合作制社区性地方金融机构。余杭农商银行立足余杭当地，经过多年的快速发展，已经成长为一家有规模、有口碑、有特色的农村商业银行。

（一）余杭农商银行简介

余杭农商银行于 2013 年 11 月 11 日顺利完成股份制改革，成立浙江杭州余杭农村商业银行股份有限公司，现有股东 4325 户，注册资本 15.57 亿元。总行共设部门 22 个，其中 9 个部门合署办公，实际设置部门 13 个；下辖 1 个营业部、22 家支行、4 家二级支行、91 家分理处，共计 118 个营业网点，在编员工 1596 人。截至 2020 年 6 月末，余杭农商银行总资产达 1277.01 亿元，各项存款余额 1075.85 亿元，各项贷款余额 700.12 亿元，在全区银行机构和浙江农信系统中排名前列。

作为余杭人民自己的银行，余杭农商银行始终秉承“诚信、务实、创新、共赢”的核心价值观，坚持“立足当地、服务城乡”的市场定位，全面推进普惠金融工程和社区银行转型建设，大力支持余杭人民创业致富，支持“三农”经济和小微企业发展，致力于为每位余杭人提供专业专心、灵活高效的金融服务，努力打造成为“区域首选社区银行”。

（二）项目背景和目标

1. 项目背景

随着余杭区城市化建设步伐加速、产业结构调整等新常态的出现，传统金融模式已不适应新经济的发展。余杭农商银行原有的绩效考核体系对业务拓展的推动效果也在减弱。具体表现为：一是员工营销理念较为欠缺。由于历史原因，农信机构的员工营销意识较为缺乏，被动营销的多，主动营销的少，粗放营销的多，精准营销的少。二是绩效考核模式较为粗放。余杭农商银行仍采用“二级考核”模式对机构和员工实施绩效考核，虽然该模式较好地兼顾了绩效奖金分配的“平衡性”和“差异化”，但支行内部“平均化”“大锅饭”现象仍较普遍。

不难看出，现行的绩效考核体系已无法适应激烈的外部竞争和内部精细化管理的需要。基于此背景，天维信息结合多年银行绩效考核实践经验和咨询最佳模型等方法论，与余杭农商银行共同努力，打造有效承接战略的绩效考核体系。

2. 项目建设目标

余杭农商银行需要建设的不是单一的绩效考核系统，而是打造一个以价值经营为导向，融合了FTP、考核管理、客户管理、精准营销、业绩管理、绩效评价等领域的绩效管理体系。因此，本项目的建设目标是以“党建”和“战略”引领绩效管理体系设计，构建更科学、精细和高效的绩效考核体系。

二、考核规划设计依据

天维信息项目组基于多年专注银行绩效考核的丰富实践经验及方法论，以独具天维特色的“五结合”理论为主导思想，以周密翔实的调研访谈数据为支撑，以多年积累的知识库、数据库为补充，分析行方所处内外部环境，解析行方的发展战略，精准诊断绩效考核痛点，从而确保绩效考核规划方案顺利实施。

（一）与经济形势相结合

当前，世界经济深度调整仍在继续，新技术、新业态、新模式大量涌现，世界经济将从低速调整进入温和增长期。中国经济长期向好的基本面没有改变，在新常态下，中国经济同样面临着传统供给结构难以适应需求结构升级、传统要素投入对经济增长的拉动力减弱、产能过剩矛盾较为突出、城乡区域协调发展面临诸多制约、金融风险不断积聚等挑战和风险。

余杭区将紧扣转型升级主题，以“3+1”战略规划布局（三城三镇+大径山生态区）和“3+1”制度规则体系（“三个一”工作机制+大党建统领大联动治理一张网）为统领，以“点轴状布局、圈层式开发、产城人融合、钱地人统筹”为路径，统筹推进各项建设，努力打造中国创新创业新高地、浙江信息经济新蓝海、杭州“宜居宜游”新城区，共建共享更加美好的新余杭。

金融改革不断深化，农村金融发展支持力度加大。“十三五”期间，余杭区结合城市化进程加速现状，通过推动金融机构转型和互联网化，进一步深化普惠金融服务，不断鼓励银行机构网点向社区延伸，确保小微企业和农户贷款增速高于全部贷款增速，成为杭州市普惠金融服务的示范和标杆。当前的宏观环境、区域经济环境及金融政策环境，对银行内部管理提出了更高的要求，即逐步提升考核精细化水平，提升管理效能。

（二）与银行发展阶段相结合

新金融变革时期，竞争加剧，挑战与机遇并存。我国经济正处在转变发展方式、优化经济结构、转换增长动力的攻关期，利率和汇率市场化、金融脱媒、互联网金融冲击等新的金融变革加剧了银行同业竞争，也拓宽了创新空间，银行发展既面临巨大机遇，也面临严峻的挑战。余杭既是经济的热土，也是各家金融机构争夺的焦点。当前，银行业竞争格局正出现新的变化，国有商业银行依托其规模优势，在银政企合作方面加大整体授信的力度，抢占拆迁、改造等存款市场，改变了机遇性存款的市场格局。尤其随着乡村振兴战略的实施，各大银行业务重心下沉，纷纷向零售银行转型，个人和小微客户市场的竞争已呈白热化趋势，特别是工行、农行、邮储、村镇银行等，对余杭农商银行的传统优势领域形成了更为直接的挑战。

（三）与银行发展战略相结合

余杭农商银行以党的十九大以及习近平总书记系列重要讲话、中央经济工作会议、中央金融工作会议精神为指针，以省联社“强实效、补短板”比学赶超活动为抓手，坚守“立足当地、服务城乡”的市场定位，践行“提质增效、固本强基”的发展理念。

面对日趋激烈的市场环境，余杭农商银行提出了打造“五大银行”的战略目标，即“普惠银行”“智慧银行”“活力银行”“价值银行”“平安银行”。2020 年党委根据余杭区地域特点、产业特点、客户需求变化特点等，提出了社区、商圈、楼宇、市场、园区和政银六大场景建设目标，实施以场景为突破口、以数字化转型为支撑、以网格化服务为模式的战略发展路径，加快推进“五大银行”建设，并为支持建设“富而美、安而康”新余杭做出新的贡献。

（四）与银行绩效管理基础相结合

余杭农商银行确立了以党委会（绩效管理体系领导小组）作为绩效管理体系最高决策机构，依次下辖绩效管理办公室、项目建设小组、业务小组和技术小组，并以此为主线搭建的“一纵一横”管理组织。依据高效运转的绩效管理组织，天维信息项目组的实地调研与分析工作开展得卓有成效。项目组采取了现场访谈与调研相结合的方法，其中，访谈调研覆盖了行领导、总行部室、支行行长、分理处主任和其他各类人员，问卷调查覆盖了总行领导、职能部门、一级支行行长、网点负责人、客户经理、柜员等。调研较为全面客观地收集了当前状况的数据资料，完成了对包括总行领导、总行职能部门总经理、支行行长代表、银行基层各条线代表等共 30 场、100 余人次的访谈或座谈。项目组运用公司方法论，对原始材料与调研数据进行梳理深入分析，并组织专家内部研讨，分析原有绩效考核所处阶段与管理现状，为后续设计规划方案奠定基础。

原有的绩效考核体系对余杭农商银行过往的发展起到了积极的作用，存在着颇多亮点，主要体现为：一是考核有基础，员工普遍接受考核到人的考核理念；二是激励有力度，让员工能多劳多得，敢于拉开一定的收入差距；三是管理有思路，考核的维度周到全面、有层次，包括经营机构目标考核和总行部室绩效合约考核，并通过考核结果配置绩效奖金资源。

但在新的历史时期，结合银行新的发展战略需要，原有绩效考核体系不可避免地会给后续的经营发展带来一定的桎梏。结合天维“1331 模型”分析，主要体现为：一是“一个设计”方面。原有考核体系缺乏立足未来 3~5 年的考核规划，即缺乏中长期的考核规划，从而缺乏系统性和引导性。二是“三个优化”方面。从优化考核管理模式看，目前主要采取“两级考核”，考核水平受限于支行行长的管理水平。从优化考核导向看，考核需与行方导向平衡。从优化考核方法看，考核兑现周期过长，缺乏激励的及时性；柜员考核存在因地区差异带来的同绩不同酬问题；考核侧重短期，缺乏中长期激励。三是“三个支撑”方面。从绩效考核系统搭建看，主要以手工考核为主，缺乏考核系统支撑。从考核运营管理体系建立看，缺乏“一纵一横”绩效管理团队，考核运营管理体系不够完善。从人力资源管理体系的完善程度看，考核结果的应用需与人才评测发展和部门岗位价值评估保持一致性。四是“一个基础”方面。目前尚未建立全行层面、系统性、分配到人的业绩分配管理体系，缺乏合理考核到人的基础。

（五）与“一把手”管理风格相结合

绩效考核在银行的经营管理中发挥着重要作用，被誉为当之无愧的“一把手”工程。因此，在绩效考核规划设计的关键节点，当然少不了“一把手”的亲力亲为。在项目组与余杭农商银行董事长来煜标先生的深度访谈中，来董为绩效考核项目建设提供了宝贵的建议和意见。一方面，来董对绩效考核体系有着清晰的定位和明确的目标。期望通过绩效考核建立健全长效激励约束机制和业务评价机制，及时了解全行各条线发展战略实施过程中的问题，修正策略，跟踪绩效结果，助力全行战略目标的顺利实现。另一方面，来董对绩效考核体系的建设思路和方法提出了具体要求，要求在绩效考核体系建立过程中，充分对接本行考核实际需求，做好考核规划，分阶段、分步骤推进绩效管理体系建设。

三、绩效考核规划设计原则

浙江农信 60 多年的发展历史表明，员工是农信历史的主要书写者，是改革发展的活力之源、固本之基。因此，对涉及广大员工切身利益的绩效改革，余杭农商银行在整体规划设计过程中始终贯彻“不折腾、不跟风，稳步推”的改革指导方针。

（一）坚持“不折腾”

坚持“不折腾”，就是要在绩效体系设计过程中，充分考虑员工感受，促进员工对于绩效改革的理解和认同，顺利推进绩效管理体系建设。目前，余杭农商银行对机构和员工采用的是“二级考核”模式，即总行制定考核办法对支行进行考核，各支行再根据自身实际，制定二次考核办法对员工进行考核，这种考核模式难免在一定程度上造成支行内部的“平均化”“大锅饭”现象。应以绩效分配为突破口，激发高绩效员工的工作活力以及低绩效员工的工作动力。同时，也需要注重考核实施过程中的理念宣导和文化氛围营造，扭转固有“干多干少一个样、干好干差一个样”的“大锅饭”思想，树立“多劳多得、按绩取酬”的风尚。

（二）坚持“不跟风”

坚持“不跟风”，就是在绩效体系设计过程中，既要不断学习优秀银行先进经验，也要选择性传承传统做法，兼容并蓄。余杭农商银行绩效考核的传统做法，尽管在过往的实施中存在一定不足，但对业务推进也发挥了作用。主要体现在：一是考核导向上，始终坚持经营目标考核与管理目标考核双线并行，既关注业务发展指标，也关注经营管理指标，兼顾短期利益和中长期利益的平衡；二是考核模式上，考虑到余杭农商银行长期采用总行支行的二级考核模式，绩效改革第一年仍以考核到支行为主，并通过局部创新完成考核模式的平稳过渡；三是考核方法上，余杭农商银行以额计奖和以分计奖实施多年，广大员工对其接受度、认可度较高，后续改革中应继续保留这一特色，同时适度导入先进考核理念，形成更接地气的考核方法。

（三）坚持“稳步推”

坚持“稳步推”，就是要充分预估绩效改革的困难性及复杂性。一是建设路径上，将考核对象划分为三个梯队，首先实现考核系统在机构考核中的全面应用，其次实现对客户经理、临柜柜员等一线人员的垂直考核，最后再覆盖到中后台人员，实现全员考核。二是建设方法上，绩效管理体系是一个系统性工程，管理、文化、制度、软件四个体系同步推进。三是建设环境上，梳理部门职责，明确岗位价值，加大绩效考核激励力度，使考核更加公平合理，更好地促进绩效管理体系建设的稳步推进。

四、绩效考核规划方案

基于上述规划原则，结合天维信息丰富案例库及20年实践方法论，项目组经过多番研讨，设计了以下考核规划方案，以有效承接战略目标。

（一）考核规划

应势而为，坚持“两个引领”。坚持党建引领，以党委会（绩效管理体系领导小组）作为绩效管理体系最高决策机构，加强党员干部的标杆示范引领作用。党员干部做出好业绩、创造高绩效是标杆示范作用的具体体现，是绩效管理体系建设得以有效落地的关键。坚持战略引领，充分结合绩效考核规划与“五大银行”战略，以平衡计分卡为工具进行战略分解，提炼出规模发展、资产质量、经营效益、发展转型四大绩效考核维度。

统筹兼顾，内外兼修，“不折腾，不跟风，稳步推”。三年三步走的实现路径包括：第一年，实现考核系统机构层面的快速上线，为行领导、业务部室和支行班子提供管理抓手；第二年，实现考核到人，为员工考核的科学公平提供保障；第三年，实现全员考核，确保综合管理平台的全面覆盖和广泛应用。

（二）考核导向

在考核导向上，既要关注业务发展指标，也要关注经营管理指标，兼顾短期利益和中长期利益的平衡，实现高质量可持续发展。围绕“做小做散”实现以产品为中心与以客户为中心相结合、规模考核与利润考核相结合。未来，将继续“做小做散”，扎根“三农”，着眼于普惠考核；逐步完善以客户为中心的考核，提升客户价值。基于余杭农商银行肩负农村发展的历史重任，所以在兼顾社会责任的同时，也要考虑可持续发展。在未来的考核中，逐渐提高利润和EVA考核的权重，从粗放的规模考核向利润考核及价值考核转移；实施差异化考核，体现机构差异，促进业务创新。

（三）考核方案

原有的绩效考核体系由年度经营目标考核、劳动竞赛、专项考核三部分组成。劳动竞赛和专项考核是对年度经营目标考核的补充。考核体系整体配合度较高，“年度经营目标+劳动竞赛+专项考核”的搭配有利于全年主要经营目标完成。通过往年数据分析，其业绩完成情况与薪酬发放情况并不匹配，无论当年任务完成优差多寡，薪酬包均足额发放兑现，各项产品的考核权重没有明显的差异导向，业务发展的重点不明确，业务发展的导向不突出。

因此，考核规划优化方案包括支行机构经营考核、全员营销考核、支行管理人员考核、员工考核、部室考核、二次考核。

（1）支行机构经营考核。发展什么考核什么，结合余杭农商银行发展战略，针对考核到机构，在考核制度上设计四大维度：规模发展、资产质量、经营效益、发展转型。

（2）全员营销考核。“多劳多得、按绩取酬”，提升广大员工的营销理念，提高了其对业绩管理的重视度。全员营销考核的设计，考虑存款考核体现吸储成本、加强渠道活跃考核、贷款推荐奖励打破岗位壁垒，真正实现全员营销，调动员工积极性。

（3）支行管理人员考核。其考核目的在于激励支行管理人员提升管理水平：一是管理考核体现要求，二是业绩考核体现激励。通过人均指标考核，引导支行管理人员提升支行管理水平，要求支行节流降低单位管理投入；将支行管理人员绩效与机构收益相挂钩，提升支行管理人员利润意识，鼓励支行开源增加收入；员工考核，精细化模拟利润考核。

（4）部室考核。差异化考核到部室，其主要体现为：前台部室负责业绩，中台部室负责管理，后台部室负责服务。

（5）二次考核。二次考核一方面是作为垂直考核的补充；另一方面，通过二次考核虚拟行员，设置任务值分段计价，鼓励团队作战。同时，通过设计分理处主任参与二次分配比例模型，体现其管理权限、管理职责、营销职责相统一。

绩效改革需充分预估绩效改革的困难性和复杂性。因为绩效管理体系建设事关每位员工的切身利益，事关全行改革发展稳定大局。绩效改革实施过程中，体系建设和日常运营应并重，考核过程和考核结果并重，做好绩效考核的全流程管理，以确保考核效果的有效实现。

五、项目成效

余杭农商银行作为浙江农信机构中排名前列的农商银行，其管理思想和管理水平在全国农信系统中处于较高水平。因此，余杭农商银行精心打磨的绩效考核规划这一阶段性项目工作，也必将对兄弟行社的绩效改革开展起到一定的启发和借鉴作用。

（一）项目特色

绩效考核作为银行经营发展的“指挥棒”和“发动机”，应与银行的经营环境、发展现状相匹配。在绩效管理建设过程中，余杭农商银行始终坚持“以人为本、大胆假设、小心求证”原则，兼容并蓄，走出了一条具有余杭特色的绩效管理建设之路。

坚持两个“引领”，助推绩效管理体系设计。余杭农商银行始终坚持“党领导一切”“以党建引领促业务发展”的管理理念，将总行党委作为发展战略、经营方向、队伍建设、干部管理以及思想文化建设等方面的最高决策机构。面对日趋激烈的市场环境，提出了打造“五大银行”的战略目标，运用战略绩效管理思想，将绩效管理体系与战略目标充分结合，在绩效考核办法中予以重点体现。

发力“三个驱动”，促进绩效管理体系效果发挥。余杭农商银行以“价值经营、人才优化、科技升级”为驱动，积极营造“按绩取酬，多劳多得”的考核氛围，打造一个以价值经营为导向，融合了FTP、考核管理、客户管理、精准营销、业绩管理、绩效评价等领域的绩效管理体系，全面助推全行战略转型。

贯彻“三个坚持”，确保绩效管理体系有效落地。坚持“不折腾，不跟风，稳步推”，不断推进绩效管理文化深入人心，不断促使全体员工树立主人翁意识，从而实现单位效益与个人利益最大化的有机统一，营造积极向上的企业文化氛围。在有选择性地保留原有特色的同时，导入先进的考核理念，形成更接地气的考核方法，走出一条有余杭特色的绩效管理建设之路。

（二）项目启示

传统金融模式已不适应新经济的发展，要在激烈的市场竞争中占据一席之地，就必须顺势而为，主动求变，在改革中探索转型发展的新路径。建设更接地气、有效承接战略的绩效管理体系，助推银行战略转型，就显得十分必要。从余杭农商银行绩效考核数据服务项目实践经验中我们总结出，绩效管理体系设计要助推战略转型，关键在于把握好以下四个关系。

一要把握转型发展和考核要求的匹配关系。绩效考核要发挥“指挥棒”和“发动机”作用，关键在于绩效考核规划设计需与银行经营环境、发展现状相匹配。剖析自身发展短板，精准诊断原有的绩效考核机制面临的痛点，根据转型发展所需，提炼绩效考核指标，使两者相互匹配。同时，营造积极绩效文化，将日常经营与管理活动相匹配，使全行焕发经营活力，持续激发员工的内生动能，实现高质量可持续发展。

二要把握战略规划与考核设计的统一关系。运用战略绩效管理思想，将银行战略目标与绩效管理体系充分结合。战略目标关注的是战略层面，具体需要落地到战术层面，制定阶段性工作目标及计划，并在绩效考核设计维度中提炼战略转型的重要维度，以此为关键因素，使其体现在对各绩效考核对象的考核办法中。例如，余杭农商银行坚守60年农信“家”文化，总行对支行的管理比较民主，对行员的管理比较人性化。在考核规划设计中充分考虑这些因素，为实现绩效改革平稳过渡，故将整体建设工作分三个阶段进行。

三要把握管理现状和考核环境的共生关系。经过长期研究和实践，管理现状的提升可带动考核环境的优化，以价值经营为导向，优化人才结构，提升科技创新水平，为考核的有效落地提供外部环境。当考核有效落地、取得成效时，又将促进管理现状进一步优化。例如，余杭农商银行原有考核基础不弱，员工普遍接受考核到人、按绩取酬的考核理念，认可以额计奖和以分计奖的考核方式，各类员工关注重点集中在对现有考核模式进行优化上。因此，在考核制度的体系设计上，仍保留计价与计分相结合的考核体系，以减少绩效改革有可能带来的波动。

四要把握全面管理与考核落地的必然关系。绩效管理体系的效果发挥绝不是只靠上线一个系统或者出台一套制度办法就能实现的。只有通过全面管理、体系运营，从管理、文化、制度、软件四个层面同步推进，才能确保考核的有效落地。

绩效考核很难，但是不改革会更难。这不仅因其事关全行每位员工的切身利益，更事关银行的战略转型和改革发展的大局。“顺势逆流铸重器，翻篇归零再出发”，相信在余杭农商银行与天维信息的共同努力下，必将打造出独具余杭农商银行特色的绩效管理体系，助力余杭农商银行开创高质量、可持续发展的新局面。

（供稿人：聂琼迪）

案例11　安丘农村商业银行绩效导向实现从规模到利润的蜕变

安丘农村商业银行在由农村信用社向农村商业银行进行股份制改造的进程中得到空前发展，但传统的绩效考核机制已不再适应日益激烈的市场竞争环境，完善的薪酬激励机制在改革发展过程中的重要作用更加凸显。虽然该行在前期已逐步形成了较为成熟和规范的绩效考核、评价机制，但涉及的绩效考核评价指标概念较为笼统。安丘农村商业银行一直都在薪酬制度创新方面进行积极的尝试，根据当前绩效考核要求，结合安丘农村商业银行发展的内外部环境，明确绩效考核思路，确定了绩效考核导向由“以规模为中心”转向兼顾成本与效益的“规模+利润”的考核模式。新的考核模式弥补了传统绩效考核体系存在的诸多不足，在全行范围内极大地提升了员工士气。同时，新的考核模式也提升了全行经营管理水平，对银行保持长期稳健发展起到保驾护航的作用。

一、项目基本情况

安丘农村商业银行（以下简称“安丘农商银行”）于2011年7月8日挂牌成立，是潍坊市第3家、山东省第10家改制成功的农村商业银行。目前，全行设有17个职能部室，所辖32家支行、15家分理处、1家营业部，共有48家营业网点，在岗干部员工564人，是安丘市营业网点和从业人员最多、服务范围最广、资产规模最大的金融机构。

近年来，面对区域经济总量较小、同业竞争压力较大的现状，安丘农商银行紧紧围绕省、市联社党委的决策部署，牢牢把握“走在全市、全省前列”的目标定位，坚持党建引领提高政治站位，抓实经营管理提升经营站位，并以政治站位促经营站位，经营业绩和综合实力大幅提升。截至2019年6月末，各项存款余额194.19亿元，较年初增长16.9亿元，存款余额增幅为9.53%，在潍坊市9家农商行中排名第1；存款市场占有率为37.99%，新增存款市场占有率34.21%，均居安丘市15家金融机构首位。各项贷款余额134.83亿元，较年初增长7.08亿元，不良贷款余额15704万元，占比1.16%，余额和占比居潍坊市农商银行系统9家法人机构末位。

经营管理综合考评连续4年居全省农商银行系统前列（2015—2018年分别为第19位、第3位、第9位、第13位），质量管理评级连续4年位居潍坊市农商银行系统第1，监管评级连续3年为二级。先后荣获“中国服务县域经济领军银行”“中国服务小微企业十佳农商行”、中国地方金融“十佳成长性银行”、中央债券登记结算公司“优秀发行机构奖”、山东省联社“先进基层党组织”、潍坊市农商银行系统“综合考评优胜奖”“支持安丘发展先进单位”等荣誉称号。

二、绩效建设背景

互联网金融背景下，商业银行在传统业务上的发展空间受到了挤压，风险管理受到了冲击，不良贷款逐年攀升，盈利能力较之前明显下降，粗放的经营管理模式严重制约商业银行的进一步发展，银行业经营发展进入了新常态阶段。在此经营环境下，商业银行唯有积极把握新的发展机遇，继续深化改革，加快转型步伐，才能面对压力、赢得挑战，实现更加集约化、均衡化的可持续发展。

（一）银行绩效考核发展的内在要求

传统的绩效考核机制不能适应日益激烈的市场竞争环境，完善的薪酬激励机制在商业银行，特别是在农商银行改革发展过程中的重要作用更加凸显。以农商银行为例，虽然现在各家农商银行已逐步形成了较为规范和成熟的绩效考核、评价机制，但涉及的绩效考核评价指标概念较为笼统，且人工成本较高。就目前的经营现状和发展形势来看，只有通过不断发展创新、不断优化完善考核体系，才能满足自身需求。

安丘农商银行一直重视并持续深入地推进绩效考核相关工作，经过 10 年的不断探索实践，目前该行已经迈入绩效管理阶段。早在 2008 年，该行就尝试引入 BSC 考核，实现了前台部门垂直考核到个人，建立以岗位为中心的考核模式，考核指标涉及财务指标和非财务指标，但薪酬结果需要人工核算，薪酬兑现不及时。随着该行对绩效考核的不断探索以及行领导对绩效考核有了更深入的理解，为了能实现前中后台部门均能考核到个人，实现绩效薪酬核算自动化，保证绩效薪酬激励的时效性，同时拉开员工薪酬差距，调动员工积极性，2017 年末，该行与天维公司合作，引入产品营销计价绩效考核体系，采用 KPI 考核工具，考核模式由“以岗位为核心”逐渐转变为“以岗位+能力为核心”，开启了绩效考核新篇章。

（二）商业银行精细化管理的要求

商业银行的员工在营销金融产品、控制风险质量、内部管理评价等劳动过程中创造了价值，商业银行通过资金、资本、资产等要素的投入也创造了价值。在创造价值的过程中，既要关注劳动效率，也要提升要素的投入产出效果。在我们的传统观念中，往往认为只有生产那些看得见、摸得着的东西，制造出实物，才算真正创造价值。要素的投入过程及其管理活动，往往没有直接明显的结果，却在战略传导、资源配置、激励奖惩和信息分享的过程中，在不同的空间和时间上，发挥着协调、整合与配置的作用。因此，我们要将这些看不见、摸不着的管理活动和贡献与劳动创造价值的传统观点进行协调统一。在商业银行内部，存在着资金转移的交易以及成本投入产出的标准，需要我们关注不同产品的收益率等影响商业银行价值的因素。

“规模即效益”在之前是大多数商业银行的主要经营原则，但在后利率市场化时代，单纯依靠做大规模保证盈利，不计成本地盲目扩张，可能因定价水平的落后而处于被动。因此，商业银行应逐渐摒弃“规模即效益”的理念，应将银行的盈利以及经营成本有机地统一起来，体现“以利润为考核导向”的理念，兼顾收益与成本的平衡。

银行的考核应逐步引导内部中基层管理人员在不同的考核时期制定工作目标，绩效考核逐步成为连接银行长期和短期经营管理的关键性因素，有效地解决战略实施和绩效考核相互脱节的问题。同时，银行发展战略还要适当地转变为银行内部的工作任务，并根据银行的真实发展状况做出合理的调整，细化至基层，让所有的考核内容都能够体现银行的发展目标。根据天维公司的“五结合地图”——与经济形势相结合、与银行发展相结合、与银行战略相结合、与绩效考核基础相结合、与“一把手”管理风格相结合，围绕银行绩效考核导向制定科学、合理的考核方案，建立完善的绩效考核管理体系，构建分业务、分客户、分产品的成本核算体系，取代以机构为核算对象的条块考核，并确定合理的内部资金转移价格，进而科学、准确地计量各项指标，充分发挥绩效考核“指挥棒”“发动机”的作用。

（三）安丘农商银行发展现状的要求

为全面分析安丘农商银行经营管理现状，现采用 SWOT 分析工具对银行所处的内外部经营环境进行分析评估，找到影响经营发展的关键因素，确定绩效考核导向（见表 4-1）。

表 4-1　安丘农商银行经营环境现状分析

优势： 1. 资产规模增长较快 2. 网点覆盖范围广，深入农区，面向“小而散”的客户群体，有利于增面拓户 3. 贷款手续简化，电子化办贷覆盖率高，服务效率高 4. 员工电子化办公，工作效率高	劣势： 1. 相比国有银行、城商行资产规模较小，抗风险能力弱 2. 资产负债结构较单一，以存贷业务为主 3. 客户群体以中老年客户为主，影响智慧厅堂建设进度
机遇： 1. 资金较充足，流动性稳定 2. 国家政策性贷款扶持，刺激信贷需求，吸引更多客户	威胁： 1. 当地各金融机构竞争激烈，为扩大市场占有率，发放大量对私大额存单，提高存款利率，增加付息成本 2. 因银行之间的竞争，造成客户的议价能力提升，盈利空间压缩 3. 客户多样化的需求不能及时获取、满足

在分析了安丘农商银行现阶段内外部环境的优势、劣势、机遇、威胁后，明确经营发展方向。

双管齐下，提升自身经营管理水平。针对安丘农商银行业务类型较为单一的实际情况，一方面拓宽业务渠道，增加收入来源，如加大电子银行与中间业务的营销拓展；另一方面提高资产质量，持续压降不良率，提高净资产收益率。

加大客户营销力度，重拾老一辈农信人的“挎包精神”。结合乡村振兴战略上门进户营销，同时定期在乡村、社区组织金融大讲堂，增强客户对该行存贷款业务的了解度、熟悉度；提升客户体验，提高客户满意度，增强客户黏合度。

通过分析安丘农商银行的经营现状可知，目前该行仍以规模扩张为主，扩大市场份额占有率，同时也适当兼顾经营成本，将传统考核模式与现代考核模式相结合，打造一套符合银行发展需要、具有安丘农商银行自身特色的考核体系。

三、绩效考核方案设计

（一）依据考核导向构建绩效考核体系

1. 规模考核

以规模为导向的考核指标主要涉及银行财务指标，反映资产质量、业务发展和经营效益三个方面的情况，是对银行财务经营活动的量化，可以直观地反映银行经营情况。财务指标的设计体现总行战略目标对财务业绩的要求。通常情况下，财务指标主要涉及存款（存增量业绩）、贷款（利息收入、增量业绩等）、电子银行与中间业务等。

（1）存款考核。存款考核指标包括存增量计价考核和机构存款任务完成率考核。为了防止员工月底冲业绩，出现突击拉存款的短期行为，存款仅考核日均业绩，不进行时点任务考核。

一是存增量计价考核。为准确衡量员工对全行存款业绩的贡献度，存增量计价考核区分存款产品类型，考核员工揽存号下每种存款产品日均较基数增长情况（该考核方式下，员工存款业绩不受调岗或调机构的影响）。若考核期末日均余额较基数增长，对应存款绩效薪酬包括存量绩效薪酬和增量绩效薪酬；若考核期末日均余额较基数下降，对应存款绩效薪酬包括存量绩效薪酬和存款下降扣罚。

二是机构存款任务完成率考核。因存增量计价考核口径为全辖口径，业绩拓展不受机构限制，但考虑到员工所属机构的业绩完成情况，给予支行行长一定的管理抓手，设置机构存款任务完成率考核，即根据总行下发到机构的任务数，支行行长将存款任务数具体到个人。按月考核员工的存款任务完成情况，兼顾员工存款业绩对所在支行的贡献度。

（2）贷款考核。国家相继出台支持实体经济发展的若干指导意见，促进中小微企业、个体工商户发展。安丘农商银行转变经营理念，确定向零售转型的战略规划，将信贷资金转向零售市场，确保信贷资金流入实体经济。基于此背景，在设置贷款考核指标时，部分考核指标设置贷款金额区间计价，金额越小，奖励标准越高，体现贷款“做小、做多、做散”的考核导向。贷款涉及的考核指标包括利息收入、信贷管户数、新增贷款户数、新增个贷投放量、逾期贷款。

（3）电子银行与中间业务考核。商业银行除了积极揽储之外，还应大力发展电子银行与中间业务，拓宽营销渠道，提升利润空间，不断提高银行盈利能力，增强银行核心竞争力。

2. 利润考核

安丘农商银行模拟利润考核采用的是基于内部资金转移定价（FTP）进行计价的方式。通过考核全行存贷款 FTP 利润，逐步培养员工的成本核算意识，提高营销议价能力。

（1）存款模拟利润考核。存款模拟利润的价格体现的是收购价、收益价的概念，根据存款的资金转移收入减去存款利息支出，所得便是存款模拟利润。该考核能够引导员工积极拓展营销存款，特别是营销低利率的活期存款，进一步扩大利差，使存款模拟利润收益最大化。

（2）贷款模拟利润考核。贷款模拟利润的价格体现的是成本价的概念，根据贷款的利息收入减去贷款的资金转移支出，所得便是贷款模拟利润。该考核能够引导客户经理树立成本意识，明白营销的贷款均需要消耗银行内部资金，支付一定的成本。

（二）以“规模+利润”为导向的考核模式

安丘农商银行的绩效考核体制由过去的以利润最大化为核心的盈利能力考核，逐步转变为以价值管理为核心的综合效益考核，确定“以规模考核为主，利润考核为辅”的考核导向，循序渐进地向现代化绩效管理体系转变，绩效考核架构如图 4-1 所示。

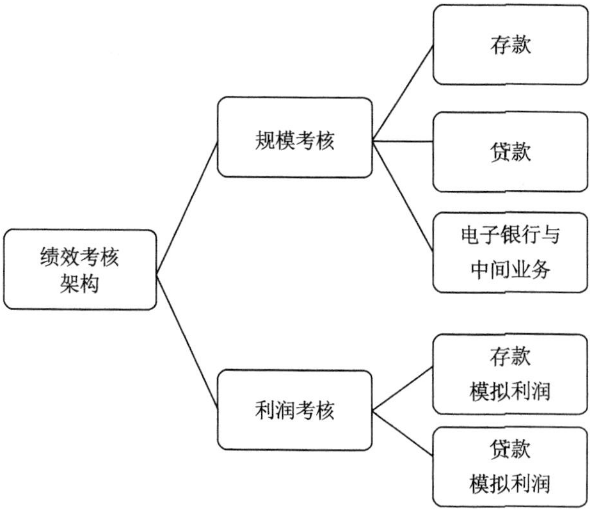

图 4-1　安丘农商银行绩效考核体系架构

安丘农商银行根据业务发展状况、自身发展战略、市场变化等相关因素确定年度经营目标，使绩效考核导向服务于安丘农商银行的业务发展。行领导根据省联社年度经营考核指标和总行董事会确定的年度经营目标，拟定本行考核对象分解目标。依据任务目标、岗位职责的不同，对不同岗位设置不同的考核指标，考核对象主要涵盖支行行长、客户经理、内勤人员及部室人员等层面，考核内容主要包括业务条线和会计条线两个层面。

1. 支行行长绩效考核

支行行长作为中层管理人员，管理着支行的日常事务和发展业务，根据经营目标制订工作计划，并负责领导和组织实施，实现支行经营目标。支行行长绩效考核直接与所辖机构业绩挂靠，具体指标细则如表 4-2 所示。

表 4-2 支行行长绩效考核指标细则

考核维度	考核指标
机构经营 任务完成数	存款时点完成数 存款日均完成数 贷款时点完成数 贷款月日均完成数 贷款户数完成数
机构经营 任务完成率	存款时点完成率 存款日均完成率 贷款时点完成率 贷款月日均完成率 贷款户数完成率
贷款质量	不良贷款余额 不良贷款率 逾期贷款扣罚

2. 客户经理绩效考核

客户经理是行内一线营销人员，是联系客户与银行的纽带，其工作围绕客户展开，是客户对银行的最直观的感受，同时也是银行产品创新的源头，是整个银行战略目标的具体实施者，是全行业务发展的主力军。

客户经理主要负责全行的存贷款业务营销管理，主要分为城区客户经理、农区客户经理、公司业务客户经理。城区客户经理主要负责对城市个人客户评级的调查工作及日常管理，包括个人客户业务申请、个人业务贷前调查、落实审批条件、客户合同面签、贷后管理等，以及对个人信贷业务发生前的信贷档案收集和整理、信贷业务发生后的档案移交工作；农区客户经理分布在农区各支行，主要负责对农区统一授信的管理和对农区小额信用贷款的评定及升级工作等；公司业务客户经理主要负责对公客户评级的调查和日常管理，包括对公客户的业务申请、贷前调查、抵质押登记及担保手续办理、落实审批条件、客户合同面签、贷后管理等，以及对公客户信贷业务发生前的信贷档案收集和整理、信贷业务发生后的档案移交工作。因此，针对客户经理岗位职责的不同，其绩效考核也不同，应根据业绩规模大小设置合理奖励标准。客户经理绩效考核主要涉及业务营销、模拟利润等，具体指标细则如表4-3所示。

表 4-3　客户经理绩效考核指标细则

考核维度	一级指标	二级指标
业务营销	存款	自营存款（考核口径）
		存款任务完成率（会计口径）
	贷款	贷款利息收入
		信贷管户数
		新增贷款户数
		新增个贷投放量
		逾期贷款扣罚
	电子银行与中间业务	智 e 通有效客户数
		净增有效银行卡
		聚合支付活跃户数
		云闪付客户
		云闪付商户
FTP 利润	存款	存款 FTP 利润
	贷款	贷款 FTP 利润

3. 内勤人员绩效考核

内勤人员作为银行一线员工，负责直接面向客户的柜面业务操作、查询、咨询等。会计主管主要负责本网点会计全面工作，协助网点负责人做好本专业的各项工作，负责《中华人民共和国会计法》等金融法律、法规和各项财会制度的贯彻落实等工作。柜员主要负责办理各种对公、对私存款业务，各种中间业务及汇兑业务，各类结算业务等。为提升智慧营销质效，顺应网点转型新形势的要求，全面提升厅堂营销能力，除了考核业务量和服务质量之外，还增加了营销类考核指标的设置，具体指标细则如表 4-4 所示。

表 4-4　内勤人员绩效考核指标细则

考核维度	一级指标	二级指标
业务营销	存款	自营存款考核（考核口径）
	电子银行与中间业务	存款任务完成率（会计口径）
		厅堂存款考核（会计口径）
		智 e 通有效客户数
		净增有效银行卡
		聚合支付活跃户数
		云闪付客户
		云闪付商户
FTP 利润	存款	存款 FTP 利润
	贷款	贷款 FTP 利润
业务量		
服务质量		

4. 部室人员绩效考核

部室人员主要根据省市联社及总行年度实际工作要求，制订分管条线的年度计划，并落实执行；对省联社、市联社对口部门及总行的政策进行上传下达，并监督落实执行；负责对监管部门的工作协调。部室人员绩效考核主要涉及业务营销、履职绩效两部分，具体指标细则如表 4-5 所示。

表 4-5　部室人员绩效考核指标细则

考核维度	考核指标
业务营销	存款
履职绩效	

四、项目建设效果与启示

（一）考核效果

绩效考核由单纯以“规模”为考核导向转变为“规模+利润”并行的考

核思路，安丘农商行的绩效考核充分发挥出“指挥棒”“助力器”的作用。

（1）该行自身价值显著提升，员工收入结构更加合理，资产质量明显改善，工作效率大幅提升，核心竞争力和可持续发展能力大大提高，最终取得经营成果大幅增长的显著成绩。

安丘农商银行的绩效考核是按结果赚薪酬、向过程要业绩，在强调业绩规模的同时，注重考核过程。总行对于员工的考核结果按月进行分析，发现员工在考核过程中存在的问题或营销有待优化提升之处，并及时进行沟通，确保每位员工的工作目标与全行战略规划的一致性，保证全行健康持续发展。

（2）提高员工绩效满意度，带动员工积极营销。当前的绩效考核模式以及匹配的考核系统，使员工满意度大幅提升。绩效考核模式直观明了，让员工“干有奔头，奔有实效”，真正实现“一线营销人员比二线服务人员拿的多、有业绩的员工比领导拿的多”，提高营销人员积极性；薪酬计算实现自动化，每月按时向员工兑现绩效薪酬，保证考核激励的时效性。

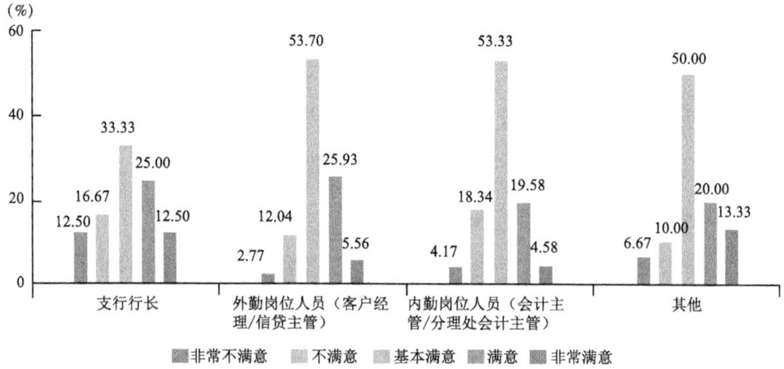

图 4-2　各岗位员工对收入水平的满意度

通过调查问卷的形式（见图 4-2），进一步分析员工对于当前绩效薪酬收入水平的满意度。70.83%的支行行长对于当前绩效水平持满意态度；85.19%的外勤岗位人员对于当前绩效水平持满意态度；77.49%的内勤岗位人员对于当前绩效水平持满意态度。外勤岗位人员的整体满意度高于其他岗位序列，计价制的考核方式已经发挥出向一线营销人员倾斜的导向作用。

(3) 引入模拟利润考核的方式，培养员工的成本核算意识，提高创利水平。安丘市共有 15 家金融机构，业务竞争激烈，存款市场竞争尤为突出，特别是在保本理财、结构性存款、大额存单、活存定取等产品的冲击下，客户对存款利率非常敏感，存款成本较高。当前，安丘农商银行在规模考核中提高低成本存款奖励标准，降低高成本存款奖励标准，同时引入模拟利润考核的方式，员工已经意识到降低经营成本的重要性，并逐步养成了成本核算意识。

(二) 案例启示

银行在不同发展阶段的战略重点不同，采用的业务模式、管理方式、制度规范、人力资源管理方式等也会有较大差异，相对应的考核导向及绩效管理模式必然会呈现出不同的特点。在整个经济下行期，商业银行要适应经济增速换挡要求，制定科学合理的业务发展目标，把夯实管理基础、完善绩效考核与激励约束机制放在更加突出的位置，为可持续发展奠定坚实的基础。

如今，单纯以规模为中心的考核模式已不再适应商业银行的发展。结合当下金融大环境，商业银行应积极转变其考核导向，强调价值创造及价值管理。在转型过程中，商业银行应丰富产品线的设置，并以产品贯穿部门、员工和客户，为商业银行建立分工协作的价值创造模式找到了有效途径，体现了从产品导向转为服务导向和客户导向的发展趋势，创新了产品、部门、员工客户价值贡献的计量模式与报告方式。在各部门之间、各类型员工之间建立利益共赢的分润机制，只有统一利益目标，才能凝聚人力、财力、物力和智力等因素，成为驱动价值增长的重要力量，鼓励员工拓展市场营销，最终在市场末端建立满足客户需求的、联动营销的业务服务流程，拓展客户资源，提高商业银行的美誉度。

(供稿人：孟夕夕)

案例 12 K 农商行“条块结合”考核模式为决策提速

本案例主要从 K 农商行的背景情况、绩效考核情况以及效果层面进行剖析，了解被誉为“苏商首选”的K农商行如何通过“条块结合”的绩效考核模式助力业务发展，实现为决策提速（“条块结合”绩效考核模式指的是条线与机构同时对员工绩效进行管理）。

K农商行在人员结构、组织架构、业务发展设置上都基本符合“条块结合”的模式，为实行“条块结合”的绩效考核模式提供了条件。K农商行在这种大背景下，根据本行的机构和部室人员制定不同的考核方案，从总行直接管理和条线直辖管理的角度出发，各部门各机构分工协作，形成了独具特色的K农商行“条块结合”绩效考核模式。

一、项目建设背景

K农商行成立于2004年12月29日，前身为K市农村信用合作社联合社。截至2018年末，共有机构网点70家、员工1429人，其中本地61家，省内异地9家；发起设立村镇银行1家，下辖营业网点3家。截至2019年第三季度末，该行各项业务保持强劲增长，存款、贷款及净利润增速分别达到12.65%、16.52%、10.25%，其中新增人民币储蓄存款占当地市场份额的16.61%，稳居同业首位，全行零售转型战略取得显著成效。自改制以来，K农商行坚持“服务‘三农’、服务小微、服务民生”的市场定位，致力于打造“有品质、有品位、有品牌”的精致银行，通过产品创新、服务创新、管理创新，实现效益、质量、规模协调增长。

（一）合理化、高素质的人员结构

截至2018年底，农商行员工总数达1429人，其中在岗1280人、离退休149人。从人员专业构成类别来看，管理人员167人，技术人员353人，业务人员909人，业务人员占比63.6%。从人员受教育程度来看，研究生及以上学历139人，大学本科学历1015人，其他学历275人，大学本科学历占比71%。从人力资源层面来看，K农商行员工整体学历素质较高，高学历人员占比高，同时人员专业构成合理。合理化、高素质的人员结构支撑着“条块结合”的队伍建设。

（二）条线化的管控模式

K 农商行的组织架构区分前台、中台、后台。其中，前台根据产品和客户区分为公司业务条线、零售业务条线、金融市场业务条线和互联网业务条线，如图 4-3 所示。

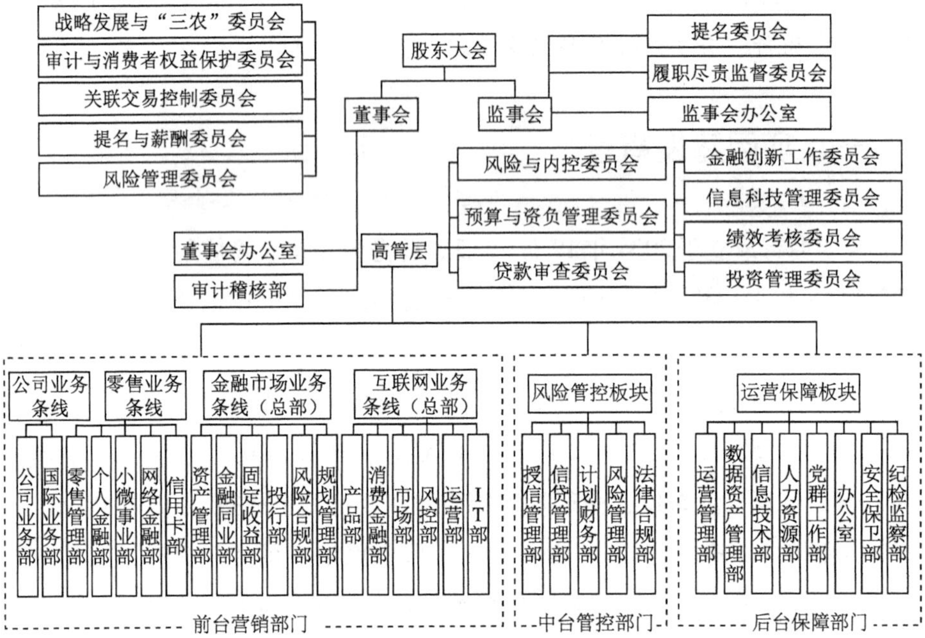

图 4-3　K 农商银行组织架构

K 农商行采用“条块结合”模式，以条线为主。其主要特点包括：一是公司业务条线、零售业务条线、金融市场业务条线和互联网业务条线的职责、资源包、人员配置和管理模式划分清晰；二是条线之间具有较强的独立性；三是在管理模式上，“总行—条线管理部门—支行”和“总行—条线管理部门—基层员工”的管理模式并行，条线管理部门的话语权及影响力均比较强，条线管控模式为“条块结合”考核模式奠定了基础。

（三）各条线业务划分清晰、发展均衡

K 农商行当前的主要经营思路是专注服务本地、服务社区，在做强零售、公司业务的同时，做稳金融市场业务和互联网银行业务，全面提升服务实体经济的能力。银行业务主要包括公司业务、个人银行业务、金融市场业务、互联网金融业务等。公司业务当前积极推进客户战略、产品战略、数据挖掘战略、股东战略，服务辖区内的重点行业，同时优化客户结构，推进行业专业化。个人银行业务主打以客户为中心，优化流程，提高服务效率，通过多样化的负债、资产等产品满足不同客户需求，提高客户黏性，关注产品“覆盖度”及客户“贡献度”。金融市场业务积极推进债券投资交易、资产管理、同业投资等核心业务。债券投资交易增加和 IRS 的策略联动；资产管理业务向净值化产品转型；同业投资积极拓展同业客户，加强原有客户维护。互联网金融业务在体制机制上实行事业部制模式，通过跨界选用人才培育“互联网+金融”文化。通过对云计算、区块链等先进科技的学习和掌握，不断提升和完善产品体系、服务体系，实现普惠金融、场景化消费金融、财富管理、资金联合与互联网支付结算、资产输出、账户输出等方面的有机串联，最终形成线上、线下双轨并行的优质商业价值链。各条线业务划分清晰、发展均衡，为“条块结合”考核厘清边界。

二、“条块结合”的考核规划与考核主体

从考核规划和考核主体两个方面介绍 K 农商行“条块结合”的绩效考核模式的管理基础。

（一）考核规划

从综合考核方面来看，制定了机构季度、年度考核方案，将短期、中期、长期目标有机结合，持续全面评价机构的业绩情况。根据指标性质，对不同的指标设置不同的考核周期。例如，年度考核注重阶段性经营效益和风险的衡量，指标设置侧重财务效益与资产质量情况；季度/月度考核注重业务发展

的过程管理，指标设置侧重业务发展情况。从条线考核方面来看，制定了中间业务、公司业务、零售贷款、授信不良清收、风险管理以及提升竞争力等专项考核办法，均取得了良好的效果。

通过综合考核与专项考核相结合，分行形成了条块结合、纵横交错的全方位考核体系，使机构考核与条线考核并重，阶段性经营目标与中长期发展目标并重，并在推动全行业务持续健康发展的同时，有针对性地突出战略重点，进一步优化产品结构、客户结构、收入结构、资产负债结构。

（二）考核主体

具体的考核主体可分为人力资源部、条线部门、分支机构，以及设置的检测、反馈机制。各机构各司其职，相互配合，承接考核规划，完成绩效考核完整的 PDCA 循环。

1. 人力资源部

作为绩效考核工作的牵头部门，主要负责薪酬包的划分、相关产品/业务的价格测算，与行领导共同确定考核整体思路，确定考核框架，后续与条线部门进行沟通，确定考核方案的细节，最终确定考核方案。推动整个绩效考核工作的进度，进行绩效考核工作的传达以及反馈收集工作等。

2. 条线部门

条线部门是以产品或客户分类为基础，构建垂直业务条线。为了保证银行条线部门的运作更加高效，对条线部门进行进一步的划分，分为前台、中台、后台，提高管理运营的效率。在“条块结合”的模式下，条线部门需制定相关的考核办法，保证支行在业务发展的同时有效地控制风险，并提高支行员工的工作积极性和主动性，保证总行对支行的管理约束力。条线内部需要重新定位条线部门岗位职责，确保各条线、各层级人员的素质能力可以胜任条线部门日常的运营。

3. 分支机构

支行是绩效考核的基本单元，基层员工对绩效考核的理解程度主要取决于支行的绩效管理水平。基层支行的绩效管理水平主要取决于支行管理者自身的绩效考核水平。基层支行的绩效考核水平主要通过支行二次考核展现，支行通过二次分配平衡内部员工的绩效差异，同时充分调动员工的积极性，科学、合理地使用总行提供的管理抓手。

4. 构建检测、反馈机制

除各部门本身的合作分工外，K农商行另外设置了检测、反馈机制来监督辅导，以确保整体绩效体系的平稳运行。

（1）设置绩效专员。总行层面，由牵头部门——人力资源部设置专人负责开展、推动绩效考核相关工作。分行也设置绩效专管员，负责开展分行层面的绩效考核工作，做好绩效考核的承接传达工作。支行层面也需设置绩效专管员（全/兼职皆可）。

总行的绩效专管员负责与分行的绩效专管员做好绩效考核相关工作的传达，收集分行绩效专管员反馈的信息。分行的绩效专管员除了负责对总行绩效专管员传达、反馈工作外，还需与支行层面的绩效专管员做好对接工作。支行绩效专管员负责支行层面的绩效考核相关工作，定期收集意见或建议，再进行逐级反馈。

（2）每季召开绩效分析会，规范日常操作模式。支行每个季度召开绩效分析会，在绩效分析会上传达总行绩效分析会的精神和要求，分析员工的任务完成情况以及全行的排名情况，针对条线或支行的相关工作提出改进思路，对工作开展过程中遇到的困难提出解决思路，对员工进行辅导，表扬优秀员工，并进行优秀员工的名单公示。

（3）构建绩效面谈机制。构建“绩效面谈机制”，可以由绩效专管员或中层管理者定期开展此项工作，对员工进行关于绩效考核的培训或答疑解惑，以提高员工对绩效考核的认知，调动员工工作的积极性，充分发挥绩效考核的“指挥棒”作用。

三、“条块结合”的考核方法

整体考核方案分为对支行人员的考核、对部室人员的考核以及对事业部的考核。根据考核规则制定者的不同，又可以把条线考核部分内容做一个区分，从考核方法上明显地体现出“条块结合”的特点。

（一）支行人员考核

对于支行人员的考核，一部分是由总行直接考核到支行，另一部分是由条线考核到支行。

K 农商行人员考核体系如图 4-4 所示。从考核体系整体来看，构建了“月赛”“季评”“年考”的考核模式，包括业务营销计价考核、条线履职考核、支行年度经营考核。其中，全员营销考核和支行年度经营考核由总行直接考核到支行。全员营销引入积分制考核，在满足员工物质需求的同时也满足了员工的精神需求。积分制管理更加公平、公开，让员工更易于接受，其提倡多劳多得有利于调动员工积极性。支行年度经营考核分为两部分，一部分是常规的支行经营目标责任制考核，这种考核方式在各家商业银行考核中是较为常见的；另一部分是 EVA 利润奖励薪酬包，根据 EVA 情况核算总的薪酬包发放至支行，再由支行进行二次分配。鼓励支行行长将本支行看作一个独立的经营单位，有意识地控制成本、提高收益。

计价制考核是由条线直接考核到支行。由零售条线（个人金融部/信用卡部/网络金融部）、公司条线和国际业务条线确定考核指标并计价考核后兑现到机构或个人。从考核周期上看，有月（季）度考核后年度统算和年度考核两种模式。其中，月（季）度考核后年度统算部分薪酬，按月（季）度考核到个人或机构，考核到机构的则由机构进行二次考核再分配到个人。年度考核部分薪酬，按年度考核到机构，机构按年度进行二次考核分配到个人。

条线履职考核是由条线直接考核到个人，具体采用百分制考核形式。各条线针对本条线人员工作职责等内容制定人员履职考核表，人员的履职考核得分与履职绩效挂钩，一般按季度考核、季度兑现。

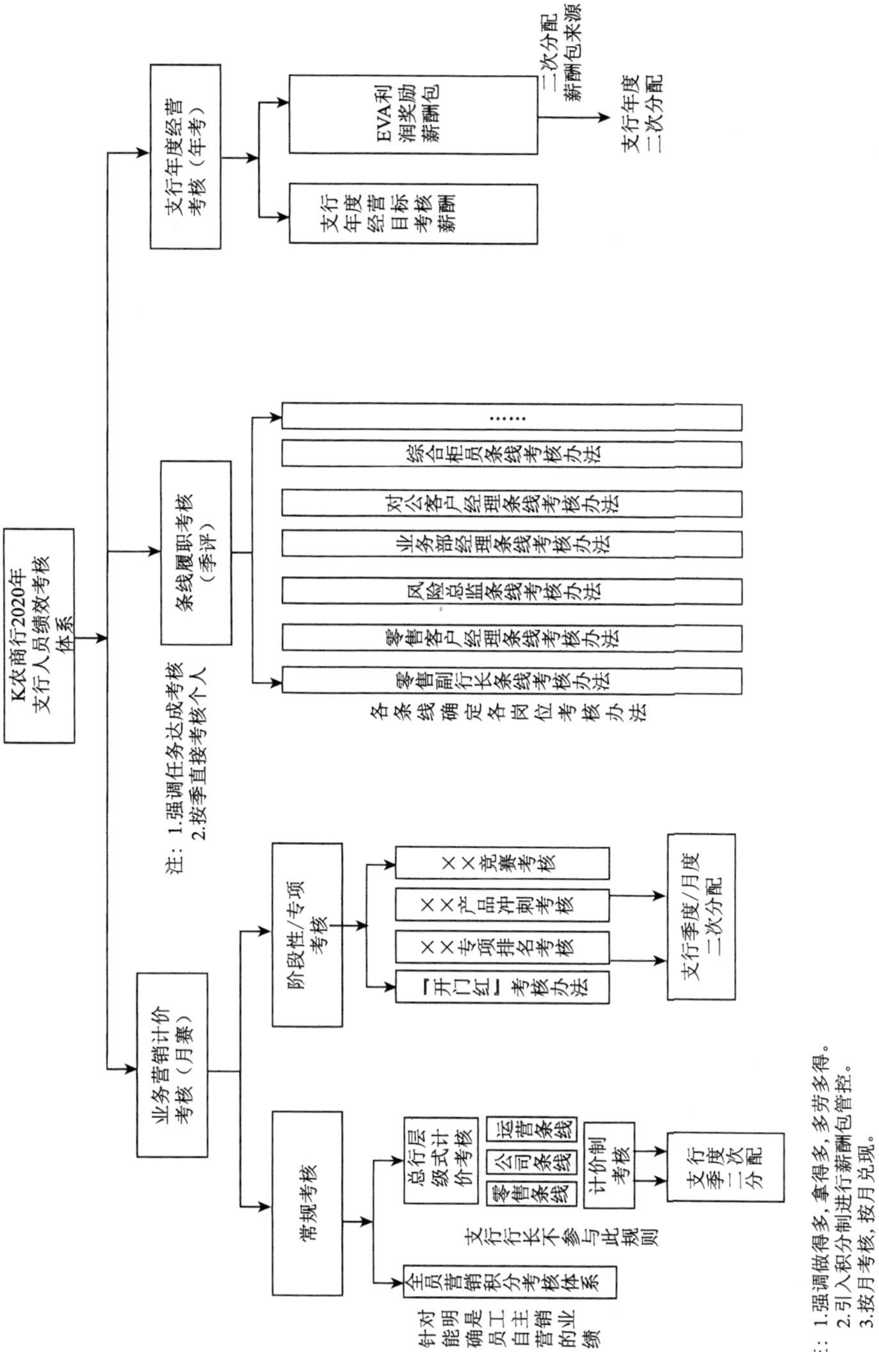

图4–4　K农商行2020年支行人员绩效考核体系

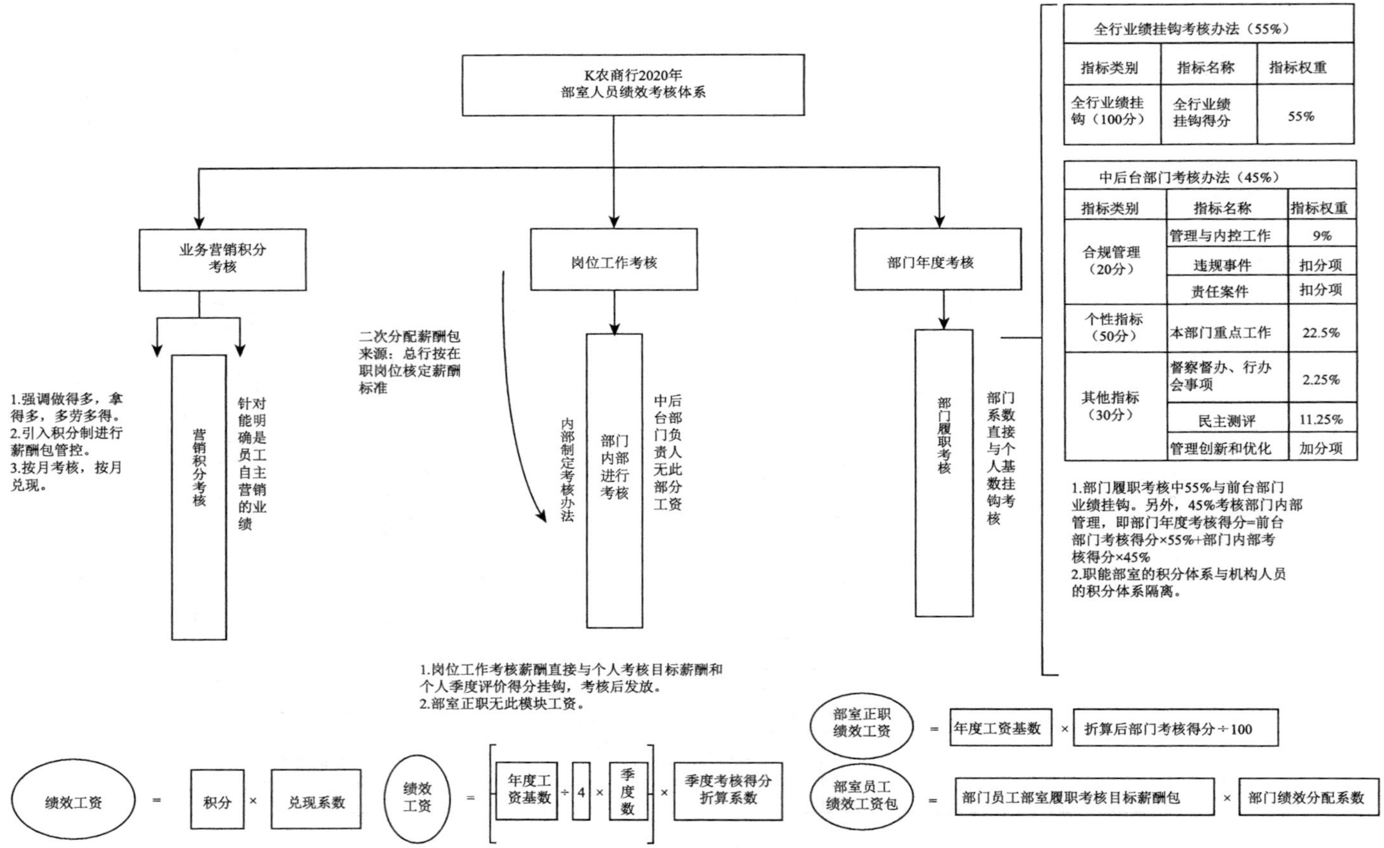

全行业绩挂钩考核办法（55%）

指标类别	指标名称	指标权重
全行业绩挂钩（100分）	全行业绩挂钩得分	55%

中后台部门考核办法（45%）

指标类别	指标名称	指标权重
合规管理（20分）	管理与内控工作	9%
	违规事件	扣分项
	责任案件	扣分项
个性指标（50分）	本部门重点工作	22.5%
其他指标（30分）	督察督办、行办会事项	2.25%
	民主测评	11.25%
	管理创新和优化	加分项

图4–5 K农商行2020年部室人员绩效考核体系

（二）部室人员考核

部室人员的考核主要以总行中、后台部门的考核与条线/事业部的考核为主。

总行中、后台部门员工的绩效薪酬由业务营销积分考核、岗位工作考核、部门年度考核三部分组成。

业务营销积分考核薪酬主要为统筹业务营销计价项目薪酬，规则与上述支行的全员营销考核类似。

岗位工作考核由各部门提交相应的考核方案，根据考核方案计算考核得分，属于简化版的360度考核。此处只关注上级和同事的评价，给予部室负责人以管理权限，同时避免同级之间的推诿现象。

部门年度考核按照各部门全行重点工作、部门重点工作的工作推进表及相关佐证材料，跟踪各项工作完成情况，按季通报。根据行领导对部门年度工作总结汇报评比打分，年末考核。

（三）条线/事业部考核

由总行确定公司业务条线、零售业务条线、金融市场总部、小微事业部、互联网银行总部五大前台业务条线人员的年度绩效薪酬总额，相关部门再进行二次分配。绩效薪酬由目标绩效考核薪酬和EVA利润绩效考核薪酬组成。被考核单位的“目标绩效考核”按季通报、按年考核，“EVA利润绩效考核”按年考核。

四、项目建设启示

K农商行“条块结合”的绩效考核模式，为银行发展提供了很大的助力，提升了决策速度。通过业务创新和不断追求高质量发展，K农商行被评为“苏商首选农商行”。

（一）项目建设效果

在复杂多变的市场环境下要实现平稳持续的发展，需要有一个强大的总行对分支行进行领导和管控，必须加快“以块为主”的管理模式向“条线化、专业化、精细化”方向转变，这种转变可以更快地应对市场变化做出决策，同时可以更好地向下传递决策。其原因在于：通过采用“条块结合”的考核模式，总行加强对支行的管控，满足客户日趋多元化的业务需求，贯彻落实“以客户为中心”的战略；总行对支行的管控加强，有利于总行战略目标的传达以及落地，同时总行可以充分配置全行的资源，实现资源共享和集约化经营；提高运营决策效率，实现规模不经济向规模经济的转变。项目“条块结合”考核的具体效果可总结为以下三点。

1. 承接总行战略，充分发挥总行“大脑”作用

早期的农商行是为了区域经济发展设立，与地方政府有着密切的联系，因此前期主要依靠机构网点与地方政府的关系开展业务。随着经济的不断发展，市场化程度的不断加深，这种方式不能适应市场发展的需要。采用“条块结合”的考核模式，有利于总行加强对分支行的管控，总行的战略能够落实到支行，及时根据区域经济的发展调整经营发展战略，充分发挥总行“大脑”的作用。事实上，K 农商行近几年的发展离不开“条块结合”考核模式的支撑。

2. 解决管理汇报层级多、对市场反应慢的问题

“条块结合”的考核模式，对横向以及总行的体系进行调整优化，解决层层汇报的难题，避免在市场变化过程中，因需要层层汇报而错过调整的最佳时机。运用“条块结合”的考核模式，可以提高全行的运营决策效率。

3. 解决分支行难以满足市场化业务需求的难题

随着经济的不断发展，客户对银行的业务需求也在不断地变化，如何满足客户多元化的业务发展需求，是银行当前面临且不可回避的难题。采用“条块结合”的考核模式，有利于总行加强对分支行的管控，有利于支行向“条线化、精细化、专业化”的方向转变，满足多元化的业务需求。

（二）项目建设问题及注意事项

K 农商行运用“条块结合”考核模式中也存在些许问题，针对出现的问题，我们总结运用“条块结合”考核模式的一些注意事项。

1. 运用“条块结合”模式中出现的问题

（1）管理人员的绩效管理水平参差不齐。条线人员和支行负责人因缺少绩效管理的经验或意识，绩效管理水平参差不齐，主要表现在绩效制度的编写不严谨、对绩效 PDCA 的循环过程不了解等，无法很好地将业务与绩效关联起来，K 农商行还需要不断提升管理人员的绩效管理水平。

（2）条线人员的服务意识淡薄。条线人员在开展绩效相关工作时，容易定位为领导者而非服务者，不能很好地辅助支行开展工作。对于支行人员的意见和建议，有时不能站在被考核者的角度进行考量，特别是处于强势地位的条线。这需要改变条线人员意识，提升整体考核水平。

2. 运用“条块结合”模式的注意事项

（1）统一、提高条线与支行人员的绩效管理水平。在“条块结合”的考核模式下，条线的作用是不可忽视的，条线考核办法的质量直接影响条块考核的水平，如果条线考核办法质量不高，可能存在考核口径不清晰、考核指标不利于统计或存在人为判断因素等问题。后续在系统实现、员工理解层面都存在困难，不利于发挥绩效考核“指挥棒”和“发动机”的作用。因此，最好的办法就是提高条线人员的绩效管理能力，从源头上解决问题。

与此同时，支行的绩效管理水平直接影响全行的绩效管理水平。在 K 农商行“条块结合”的考核模式下，支行员工的绩效工资中支行二次分配占较大比重。那么，支行二次考核的合理性直接影响基层员工工作的积极性。二次考核是总行提供给支行必要的管理抓手，实际上很多支行管理人员并未充分运用好，其根本原因是支行管理者的绩效管理水平有待进一步提高。

（2）改变本位思维，提高服务意识。条线部门开展工作时，自身的定位更多的是领导者，而不是服务者，在很多情况下不能辅助支行更好地开展工作，甚至出现增加支行工作量的情况。归根结底，条线部门依然存在本位主义问题。

条线部门应提高服务意识，协助支行开展工作，充分发挥“条块结合”模式的优势。

（供稿人：吕金台、张莹）

案例13　江山农商银行借力绩效规划，实现高质量发展

江山农商银行坐落在浙江衢州的县级市——江山市，是支持江山“三农”和“小微”经济社会发展的金融主力军，被称为“江山人民自己的银行”。经历了从江山市信用联社到江山农村合作银行的发展历程后，2015年1月，江山农商银行正式挂牌成立。本部分将以江山农商银行为例，分析其如何借力绩效规划，分步推进制度体系建设，并借助“四大举措”将其良好落地，最终实现总行战略目标的分解、落地，实现个人绩效、团队绩效、组织绩效协同一致、高质量发展。

一、项目建设背景与历程

（一）建设背景

2015年，央行基准利率连续下调5次，存贷比红线取消，给原本主要依靠存贷利差的银行带来严峻挑战。经济下行和未来资产价格下行将带来盈利能力下降、不良资产上升等经营压力，银行转型迫在眉睫。同时，江山市金融机构已达18家，同业竞争战火也从城区蔓延至农村，特别是国有银行、股份制银行等金融机构将金融业务中心下沉至农村，同业竞争日趋白热化。另外，随着互联网金融的兴起，以互联网金融、民营银行等为代表的金融混业和影子银行系统大大加快了金融脱媒的速度。银行作为传统的融资中介功能被替代，给商业银行传统业务的总量和结构带来了巨大的变化，传统金融营销手段受到严重冲击。在面临经营环境和外部竞争挑战的同时，江山农商银行内部激励机制的滞后也带来了一系列的问题，包括员工危机感不足，利润意识淡薄，主动营销意识薄弱，员工队伍年轻化明显，日益庞大的客户群得不到有效维护，服务意识

不强；缺乏有效信息化系统支撑，数据统计工作量大，导致考核及时性较差，考核的激励作用未能充分体现；绩效考核以二次考核为主，“大锅饭”、平均主义仍然存在，员工积极性有待提升等。这些内部问题，在外部压力下暴露得尤为明显。作为区域金融机构的“领头羊”，江山农商银行主动求变，在不确定性中主动变革。

（二）项目建设历程

江山农商银行从2016年开始实行绩效改革，与天维信息的合作先后经历了1次规划、1年建设、2年磨合。2016年，天维信息与江山农商银行首次合作，对行内现状进行了深度剖析，结合绩效管理实践及行方战略发展要求，天维信息设计了《江山农村商业银行绩效考核五年规划方案》，对江山农商银行绩效改革进行了分步规划。同时，依据江山农商银行绩效改革规划要求，历经了1年建设、2年磨合，实现了江山农商银行考核覆盖到全员、利润考核的深化和以客户为中心考核理念的初步引入；依托绩效管理体系建设，实现了银行战略的逐层分解，借助绩效管理体系的抓手，有力地发挥了考核“指挥棒”与“发动机”作用，使战略很好地分解，促进了全行业务的快速发展。

二、绩效制度体系设计

江山农商银行以“引导、约束、激励”为绩效管理体系建设的三大理念，结合管理实际，依据战略发展要求，设计五年考核规划，实现全行精细化绩效管理体系构建。

（一）规划设计思路

根据江山农商银行的中长期发展规划，以考核现状为前提和基础，借鉴同业先进银行考核发展经验，充分运用多种考核方法，采用“统一规划，分期实现，持续改进”的思路，逐步推进考核体系建设，建立适合江山农商银行发展阶段的、科学的、有效的绩效考核体系以及与之相适应的绩效文化。

依据江山农商银行考核体系的规划要求，设计银行绩效考核体系的阶段目标。为了较快地起到立竿见影的效果，江山农商银行考核系统的建设规划分为基础规划、全面推进、巩固完善、改进提升四步，具体内容如表 4-6 所示。

表 4-6 江山农商银行绩效考核规划

	基础规划	全面推进	巩固完善	改进提升
考核导向	规模+利润	规模+利润	规模+利润+客户	规模+利润+EVA
建设重点	业绩清理 垂直考核 到人	职能部室 3K 考核体系 客户经理等级评定 综合柜员等级评定 营销拓展培训	客户评级 支行评级 事业部制考核 应用效果和制度评估完善	结合 EVA 建立客户价值考核 运营效果评估、新考核周期规划 条线、产品等条线考核
员工效果	提高员工认知	了解、重视、接受和认可心理变化	价值客户专人维护，效果提升	以客户为中心，提升员工服务理念和精准营销

依据江山农商银行绩效考核建设规划，考核导向从“规模+利润”逐步提升利润考核比例，并逐步引入“客户”“EVA”考核内容，实现从员工认知的提高到员工行为的转变，建设重点依据“先覆盖，再细化”的考核模式，最终实现以客户价值为中心的精细化考核体系建设。

（二）制度方案

依据江山农商银行战略发展与考核规划的要求，实现制度框架与业务发展的强强结合，具体如图 4-6 所示。

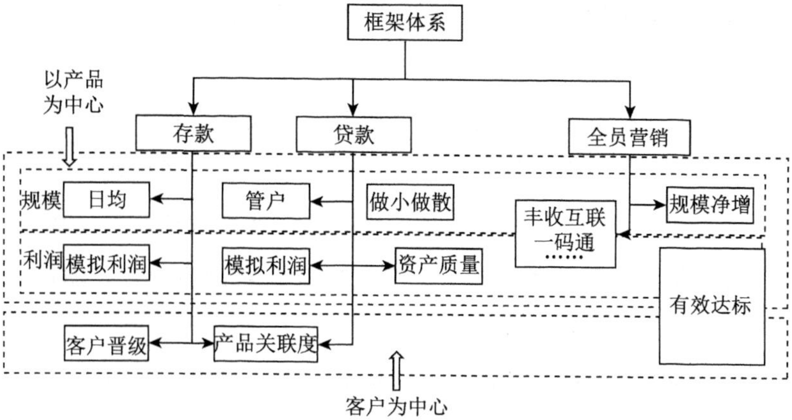

图 4-6　江山农商银行制度框架与业务发展

江山农商银行通过差异化考核指标设计，将利润导向与规模导向相结合，以产品为中心与以客户为中心相结合，同时体现“做小做散”的战略定位。江山农商银行制度建设覆盖面广，具体制度内容如图 4-7 所示。

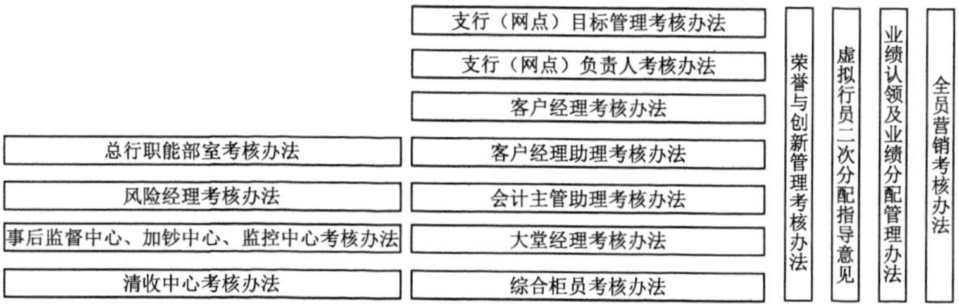

图 4-7　江山农商银行制度一览

考核对象覆盖全行所有员工、事业部及机构虚拟行员，考核内容既包括存贷款等业绩指标，也包括荣誉与创新相关要求指标，初步实现考核精细化。制度涉及面广，考核特点突出，包括全员营销考核、支行管理人员考核、员工考核、部室考核、虚拟行员二次考核及荣誉考核六块内容。

1. 全员营销考核

江山农商银行针对存款、理财、电子银行、中间业务、贷款转介绍、机具等业务，采用全员参与和全业务计价考核模式，直接计价到人、考核到人，包括存款考核、电子银行业务考核、中间业务考核、贷款转介绍考核及自助设备机具考核五大内容。

存款考核中，一方面，依据存款性质差异、成本差异对存款进行差异性计价；另一方面，借助存款模拟利润考核，强化了利润考核要求。在考核存款规模增长与利润增加的同时，设计了优质客户晋升考核及对公基本账户考核，既针对存量客户鼓励价值提升，又面向全新对公客户，鼓励拓展客户，实现了存量客户价值考核与新增客户考核相统一。

电子银行业务考核中，针对渠道性指标（如手机银行、企业网银）摒弃了传统的“新增+活跃”的考核模式，引入存增量的考核概念，既鼓励员工拓展新客户，又要求员工维护存量客户。针对终端性指标（如丰收一码通、智能POS机），在完成县域覆盖的基础上加强活跃率考核，真正实现每个终端能够发挥其应有的作用。借助上述考核双管齐下，实现农商行线上渠道的有效性。针对收益性指标（如信用卡、福农卡），一方面采取扩面考核（新营销），另一方面采取收益提成的方式激励员工进行营销和维护。另外，为提升客户黏性，以有贷客户作为切入点，对有贷客户产品持有数进行考核，引导客户形成行为习惯，为提升后续客户价值奠定基础。

在全员营销考核中，还额外设置了贷款推荐奖励，主要针对全新客户，鼓励全行员工（客户经理除外）充分利用周边资源，打破“推荐贷款等于客户经理”的思维定式，真正实现全员营销。在鼓励员工积极营销的同时，江山农商银行考虑到公平性、合理性要求，一方面对全新客户设置一定要求（即6个月内未在本行有信贷业务的客户），避免出现恶意营销；另一方面，面向客户经理设置新客户拓展考核，考核标准及要求与贷款推荐奖励的设置相同，以保障客户经理的积极性。

2. 支行管理人员考核

支行管理人员考核采取管理目标与业绩目标相结合的方式，这样既体现总行对支行管理人员的管理要求，又鼓励管理人员自行发挥，优化支行管理。江山农商银行支行行长考核框架如图4-8所示。

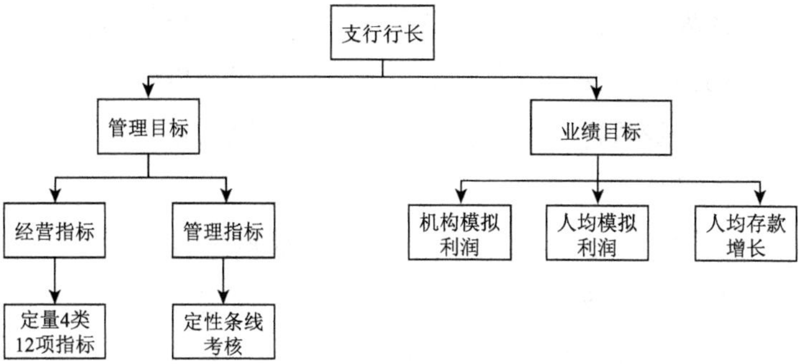

图 4-8　江山农商银行支行行长考核框架

管理目标由经营指标及管理指标构成。其中，依据经营发展要求，经营指标由 4 类 12 项指标构成；管理指标依据风险合规要求，设计定性指标进行考核。

业绩目标主要通过考核机构模拟利润、人均模拟利润及人均存款增长的方式：一方面，将支行管理人员绩效与机构收益相挂钩，提升支行管理人员利润意识，鼓励支行“开源”——增加收入；另一方面，通过人均指标考核，引导支行管理人员提升支行管理水平，要求支行“节流”——降低单位管理投入。

3. 员工考核

员工考核采取总行垂直考核与二次考核相结合的方式。同时，依据各层级员工承担管理职责的差异，针对各岗位进行差异化考核设计，员工绩效构成表如表 4-7 所示。支行行员考核均由全员营销绩效、专属绩效薪酬、虚拟行员二次考核绩效（占比 20%）构成。其中，综合柜员额外增加会计基础工作等级薪酬，用于网点会计基础工作等级奖励。

表 4-7　江山农商银行员工绩效构成

支行行员绩效考核结构				
分理处主任	全员营销绩效	专属绩效薪酬	虚拟行员二次考核绩效	
客户经理	全员营销绩效	专属绩效薪酬	虚拟行员二次考核绩效	
综合柜员	全员营销绩效	专属绩效薪酬	虚拟行员二次考核绩效	会计基础工作等级薪酬

结合客户经理的工作特点，客户经理专属考核由贷款和资产质量两部分构成，具体结构如图 4-9 所示。其中，资产质量考核以约束为主，按余额对客户经理名下不良贷款进行扣罚；贷款考核以激励为主，采取利润与规模相结合的方式进行考核。

为进一步精细化贷款模拟利润考核，江山农商银行将 FTP 产品定价、覆盖率系数、丰收驿站系数、折算系数、存（增）量系数纳入贷款模拟利润考核，通过调节系数实现贷款模拟利润精细化考核。具体贷款模拟利润考核设计如图 4-10 所示。

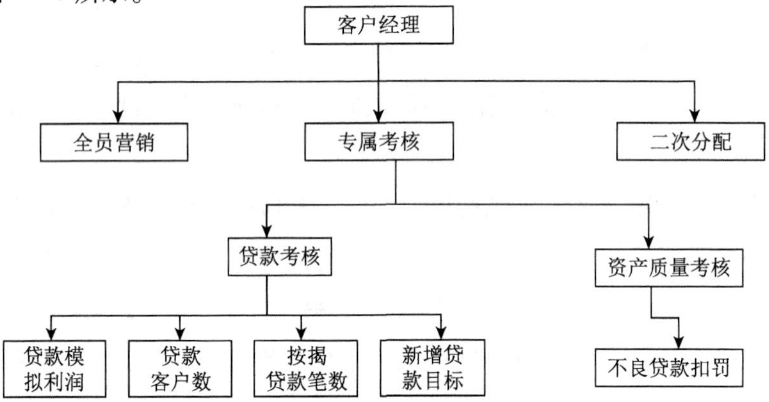

图 4-9　江山农商银行客户经理考核结构

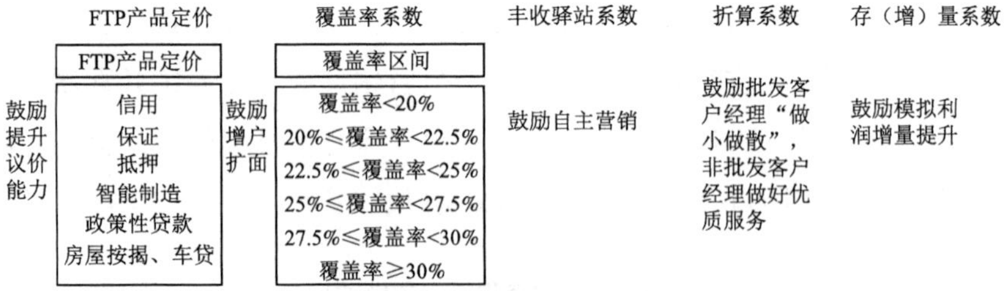

注：贷款模拟利润=∑｛[单笔贷款利息收入-（单笔贷款日均余额×FTP价格）]×折算系数×丰收驿站系数｝×单价×存（增）量系数×个人贷款客户覆盖率系数

图 4-10　江山农商银行贷款模拟利润考核

分理处主任专属考核结合了分理处主任的管理职责及营销职责，具体如

图 4-11 所示。一方面，参照客户经理考核构架对分理处主任的营销业绩进行考核，包括贷款考核和资产质量考核；另一方面，以分理处为单位，依据管理要求，参照支行行长考核框架对分理处主任的管理进行考核，包括管理目标考核和业绩考核。

江山农商银行综合柜员考核由业务量考核及业务质量考核两部分构成，具体框架如图 4-12 所示。其中，除标准业务量考核外，还设置了业务量折算系数、团队业务量及特殊岗位调整业务量标准，业务质量考核包括差错率、整改率和投诉率三部分内容。

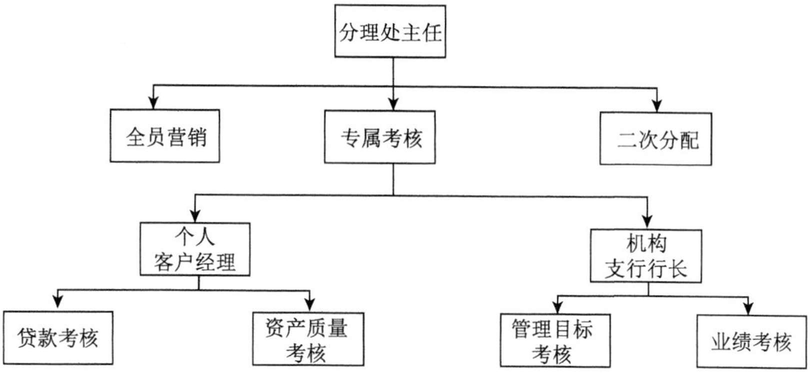

图 4-11　江山农商银行分理处主任考核框架

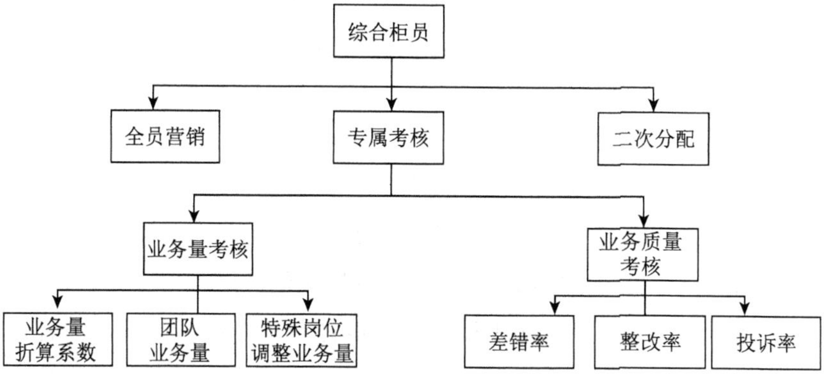

图 4-12　江山农商银行综合柜员考核框架

4. 部室考核

江山农商银行采用3K考核体系、事业部制考核和全员营销相结合的方式，重点提升总部管理和服务基层的能力，具体考核框架如图4-13所示。江山农商银行部室考核遵循3K考核体系，依据部门性质差异，区分部室前、中、后台，差异化设置各考核模块权重，体现“前台部室主业绩、中台部室主管理、后台部室主服务”的管理目标。同时，考虑到考核成本，对不同模块考核指标差异化地设置考核周期。

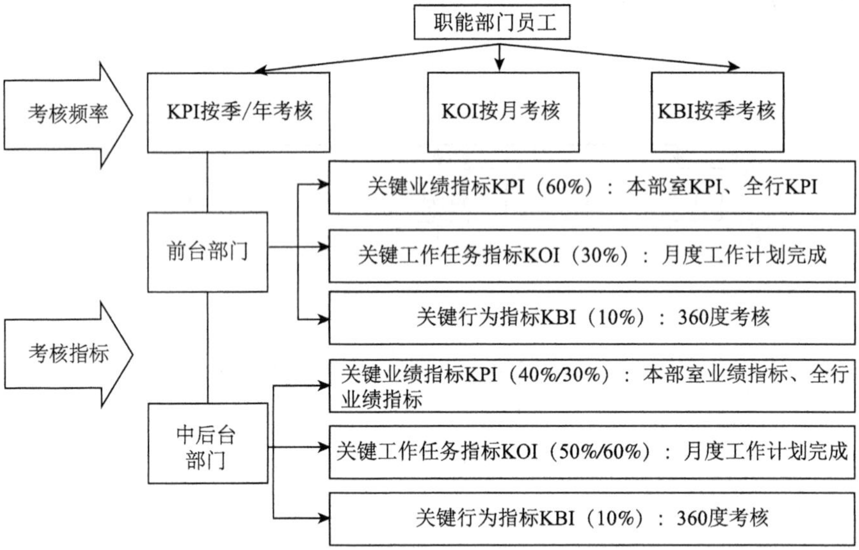

图4-13 江山农商银行职能部门考核框架

5. 虚拟行员二次考核

虚拟行员二次考核包括存款规模考核、存款模拟利润考核、综合柜员团队业务量考核。其中，存款模拟利润考核参考全员营销考核模式及标准执行，综合柜员团队业务量考核依据网点业务总量按比例计提。

存款考核中，考虑到机构规模差异不设计存量考核，而在上年日均基础上设置任务值，虚拟行员日均超过任务值的，依据奖励标准奖励绩效，由支行行长进行二次分配；未达到任务值的，依据扣罚标准扣减绩效到支行所有员工。同时，针对分理处主任，考虑到其营销职责与管理权限，依据支行业绩增长情况设计分理处主任分配模型，实现其管理权限、管理职责、营销职责相统一。

6. 荣誉考核

为提升职能部室、支行中层和员工的社会责任感、创新和荣誉意识，江山农商银行结合自身实际制定了《浙江江山农村商业银行股份有限公司荣誉和创新管理考核办法》，对工作创新及荣誉获取实施了积分制管理，每年依据行员积分情况、贡献差异，直接计奖到行员。既对业绩考核做了非货币激励的补充，又对荣誉与创新进行实质性的奖励，提高非货币激励的激励效能，完善了整体考核体系。

三、绩效考核方案实施

真正能落地的考核方案才是好的考核方案，才是真正能够起到作用的解决方案，江山农商银行在设计先进的考核制度体系前提下，借助“四大举措”保障了制度体系落地。

举措一：业绩关系管理，实现业绩到人

2016 年，为实现绩效考核到个人，江山农商银行遵循“谁贡献、谁认领、谁受益”原则，对全行存量业绩进行了梳理，对新增业绩归属规则进行了规范。历经三年磨合，初步形成了以客户为中心、全员参与营销的考核体系，为绩效考核体系建设夯实了基础。通过规范该行业绩认领及业绩申报规则，鼓励员工营销，引导客户办产品、用渠道，鼓励业务“做小做散”，紧紧围绕银行渠道类、产品类及业务结构类的要求，突出银行战略中转型发展的要求。

举措二：完善运营体系，保障文化宣导

全方面绩效沟通反馈渠道的建设，包括定期调研、微信群、线下反馈、电话专线的设立。为绩效管理优化提供了保障，同时借助绩效工资分析会、员工座谈会、效果评估、员工辅导培训，帮助员工认识问题、解决问题，提升低绩效员工绩效水平。

举措三：规划分层目标，支撑体系落地

江山农商银行依据绩效管理体系建设规划，着眼于全行数字化转型要求，对绩效考核系统提出了分层推进、逐步细化的要求。考核系统的建设旨在实现让员工有抓手、有分析、有对象、有计划地展开营销和服务，分步解决拿多少钱、如何拿钱、如何拿更多钱的问题。通过功能整合、优化支撑、规划目标实现，最终建成集考核系统、营销系统、分析系统三大系统于一身的，具有江山农商银行特色的精细化绩效管理系统。

（1）考核系统。考核系统实现了考核自动化，主要体现在绩效工资、员工业绩的查询功能，让员工了解个人绩效情况，最终建成直观的绩效系统，充分发挥绩效“指挥棒”的作用。

（2）分析系统。分析系统实现考核信息化，主要体现在对绩效系统业绩、工资数据的整合，辅助总行对员工进行管理，协助员工进行自我管理。最终建成精确的分析系统，推动绩效螺旋式上升。

（3）营销系统。营销系统实现考核大数据化，主要体现在绩效系统数据和其他管理系统数据的交互上，借助绩效系统平台，整合 CRM 等外部系统数据，“以客户为中心”服务于行员，指引员工营销行为，助力员工绩效提升。最终建成以客户为中心的营销系统，实现绩效、管理、营销三合一。

举措四：完善考核应用，巩固考核效果

江山农商银行不仅在绩效工资兑现时应用了绩效工资结果，还将绩效考核结果应用于员工晋升及淘汰。2018 年，江山农商银行将员工三年业绩评价纳入全行双选双聘时员工晋升和淘汰的先决条件。2019 年，江山农商银行将机构和个人业绩评价按季度进行通报，实行按年淘汰机制。

四、项目建设效果

江山农商银行经历了 1 次规划、1 年建设、2 年磨合，员工关注的重点从关注薪酬转变为关注业绩，效果已初步呈现，从业务发展、客户价值提升、员工意识转变三方面取得了较好的效果成就。

（一）支撑战略落地，助力业务快速发展

通过科学的战略分解支撑，将战略层层分解，江山农商银行实现了各层级目标和总行战略目标的一致性，再通过绩效考核体系激励，协助战略落地。江山农商银行连续保持存贷总量和市场份额领先的地位，同时在立足“扎根农村、做小做散”的高质量发展道路上，江山农商银行基本构建了“基础金融不出村、综合金融不出镇”的普惠金融服务体系。2018 年，在浙江省农信联社分层分类考核中排名第四（全省 81 家）、D 类行社排名（全省 28 家）第一。2019 年，从 D 类行社晋升到 C 类行社，在全省分层分类考核汇总中排名 C 类行社前列。

（二）客户价值提升，建立“以客户为中心”的服务机制

2017 年，江山农商银行优化了贷款模拟利润算法，按照担保类型和产品类型区分不同的 FTP 价格，增强了客户经理议价意识。2018 年，进一步优化贷款模拟利润算法，设置超额模拟利润奖励，引导客户经理议价行为，提升该行贷款收益率。

客户类指标考核有效发挥导向作用。从 2018 年 1 月至 6 月，主要产品持有数（不含存贷款）达到 4 个（含）以上的有贷客户，其占比从 48.5%升至 58.0%，上升 9.5 个百分点。2019 年，客户人均持有产品数 4.84 个，位列全省农信系统第一。借助存量清理工作，鼓励员工维护、发掘价值客户，2018 年增加存款优质客户考核，鼓励员工积极发掘现有存量客户资源，提升客户价值，日均存款 5 万元以上价值客户数较 2017 年增长 26.52%。江山农商银行通过“以客户为中心”的服务机制的初步建立，实现了客户潜在价值的迅速提升。

（三）员工意识改变，形成“以创造价值为导向”的绩效文化

在经历了 1 年的建设期及 1 年的磨合期后，江山农商银行全员营销考核也逐步从“不做不拿钱”转变为“不做要扣钱、做了有奖励”。一方面，取

消存款下降扣罚封底，设计优质客户下降扣罚、商户和机具无效扣罚等约束性指标；另一方面，强化激励性指标的奖励力度，如有效户多倍奖励等，实现了“激励—约束”相结合，进一步提升了全员营销考核效果。

截至2019年底，各岗位薪酬逐步拉开差距，打破员工舒适圈，提升危机感，促进员工自我提升。绩效排名前20%客户经理的人均绩效薪酬是排名后20%客户经理的4.43倍、综合柜员的3.69倍，这是“多劳多得、按绩取酬”文化的体现。第一次兑现绩效工资时，部分薪酬过低或者未发到绩效薪酬的员工出现一些负面情绪，在经历1年建设期和1年磨合期后，仅仅关注绩效工资的员工逐步开始关注业绩指标。江山农商银行在项目推进的两年中，组织了多次有关绩效制度和系统的激烈讨论，最终实现了员工从建设期的不解、消极、反对等逐渐向接受、适应等的积极转变。借助新的绩效管理体系，肯定和固化了与总行发展相契合的正向的价值行为，并通过约束机制对不符合要求的“人、行为、结果”进行约束、惩罚，保证员工发展与总行发展高度统一，实现聚力前行。

五、项目建设启示

由案例可知，江山农商银行的绩效改革以战略为核心，以数字化转型为驱动，实现了绩效管理落地，推进了行内战略穿透，实现了行内的高质量发展，其绩效改革经验主要包括以下几点。

（一）战略引领，设计“本行特色”绩效管理体系

“合适的就是先进的。”江山农商银行案例的成功源自对自身情况的深入剖析，对标杆案例深度论证，不迷信他行成功案例，始终立足于自身战略定位及发展要求。基于总行的经营战略，围绕“亲近银行”的企业精神，构建具有“江山特色”的绩效管理体系。

当前，在银行内外部压力下，同类银行的发展转型方向、考核现状及考核诉求具有一定的普遍性，区别只是在于地域、客户的不同。在制定考

核规划及考核方案时，确立对标银行，同时充分借鉴对标银行几年来围绕经营转型及绩效考核的成熟建设经验及先进做法，能够更加高效地建立适合自身的考核体系。当然，考核规划不仅要借鉴他行成熟的先进经验，更重要的是要符合总行发展战略及发展规划。基于总行战略发展要求，制定统一的考核规划及考核框架，集合自身管理、人力资源、业务发展、企业文化实际，在不同阶段制定不同的建设目标和建设内容，循序渐进、分期建设、持续改进，才能最终完成最适合自身的个性化绩效管理体系建设。

（二）细化绩效考核

江山农商银行在改革过程中，稳步推进，实现考核的精细化管理。以模拟利润为例，江山农商银行从简单的利差考核，到设置丰收驿站系数，再到存增量的考核，结合员工对模拟利润的认知和理解及自身管理能力的提升，一步步细化考核，实现模拟利润考核效果提升。

考核体系的建设与银行的经营管理思路、员工素质，对新理念的接受度紧密相关。在规划整体绩效考核时，应尽量从实际出发，多做调研论证，充分征求各方意见，依据紧迫性确立优先级，先规划建设符合目前管理现状、易操作、易为员工理解及易于产生效果的绩效考核内容，再逐步规划建设相对复杂、与精细化管理相适应的内容，更好地让员工认可、接受新考核体系的转型和变革，逐步实现精细化考核到人的改革。

（三）明确岗位边界，打通岗位壁垒，实现“全员营销”

银行实现业务快速发展的主体是员工，核心也是员工。绩效管理体系的管理对象是员工，使用对象是员工，受益对象最终也会是员工。江山农商银行通过考核规划将业务发展和绩效管理相统一，同时设定科学的考核办法，通过专属考核设置明确岗位边界，借助全员营销，打通岗位壁垒，最终实现员工既能依据岗位要求各司其职，又能依据总行战略，充分挖掘身边资源，服务于总行的目标。

在考核框架设计过程中，要求能够明晰该行各岗位职责、岗位要求、现行履职情况，结合总行战略要求及岗位现有人力资源素质情况进行综合权衡。依据上述情况进行分析，明确各岗位边界，锚定各岗位价值（尤其针对客户经理、大堂经理等营销岗位），并依据全行绩效资源情况、岗位性质差异设计各岗位薪酬，依据上述岗位边界及岗位价值设计岗位专属考核。同时，需要对内部情况进行梳理。一方面，对总行战略进行澄清，明确总行战略重心；另一方面，对人力资源情况进行评估，了解全行人力资源（尤其是营销资源）中和战略重心高度重合匹配之处，即各岗位能对总行战略重心做出的直接贡献。针对该类业务及要求设计考核指标，打通岗位壁垒，实现全员营销。

（供稿人：徐晨宇、叶忠孝、邵哲宇）

案例 14　大丰农村商业银行“事业部”制考核模式

“事业部”制是一种常见的公司组织架构形式，是一种独立核算、自负盈亏、自担风险的集约型组织架构。虽然事业部不是独立的法人企业，但具有较大的经营权限。传统对于事业部的绩效考核是以利润为中心，根据事业部创造的利润计提部门薪酬包，再由事业部根据内部考核办法进行薪酬分配。大丰农村商业银行（以下简称“大丰农商行”）自 2015 年开始不断深化“事业部”制考核，目前已实现“完全事业部”制绩效考核模式，即其所有业务条线、部门、支行（包含营业部、业务拓展部、社区网点等营业机构）均采用“事业部”制考核模式。但大丰农商行的“事业部”制考核并非完全基于事业部制组织架构下的传统事业部制考核模式。本部分所指“事业部”制考核是“薪酬包干”制考核，即根据考核结果将薪酬包考核划拨至条线、部门或支行，然后由各单位根据内部考核办法进行薪酬二次考核、分配。

在当前激烈的市场竞争环境下，一方面，商业银行业务发展开始由个人单兵作战向团队集体作战转变；另一方面，降低成本、提高人均效能的需求日益紧迫。因此，“事业部”制考核越来越被农商行关注。本部分通过对大丰农商行“事业部”制考核改革动因、模式的分析，总结其在实践中取得的效果及不足，进而总结“事业部”制考核效果的关键影响因素，希望给其他农商行带来启示。

一、项目建设背景

（一）基本情况

大丰农商行是经中国银监会批准，由辖内自然人、企业法人和其他经济组织入股组成的股份制商业银行，于2011年11月26日挂牌成立。大丰农商行自成立以来，坚持不断地改革、创新，以市场为导向，以客户为中心，充分发挥自身优势，加大金融创新力度，为不同类型、不同层次的客户提供差异化、特色化服务，在支持地方经济发展和大丰沿海开发的过程中取得了经济和社会效益“双丰收”。大丰农商行先后获“小企业贷款先进单位”“中国银行业规范服务示范单位”“江苏省联社综合竞争实力考核优胜单位”等30多项荣誉称号。

（二）业绩发展

截至2018年末，全行各项存款余额336.09亿元，比上年增加31.29亿元，增长10.27%；各项贷款余额231.81亿元，比上年增加40.44亿元，增长21.13%；存贷款总量、增量在大丰区银行业机构中排名第一。国际业务结算量达4.36亿美元，突破4亿美元大关。

质量效益同步提升。截至2018年末，全行不良贷款余额3.47亿元，不良率1.50%，比年初下降0.06个百分点，拨备覆盖率271.00%，比年初上升10.98个百分点；营业收入11.98亿元，比上年增加2.20亿元，同比增长22.45%。2018年利润总额6.25亿元，比上年增加0.69亿元，同比增长12.43%；净利润4.70亿元，较上年增加0.39亿元，同比增长9.08%。

服务地方成效明显。截至2018年末，全行实体贷款余额175.91亿元，比上年增加31.27亿元，增长21.62%，贷款客户数净增6331户。2018年新拓ETC用户2.41万户。打造“阳光信贷”升级版，实施小额贷款线上签约，手机自助办理。离柜率达90.76%，比年初增加8.10个百分点。

二、改革动因与历程

（一）“事业部”制考核改革动因

大丰农商行的考核模式由侧重总行垂直考核到人逐渐转变为“事业部”制考核，激励对象由注重激发个人积极性到注重激发团队合力。考核改革的内在动因主要有以下三个方面。

1. 外部经营环境的恶化

行业市场化程度加深、监管趋严、金融科技发展、新零售带来的客户需求改变等外部经营环境的变化使农商行竞争加剧，机遇与挑战并存，对农商行的发展提出了更高的要求。采用“事业部”制，可以使成本与效益的联动性加强，使前、中、后台得到充分的整合，在外部环境恶化的前提下，事业部独自承担风险使决策更加谨慎，降低了风险。

2. 内部可持续发展的压力

外部经营环境差给农商行的盈利带来很大影响，提升盈利水平是农商行的主要目的。为实现持续盈利这一目的，大丰农商行内部管理面临的挑战包括内部管理效率低，盈利能力、成本意识有待提升，中层人员能力、员工忠诚度需进一步提升，个人能力发挥不足，组织的持续发展需要具有凝聚力的团队支撑。

3. 业务发展驱动要素的改变

业务发展的主要驱动因素分为靠骨干、靠全员、靠团队、靠产品/平台四个阶段，个人营销能力的效用递减，营销主力向团队合作转变。大丰农商行自 2012 年与天维信息合作后，开始绩效考核体系的改革，改革第一步就是实现考核到个人，避免“大锅饭”。多年运行下来，考核到人的机制已完全成熟，但是考核激励“钝化”，个人能力发挥不足，团队支撑作用凸显。因此，激励对象开始向团队转变。

（二）“事业部”制改革历程

大丰农商行的事业部考核开始于2015年，至2018年实现“完全事业部”制考核，此历程可以分为三个阶段：

第一阶段（2015—2017）：事业部制部门实行事业部制考核，对自主经营权限大的资金市场部门（一部、二部）、资产保全部门（一部、二部）四个部门根据部门创造的净利润计提部门薪酬总包。

第二阶段（2017—2018）：前台经营性部门及运营条线实行“事业部”制考核改革，私人银行部、国际业务部、运营管理部实现薪酬包干。

第三阶段（2018—至今）：所有支行、所有中、后台部门实行“事业部”制考核改革，大丰农商行实行“完全事业部制”考核。

三、“事业部”制的考核模式

大丰农商行的“事业部”制考核模式的本质是“薪酬包干”制考核模式，下面从其薪酬管理方式和“事业部”制考核方式两方面对大丰农商行的“事业部”制考核实现模式进行分析。

（一）“事业部”制考核下的薪酬管理

大丰农商行员工薪酬由基本工资、等级工资、绩效工资、中长期激励构成。其中，绩效工资实行“事业部”制考核模式，其核心理念是“薪酬费用包干”和“增人不增资、减人不减资”。总行将绩效薪酬和营销费用考核到支行及部门资金池，支行及部门负责人再根据内部制定的考核办法进行二次考核与分配。分配给员工的薪酬费用，员工可以灵活运用，既可作为营销费用报销，也可作为个人绩效工资。

如图4-14和图4-15所示，大丰农商行的绩效考核系统为各部门、各支行、各行员均设置了相应的资金池、费用池。图4-14展示的是部门的费用池及资金池，部门费用计划池的资金来源于部门年初预算，部门资金池的资金来源于部门每月考核资金；图 4-15 展示的是支行费用池及资金池，支行每月考核总薪酬由支行行长统筹，分别划分到支行资金池、费用池。支行费用池的资金用于支行公共营销等费用支出，资金池的资金用于对员工的二次考核。员工可以对自己分配到的薪酬再自行选择比例分配至个人资金池、费用池。

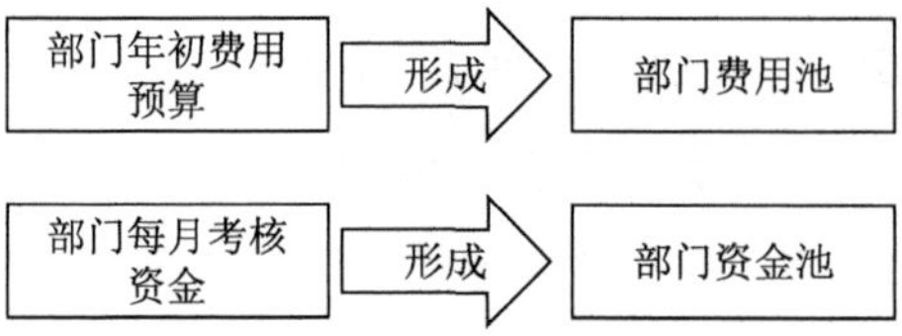

图 4-14　部门费用池、资金池

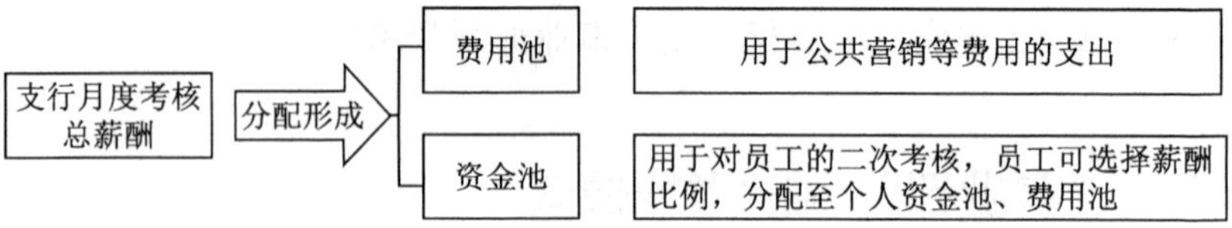

图 4-15　支行费用池、资金池

（二）“事业部”制考核模式

大丰农商行“事业部”制考核可分为四种不同实现模式，一是事业部制部门考核模式，代表性部门为资金市场部门和资产保全部门；二是条线“事业部”制考核模式，代表性条线为运营条线；三是支行“事业部”制考核模式；四是部门“事业部”制考核模式。下面对四种考核模式进行具体说明。

1. 事业部制部门考核模式

大丰农商行事业部制部门的绩效考核采用一般意义上的事业部制考核形式，根据事业部创造的利润，计提部门薪酬池，再由事业部根据内部考核办法进行薪酬分配。部门薪酬池分为资金池和费用池，部门费用池的资金用于部门各项费用支出，包括营销费用、招待费用，当年未用完的费用可延至来年使用。采用利润提成制考核的代表性事业部制部门包括资金市场部门和资产保全部门。

（1）资金市场部门。资金市场条线设置两个部门——资金市场一部、资金市场二部，两个部门职能完全一致，鼓励内部良性竞争。资金市场部业务范围包括票据贴现（直贴、转贴、再贴）、债券（持有、交易）、资金（存放同业、拆放同业、同业存放、同业拆借，质押和买断式正、逆债券回购）、买入返售（卖出回购）、理财、福费廷、收益权等。资金市场部门使用资金来源包括同业拆借和行内资金，金融市场拆借资金成本按照市场利率进行计算；行内自有资金成本计算分为两种：铺底资金的成本定价直接从管会系统进行取数即可，而行内富余资金则是以银行的实际经营情况为基础进行成本定价。

通过绩效系统，资金市场部将每笔资金业务按百分比例模型分配到个人，实现每天该笔业务净收益的计算。行员的净收益为行员所有业务的净收益汇总，所有行员的收益汇总即是资金市场部的收益，针对净收益确定一个薪酬计提标准，计算出资金市场一、二部每月资金池，然后内部再根据行员业绩和表现进行二级考核、分配（见图 4-16）。

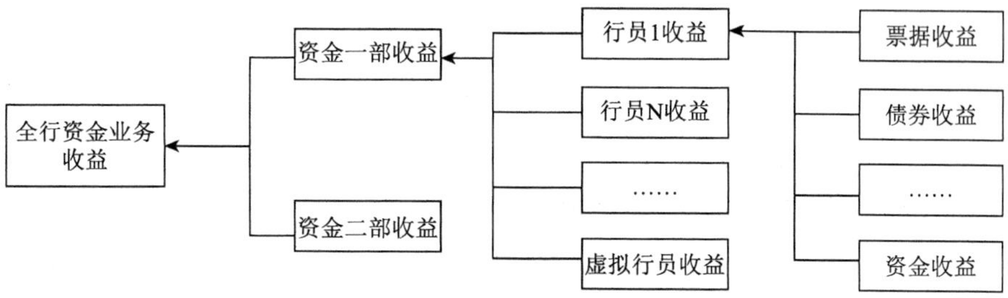

图 4-16　资金市场部利润核算方式

资金市场部门负责人年薪按月预发，根据部门净利润目标完成情况统算，完成率低于 50%的，除不享受年度考核的绩效外，还需向总行支付全年绩效的 10%作为未完成任务违约金。

（2）资产保全部门。资产保全部门的组织架构和考核办法与资金市场部门相同，其内部设置两个职能完全相同的部门——资产保全一部、资产保全二部，鼓励内部良性竞争，年初采用竞标制确定各部门相应考核目标。

资产保全部门实行分层清收，资产保全部负责人、部门人员、客户部门人员共同参与。资产保全部门负责人实行年薪制，与资金市场部门负责人考核形式一致，薪酬按月预发，年度根据部门创造的利润、清收任务目标完成情况进行统算。部门人员的清收奖励兑现是按清收实绩逐笔计价、按月核算兑付至部门资金池后，再进行二次分配。客户部门人员的清收奖励统一计算至资产保全部资金池，由资产保全部兑现至客户部门参与清收人员。

2. 条线“事业部”制考核模式

大丰农商行运营条线实行“事业部”制考核，由运营管理部统筹。条线考核对象包括综合柜员、厅堂主管、运营管理部二级中心人员、运营管理部管理人员（副职）及办事员四类。人员的基本保障工资、津贴、等级工资、业务量工资、岗位绩效工资、特殊岗位补贴等全部由运营管理部根据工资总额标准（即总行核定的条线薪酬总包）制定，部门日常运营费用、各网点印刷费、差旅费和公杂费也由运营管理部从条线费用池中列支，运营管理部需制订费用计划和预算。费用总额根据部门总经理竞聘中标金额按规定使用，全年统算，超支部分按比例等额扣减总经理薪酬。

综合柜员考核采用业务量计价制，多劳多得；厅堂主管考核履职情况，对所在支行离柜率及服务营销管理进行百分制考核；运营管理部二级中心人员主要考核业务量、履职及违规积分三项；运营管理部管理人员（副职）及办事员的考核与其他中后台人员相同。

另外，由于运营条线实行薪酬包干制，在人员定编后，需增加运营条线人员的网点，并承担新增人员的工资。总行借用运营条线人员，则工资由总行承担。

3. 支行“事业部”制考核模式

大丰农商行所有支行均实行“事业部”制考核，所有员工（含支行行长）被纳入单位考核。支行作为营销单位，通过各类产品营销从总行相应条线获取工资及费用，薪酬包由支行行长统筹管理，支行行长制定本单位考核办法，经管理部门审核通过后再对薪酬包进行二次考核分配。由于支行内部考核由各支行自行制定，每家支行考核办法可能不一样。因此，大丰农商行绩效考核系统支持每家支行配置个性化考核方案，保证考核时效，所有员工均能随时查看个人业绩及绩效。

支行“事业部”制考核是大丰农商行比较有特色的考核模式，与大部分农商行的考核模式差异较大，下面将具体分析大丰农商行“事业部”制考核是如何实现的，及其与农商行常用支行考核模式的比较。

（1）支行“事业部”制实现机制。如图 4-17 所示，总行根据业务发展需要，将整体的营销及管理费用按条线划拨到各业务条线部门，各条线单独制定考核办法，考核到各经营性单位（支行），考核资金来源于部门的条线考核薪酬费用资金池。而对条线部门的考核，同其他中后台部门，部门考核资金不从条线薪酬费用资金池中列支。

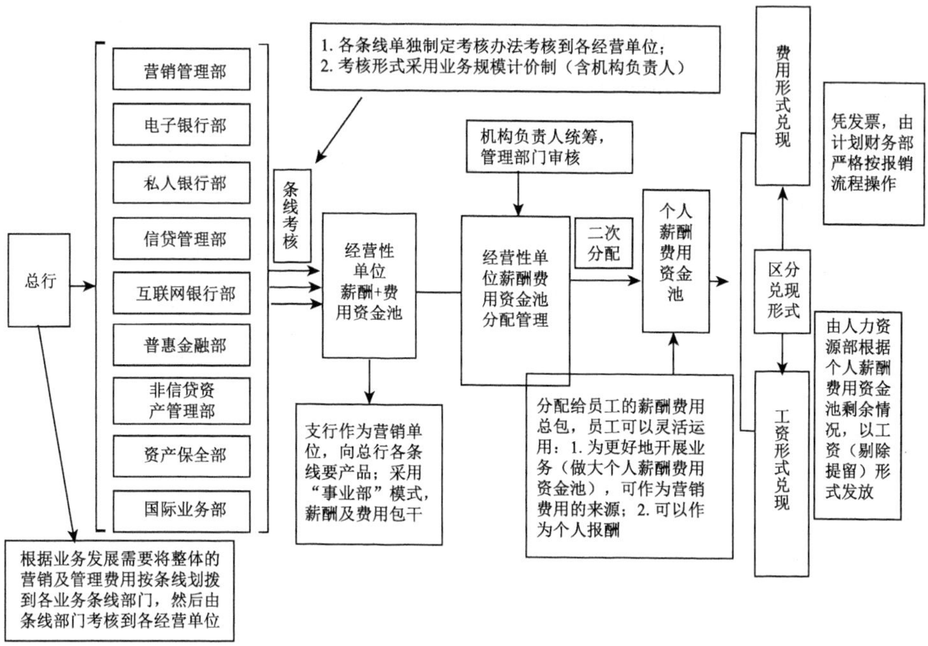

图 4-17　支行“事业部”制实现机制

考核的条线部门包括营销管理部、电子银行部、私人银行部、信贷管理部、互联网银行部、普惠金融部、国际业务部等，各部门负责相应条线产品的考核办法制定和薪酬费用使用。各条线薪酬费用独立，考核办法独立，强化了业务条线部门的管理水平。

业务条线对支行资金池的考核主要采用产品营销计价制，鼓励多劳多得。对支行的经营目标考核则与支行行长年薪挂钩，支行薪酬费用资金池下设支行行长考核资金池，用于支行行长考核资金兑现。支行行长年度绩效考核资金拆分成年度（40%）、季度（30%）和月度（30%）工资，根据年度、季度各项经营目标完成情况，将年度、季度绩效考核资金按比例兑付到支行资金池中；支行行长月度工资考核存款规模，根据年度目标的月度序时完成情况，将存款规模计价按比例兑付到支行行长资金池中，序时发放。

（2）支行"事业部"制与"垂直考核+二次分配"制比较。目前，大部分农商行对于支行的考核都是采用"垂直考核+二次分配"制的模式。从以下14个方面，对比大丰农商行支行"事业部"制考核与一般"垂直考核+二次分配"制考核模式的异同点（见表4-8）。

表4-8 支行"事业部"制与"垂直考核+二次分配"制考核模式异同点

比较项	"事业部"制考核	"垂直考核+二次分配"制考核
特点	总行对于各项业务根据支行业绩完成情况兑现到支行资金池，支行根据员工业绩完成情况进行二次分配	总行对于部分业务考核直接计价到员工，其余业务考核兑现到支行，再由支行进行二次分配兑现到员工
支行行长精力投入	以完成任务为目的的团队运营管理	以完成任务为目的的营销活动
支行行长管理水平	较高	一般，重点看垂直考核与二次分配比例，二次分配所占比例越高，对支行行长管理水平的要求就越高
系统支持	支持核算个人业绩	支持核算个人业绩
支行任务完成能力	较有利	一般
支行任务完成主力	团队集体努力	支行行长或个别营销能力突出的员工
总行对支行的管控力	一般	较强
条线管理水平	较高，侧重于对全行各支行的统筹规划	较高，侧重于各项业务单价的测算
重点激励的对象	团队、支行行长	行员
高绩效文化	强，既关注个人，也关注团队	强，更关注个人

续表

比较项	“事业部”制考核	“垂直考核+二次分配”制考核
总行条线管理	总行条线管理成本高、精细度高，侧重对条线客户、业务的综合统筹管理	总行条线管理成本高、精细度高，侧重对条线内各岗位员工的管理
匹配机制	支行行长竞聘，支行员工由支行行长双选双聘	支行行长、员工委派制
适合架构	矩阵式架构，强支行（块）的管理	矩阵式架构，强条线管理
共同点	1. 保障了考核的公平性 2. 在支行各条线，资源都会被统筹使用，不能支持精细化的条线成本核算 3. 支行行长是支行任务完成的关键性角色	

通过两种考核模式的对比，可以发现，支行“事业部”制考核注重团队整体主观能动性的发挥，对业绩的推动是更有利的，但同时对总行条线和支行行长的管理水平的要求也更高。

4. 部门“事业部”制考核模式

职能部门包括营销管理部、互联网银行部、电子银行部、普惠金融部、计划财务部等25个中后台管理部门。中后台管理部门又分为经营性管理部门（即业务条线部门）和非经营性管理部门。中后台考核资金来源以设立资金池的方式体现，下设费用计划池和绩效工资池。总费用计划池设在计划财务部，费用计划池来源于年初预算计划；总绩效资金池设在人力资源部，各部门再单独设置部门的绩效资金池、费用资金池、员工绩效资金池、员工工资资金池、员工费用池、员工提留池。根据部门KPI指标、关键性行为指标、评价指标等完成情况，每月考核资金至部门资金池，再由各部门负责人分配到员工，员工再对个人绩效工资进行工资、费用的分配。由于非经营性管理部门KPI指标无法按月度序时计算，非经营性部门先预支70%岗位绩效用于考核月度工作，年末再根据KPI指标的完成实绩进行全年统算。

四、项目建设效果与启示

大丰农商行是一家具有创新精神的银行，对于绩效考核模式的探索走在全国农商行的前列。大丰农商行在“事业部”制考核模式实践中积累的经验教训，给其他银行带来一定启发。

（一）取得的效果

大丰农商行实行“事业部”制考核模式对其经营、管理都产生了积极的影响，主要体现在以下三个方面。

1. 人均效能提升

大丰农商行“事业部”制考核的核心点在于“增人不增资、减人不减资”。通过“事业部”制考核，促进各营业机构及各部门提高执行力和工作效率，节约人工成本。2015—2019 年，人员增幅只有 9.7%，但资产规模几乎翻番。

2. 提高员工成本意识及自主经营意识

每个“事业部”作为一个独立个体，内部考核独立、薪酬费用包干，倒逼部门进行减员和节约费用，以最小的成本实现战略目标。以运营条线为例，条线考核资金包从 2015 年的 3300 万元下降到 2018 年的 2700 万元，还要完成柜员人均薪酬每年提高 5000 元的目标。在此考核模式推动下，目前大丰农商行的离柜率已经超过 90%。

3. 条线管理能力提升

配套组织管理模式，“事业部”制考核模式的落地运营，提升了各产品、渠道、机构自主经营的能力。条线部门自行制定考核方案、薪酬费用使用计划，倒逼条线部门履职到位，并且定期对考核效果进行总结分析，及时调整考核不当之处，促进了总行条线部门管理能力的提高。

（二）案例启示

任何改革都不会一帆风顺、一蹴而就，大丰农商行在“事业部”制考核改革的过程中也遇到一些问题，主要表现在内部二次考核效果不佳、改革初期条线绩效管理水平偏弱、人员定岗定编不到位。基于此，总结“事业部”制考核效果的关键影响因素包括以下三点。

1. 条线管理水平是保障考核导向实现的“指挥棒”

绩效考核是“指挥棒”，条线部门完全自主负责各条线业务考核，如果条线部门考核导向偏离，那么总行战略目标很难实现。因此，在条线“事业部”制考核模式下，对于条线部门的业务经营能力、薪酬计划能力、绩效管理能力均有较高要求。

（1）业务经营能力。条线部门作为条线业务发展、推动的管理部门，要能够制定符合总行的战略导向的业务推动政策、设计满足客户需求的个性化产品、策划丰富有效的活动方案、优化业务办理流程、提高效率等，促进总行的业务发展以及战略落地。

（2）薪酬计划能力。首先，条线部门需要对条线总的薪酬费用进行预算，确定月度常规考核薪酬包、阶段性活动薪酬包、临时或专项冲刺薪酬包的分配比例；其次，对每块薪酬包进行相应的价格测算，根据任务目标确定奖励标准，避免薪酬发放与经营目标完成情况不匹配的情况，最重要的是，要能体现业务发展导向，符合总行战略目标，促进业务结构优化，保障战略落地。

（3）绩效管理能力。条线部门对支行的绩效管理工作不能仅仅停留在绩效考核层面，更需要向全面绩效管理方向深化，加强对支行员工的过程辅导以及结果评价，发现考核不足后调整策略，提高员工对于考核制度的理解和认可度，激发员工活力，从而促进业务发展。

大丰农商行营销管理部每季度会召开绩效分析会，宣讲考核制度并答疑解惑。总行每年组织召开全行级绩效分析会，参与人员包括行领导、天维信息考核专家、条线部门、支行代表等。条线部门会对当年考核情况做详细分析，找出问题并提出解决方案，外部专家也会针对问题提出建议。此项机制有利于完善考核制度，提高绩效管理的适应性。

2. 避免考核平均主义

各支行、各部门内部员工的考核均依赖于单位负责人制定考核办法，因此中层管理者能否合理使用考核资金、制定内部考核办法、激发团队活力对于全行的业绩推动至关重要。

（1）内部资金管理。内容资金管理主要针对支行而言。大丰农商行实行薪酬费用包干制，支行资金池中薪酬、费用配比由支行行长决定。如果支行行长薪酬计划及管理能力不强，就很容易出现支行公共费用留存多、影响行员工资或者支行费用留存少、客户维护费不足的情况。因此，支行行长对支行资金池的管理对于行员薪酬满意度以及支行业务推动很重要。

（2）内部考核管理。支行和部门的资金池是通过内部的二级考核分配至员工个人的，因此对中层管理人员的绩效考核能力有较高的要求，如果未制定科学合理的二级考核办法，很可能出现内部平均，又回到吃“大锅饭”的时期，影响员工积极性，阻碍业务发展。

3. 人员定岗定编是促进“事业部”制考核效果提升的关键

在“增人不增资、减人不减资”的考核理念下，各部门、支行的岗位编制应是合理的，符合单位业务发展需求。如果在核定部门或支行薪酬包时，并不是根据单位所需岗位核算，而是根据单位目前在岗人数核算，那么在没有合理的人员定岗定编情况下，很容易造成各单位与考核部门之间的矛盾，影响考核效果。

（供稿人：陈尔兰、徐冠华）

案例15　夯实业绩基础，助力安吉农商银行转型发展

2005年8月15日，时任浙江省委书记的习近平同志在湖州市安吉县余村考察时，首次提出了“绿水青山就是金山银山”的科学论断。处于“两山文化”的发源地，安吉农商银行紧跟安吉政府走生态经济发展之路，将理论转化为实践，成为全国绿色金融发展典范，每年有多家行社、单位到安吉农商银行考察、学习先进经验。经过多年的发展，安吉农商银行结合自身发展及具体情况，运用绩效考核手段，取得了长足进步。业绩管理体系作为考核到人的基础，在银行绩效考核体系建设中具有重要地位。本部分以天维信息在浙江省湖州市安吉县安吉农村商业银行的业绩基础体系建设为例，剖析业绩基础建设的重要性及其带来的良好效果。

一、项目建设背景与历程

安吉农商银行在与天维信息合作期间，绩效考核建设效果突出，其绩效考核项目为浙江省标杆项目之一。安吉农商银行构建了适用的绩效考核系统，实现了数据管理自动化，同时对普惠金融、经济附加值、模拟利润、价值观等理念在绩效考核领域的应用进行了创新性的探索。

安吉农商银行位于浙江省湖州市安吉县，于 2013 年 12 月改制成立，前身是安吉县农村信用合作联社，现有注册资本 6.47 亿元，下辖营业网点 40 家，遍布各个乡镇，是安吉县金融业中网点覆盖最广、存贷款规模最大、服务客户最多、就近办理业务最方便的金融机构。近年来，在社会各界的大力支持下，各项业务取得跨越式发展。截至 2017 年末，各项存款余额达 211 亿元，各项贷款余额达 132 亿元，分别占全县银行业金融机构相应总量的 40% 和 27%，位居全县银行业之首。“富润竹乡、普惠四方”，作为安吉地方法人银行，安吉农商银行始终坚持服务县域经济发展，牢记服务“三农”和支持实体经济发展的宗旨，认真贯彻执行国家发展普惠金融的战略规划，加快推进管理体制改革和经营机制转换，健全多层次金融服务供给体系，通过不断提升自身金融服务水平，为地方经济发展做出了较大贡献，获得了上级管理部门和社会各界的广泛好评。安吉农商银行先后获得了中国人民银行总行颁发的全国“改善农村支付服务环境先进集体”，省政府颁发的“省级文明单位”“支农支小先进单位”，省银监颁发的“小微企业金融服务先进单位”，省农信联社颁发的“业务成长十佳银行”、“普惠金融先进单位”、“全省农信系统优胜单位”、“支持三农特色服务标杆行社”和“2017 劳动竞赛”全省农信系统第一名等荣誉称号。

天维信息与安吉农村商业银行合作的“安吉农商银行绩效考核系统建设项目”于 2015 年末正式启动。在总行领导班子的大力支持以及全行员工的积极配合下，制度建设、存量业绩清理、功能需求细化、系统开发实施、业绩单价测算、制度培训宣讲等各个环节按原定计划顺利完成。2016 年 8 月中旬，系统正式上线并兑现绩效工资。2017—2019 年，天维信息每年开展一次效果评估，系统性评估安吉农商银行上一年度绩效考核体系的各项薪酬情况、使用情况、行员满意度等，同时对安吉农商银行下一年的考核进行总体规划。多次效果评估的目标是建立适合安吉农商银行发展的、科学有效的绩效考核体系以及绩效考核文化。天维信息开展的效果评估工作具有重要作用，通过效果评估进行计划、执行、评估、改进、再计划的循环执行，可以使整个绩效考核体系更富有弹性，实现组织和环境的动态协调。

二、业绩管理体系的基础

业绩基础体系作为“1331 思维体系”中最根本、最基础的内容，是客户打造绩效考核体系时必不可少的重要组成部分之一，即打造既符合行内具体实际，同时又满足发展需求的业绩关系管理体系。对银行来说，绩效考核首先要实现业绩统计到人，同时对存量、增量进行精确区分与计算。业绩基础体系的建设，首要目标就是解决这个难点问题。

（一）业绩管理体系的基础构成

经过项目组的创新设计、结果检验后，形成一套成熟的、基础性的业绩管理体系，用以解决业绩管理问题，实现对业务全面覆盖、绩效考核系统自动化以及人员转移交接业绩等功能的体系化支撑。业绩管理体系由以下五部分组成（见图 4-18），要解决的问题分别是：①业绩预约，即事前预约、自动匹配到人；②业绩认定，即匹配预约、即时录入、自动匹配、数据导入；③业绩调整，即事中、事后根据营销行为，业绩据实维护到实际营销人；④业绩转移，即跨机构、换岗位、离职后业绩转移；⑤业绩申诉，即协调、解决业绩疑问。

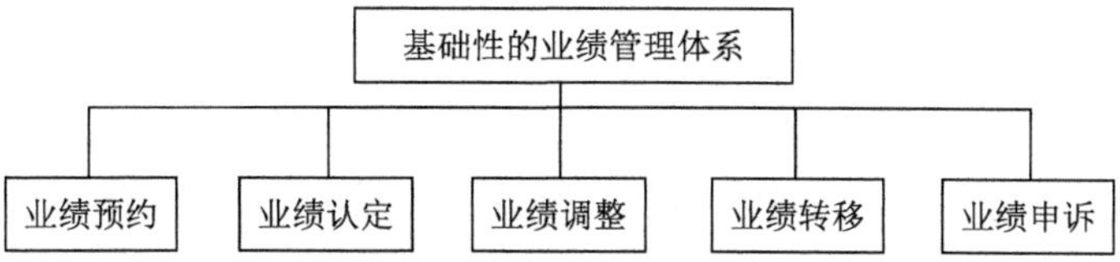

图 4-18　基础性的业绩管理体系

（二）合理的业绩存增结构（存量清理）

涉及业绩基础的管理规则方面，必将涉及另一个关键内容，就是对于已有业绩如何划分（见图 4-19），也就是说，在绩效考核体系建设阶段会进行“存量清理”的工作。顾名思义，“存量清理”是将需要交由专人维护的存款、贷款、电子银行、中间业务等明确分配到人。简单地说，“存量清理”就是将行内已有业绩再次明确业绩关系，梳理行内业绩结构、行员业绩构成，将客户维护关系定位到具体行员，让行员有营销对象，解决行员尤其是综合柜员不知道找谁营销的问题。

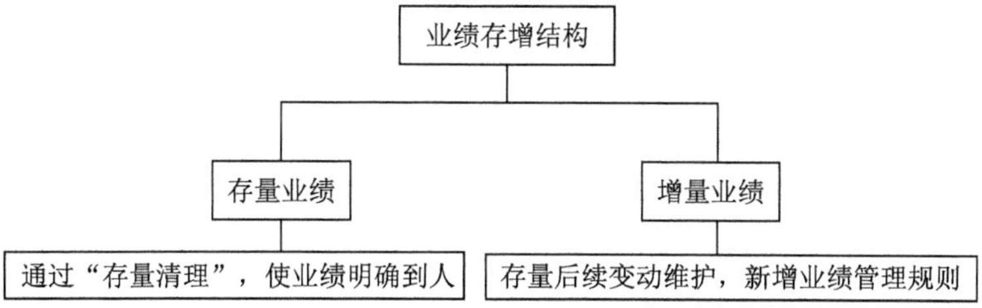

图 4-19　业绩存增结构

三、项目建设方案

以安吉农商银行建设业绩基础这一具体案例，解析如何构建符合自身情况的业绩基础体系，其建设的基本依据与思路体现在以下两个方面。

（一）项目需求确认

根据安吉农商银行2016年访谈、座谈、问卷分析、考核结果数据，项目组梳理出行内的现状以及发展规划。经过与行领导的访谈、对中层和基层人员的调研，确定具体实施条件。具体工作中项目组掌握以下情况：①行方关心客户经理调动的业绩分配转移规则，如其自身营销的存款、分配的存款、派生存款、贷款等业绩。目前情况是，客户经理管辖村下的村民，其身份证下的所有存款都是由这个客户经理维护。②支行价值客户由专人维护，降低优质客户价值客户的流失风险。③支行行长在业绩分配上倾向于客户经理。在二次分配上，由于支行效益相差太大，导致柜员之间工资差异较大。④行方关心客户经理调岗之后的业绩转移问题，建议调岗之后，设立保护期机制，可以在后续几个月继续获得绩效考核奖励。在贷款认领方面，由于户数很多，对私客户经理的认领工作量繁杂，希望绩效考核系统可以实现自动化。⑤如何对业务基数进行调增调减，以做好工作的延续。比如，A客户经理业绩做得很好，调岗之后，由于A客户经理的业务基数很大，接手的B客户经理第二年压力很大，希望绩效考核系统对这一块可以进行优化。⑥地方区域影响大，由于季节性问题或其他原因，支行时点存款过高，基数过大，导致第二年“开门红”的时候，考核结果不理想，希望绩效考核系统能对此进行改善。⑦支行公共资源的价值客户、优质客户暂时没有维护到个人，可能导致客户流失。同时，在业绩转移、行员调动上也没有明确的制度支持。行方希望在存款存量认领方面，客户经理认领比例高于柜员，同时客户经理等级高，工资也高。

按照行内发展战略及行领导风格，最终确定考核规划导向为：①在主体绩效考核框架下，满足未来的业务发展需求，向一线营销条线倾斜，引导综合柜员向营销经理、客户经理、理财经理转变。②组建“机构+团队+个人”的综合考核体系。③实现系统“T+1”展示，业绩情况即时呈现。考核到个人，减少手工统算，实现系统自动化。④行员层面实现全员营销，全员对业绩增长负责，提升客户忠诚度。⑤解决存量客户资源维护的问题，实现用户维护，防止老用户的流失，挖潜新增存款。

（二）需求解析及执行

根据原始材料、需求情况，判断安吉农商银行当前处于考核四阶段的精细化考核阶段。从管理、文化、制度、软件四大体系入手，建设一套完整的、科学的业绩转移规则。项目组按照不同业务设计业绩基础体系方案。

1. 存款业务

在项目建设初期，存款管理缺乏一定的数据支撑，客户维护未区分地域，存款维护以行员自主申报进行，存在总行下年存款任务都是基于上年基数、按照一定增幅进行分配、受地区差异影响较大，行员层面同一客户多人维护的问题。

考核规划方面，希望能够解决存量客户资源维护的问题，提高行员拓展新客户积极性。当发生人员调岗、调换机构、离职的情况时，需要把行员名下的存款业绩转移到支行，由支行分配到专人维护。特别是对于同机构内发生岗位变更的，需要对岗位对应的客户维护进行再次确认，避免由于维护不及时、工作内容变更等造成客户流失。

在执行过程中，经过讨论后，最终从以下三方面入手：第一，对存款进行分类，区分为自营存款、管户存款、虚拟行员存款（虚拟行员的设置，主要用于归集认定不到个人的公共业绩或自然增长业绩）。在“支农支小、服务‘三农’”的发展战略下，结合不同年限存款对该行效益的影响，最终确定将存款分为定期储蓄、定期对公、活期储蓄、活期对公四种类型，通过自营存款、管户存款的方式进行管理，进行差异化定价，结合绩效考核辅导，真正发挥绩效考核“指挥棒”的作用。自营存款指的是能明确认定谁是客户的开发人，目前主要由该员工进行管理维护，其他员工无异议且经支行行长确认的存款账户。管户存款指的是以价值客户标准区分交由专人维护的支行公共资源存款账户。对于未分配到人进行维护的相对价值较低的支行公共资源存款账户，分配到支行虚拟行员处进行维护。第二，采取存量清理，以机构为单位对存量存款进行梳理，遵循“先总行后支行、先独立营销后公共资源”

的思路。先将独立营销的自营存款认定到人，后匹配贷款户存款。存量清理对于维护客户、防止老客户流失、挖潜新增存款具有很好的促进作用。第三，将依据“二八原则”确定的价值客户分配到专人进行维护，剩余部分归入虚拟行员业绩。为避免维护金额太大导致行员业绩受到较大影响，适当将行员名下管户存款的一定比例计入开户机构，分摊风险，避免行员一直处于“补洞”的消极情况中。同时，根据营销、维护等实际情况，对于由总行营销、机构营销落地到支行的各项特殊类存款，分摊比例计入落地网点。

经过以上三方面调整后，最终决定对后续新增存款业绩的维护采取预约申报制。安吉农商银行的存款业务采取预约制实现，主要有两方面的作用：一方面，解决存量客户资源维护的问题，更好地支撑行员营销新业绩；另一方面，从客户管理的角度，使员工能更好地了解客户需求，从而提高客户的依赖性和信任度，有助于维护客户。

“无规矩不成方圆。”总的来讲，从存款业务的考核调整可以看到，绩效考核工作的推进首先面临的问题就是业绩关系混乱，存在行内同一客户多个账户多人维护或人员跨机构维护多笔业绩的情况。为了解决这个问题，在充分考虑发展、实际营销的情况下，制定系统匹配归属的优先顺序，确保价值客户不流失、全行业绩稳步增长。

2. 贷款业务

安吉农商银行 2016 年的贷款已实现按笔计到人，考核规划层面希望提升客户经理维护客户能力，实现扩面增质。

根据具体情况进行充分讨论后，项目组与行方共同制定规则，将系统贷款业绩关系录入新系统，后续新系统针对贷款只会从核心系统取一次数据，移交之后绩效考核系统以借据为标准记录业绩的转移，从而实现自动认领和分配，以减少工作量。对于不良贷款的处理构建两套关系，一套是业绩关系，一套是责任关系。当发生人员调岗、调换机构、离职的情况时，需要对行员名下的贷款业绩进行转移。

在贷款的转移方面，其运用具有创新性，增加了贷款转移后业绩递减的规则。主辅调查岗的贷款业绩按照业绩递减方式进行业绩转移指派，贷后管理岗将其管户绩效进行 100%的转移。

3. 电子银行业务

安吉农商银行 2016 年的电子银行管理情况为业绩统计到机构，未明确到人，规划层面希望将电子银行业务维护到人，在拓展新客户的情况下，提升电子银行业务质量，考核有效电子银行客户，形成“新拓展+有效奖励”的绩效薪酬构成。当发生人员调岗、调换机构、离职的情况时，需要把行员名下的电子银行业绩转移到支行，由支行分配。

在具体执行中，采取了存量清理、新增业绩认定、后续不断优化的措施，基本实现了电子银行业绩系统自动处理，个别无法通过条件判断或需要手工确认的数据由专人进行维护。

四、项目建设成果

一份好的业绩基础规则需要通过科学的方式实现。项目组在确定业绩基础规则时，也经历了收集需求、对症下药、规划实施、运营保障的四个环节。安吉农商银行业绩基础体系建设以天维公司的实施经验总结（即基础性业绩关系管理体系）为蓝本，根据该地区具体情况、自身发展规划进行了差异化和个性化的调整，最终制定出一套合适、实用、有效的业绩关系管理体系。安吉农商银行业绩基础体系分为业绩预约、业绩认定、业绩调整、业绩转移、业绩申诉五部分内容。

（一）业绩预约

业绩预约主要通过绩效考核 10 系统实现，通过 PC 端或手机端进行事前预约，在预约后的 1~5 天对被预约客户办理业务的情况进行匹配，保证真实营销能够直接归属到对应营销人。通过事前在系统内录入预约信息，实现系统预约匹配，一方面保证了真实营销，另一方面也实现了系统“T+1”显示，让行员能够及时看到自己的业绩完成情况，激发行员的工作积极性。

（二）业绩认定

业绩认定主要是指根据事先预设的规则由系统将部分指标结果直接认定到人。此部分业绩需要根据行社自身情况灵活制定。以安吉农商银行为例，如贷款指标，基本无须预约，通过匹配新增贷款信息中的第一责任人作为贷款管户人即可解决；如机构经济效益指标，需按月导入每月的经济利润，最终输出结果；如无法通过数据匹配到对应人员的行内单独个性化指标，采取系统内部即时认领的方式进行录入。通过以预约为主，辅以系统匹配、手工导入的方式，确保新增业绩能够归集到相应的营销人员名下。

（三）业绩调整

业绩调整是指当业绩归属到实体或虚拟行员后，可能出现部分未预约的内容，按照谁营销、谁受益的原则，提供业绩调整功能，在限期内进行事中或事后认定，根据营销行为将业绩划分给对应人员。

（四）业绩转移

业绩转移是指当行员发生岗位调整、机构变动、离职内退等情况时，将该行员名下业绩进行批量转移的操作。设计业绩转移的出发点是为了保障对客户的服务品质，提升客户忠诚度。以存款为例，在划分存款类别后，对于行员自主营销的存款，由行员在该行内进行维护；对于行员借助行内资源营销的存款，以管户存款的形式将业绩归属到支行，再由支行将该业绩交由参与营销的行员维护；当行员发生岗位调整等情况时，客户维护面临不及时、不到位的风险，则转移给其他行员维护相关客户。

（五）业绩申诉

业绩申诉是指行员或支行对于行员名下业绩分配存在异议时，从工作流程上对业绩做出调整的规定。业绩申诉主要包括员工发起和支行发起两种方式。这两种方式主要针对两种情况，一种情况是信息不对称、反馈不及时导致行员营销的业绩默认归属于其他行员，需要对业绩据实进行调整；另一种情况是，当行员未能或者短期内无法很好地维护客户时，由支行发起业绩申诉将部分业绩转给其他人员进行具体维护工作。

五、项目建设效果与启示

安吉农商银行以业绩管理为基础，构建“机构+团队+个人”的综合考核体系。2016 年考核系统上线后，2017 年绩效考核系统建设卓有成效。具体体现在：第一，业绩层面，各方面业绩良性发展，各项业绩同比增速提升明显，与行内发展战略、方向高度契合，有力促进了业务发展。第二，绩效考核方面，充分发挥了绩效考核“指挥棒”作用，在很大程度上调动了各类岗位的营销积极性，达成整体建设目标，绩效改革效果显著。第三，行员价值观提升，行内从考核指标、培训宣传等多种形式入手提升行员价值观，如 2017 年举办以“绩效考核”为主题的内训师大赛，让绩效考核深入人心，树立行员“多劳多得”的奋斗意识。第四，塑造安吉农商银行品牌，不断提升影响力。2017 年 10 月，安吉农商银行举办了浙江省区域交流会，其区域影响力不断提升。2017 年至今，不断有全国各地兄弟行社到访，交流学习绩效考核管理经验。

安吉农商银行业绩基础体系构建及后续工作整体取得的良好效果，给我们带来多方面的启示。

首先，坚持发展战略，稳中求进，建设绩效考核体系。安吉农商银行制定了《浙江安吉农村商业银行股份有限公司绿色金融五年发展规划（2017—2021 年）》，对不同阶段的各项工作重点及目标有明确的定位。银行绩效考核体系的建设是一个持续的过程，需要多年的逐步推进。安吉农商银行从三个阶段、四大体系入手，在管理体系、文化体系、制度体系、软件体系方面持续发力，推进行内绩效考核管理水平不断提升。

其次，深化绩效考核，建立配套运营体系。让绩效考核体系充分发挥作用，“三分打造、七分运营”缺一不可。再好的绩效考核体系，如果不能落地，都是空谈。安吉农商银行绩效考核取得成效，并不是单纯个人的努力，而是全行共同努力的结果。在项目伊始就构建了由行领导主导，牵头部门、各部室、各支行、各分理处参与的“一纵一横”绩效考核运营体系。安吉农商银行“一纵一横”体系的良好运行，是保障绩效考核取得效果的重中之重。在实施层面，行内组建了有效的绩效考核管理团队，培养绩效管理专家，定期组织绩效考核学习活动，建立畅通的沟通反馈机制，保证绩效考核知识传导到每个行员；同时以“效果”为中心，定期举办员工座谈会、员工绩效工资分析会、效果评估、制度调整等项目管理活动，对绩效运营体系进行全年跟踪，保证绩效管理落实到每位员工，在每位员工身上产生效果。

最后，从安吉农商银行项目业绩基础建设来看，所谓最好的绩效考核体系并不是最先进的，而是最适合银行现状并满足后续发展需要的；绩效考核体系随着银行发展、战略导向、企业文化等基础不断变化。以效果为中心，构建自身的绩效考核体系。绩效考核的根本目标是实现银行战略发展目标。在该案例中，安吉农商银行未来3~5年的发展规划是明确的，绩效考核是发展规划中很重要的一环，同时也承担了从战略层面落实到具体行为的实施、引导作用。

总结安吉农商银行的成功经验，如果我们要建设业绩基础体系，充分发挥绩效考核的“指挥棒”作用，那么可以从三方面着手：一是明确绩效考核战略导向。结合安吉农商银行领导班子对该行的规划以及实际情况，制定与该行战略发展规划紧密联系的3~5年绩效运行规划。二是绩效考核设计落地。绩效考核的“四驾马车”分别是岗位设计、营销行为、绩效考核与薪酬设计，通过四方面内容的实施保证考核产生效果。在安吉农商银行业绩基础体系建设中，通过人力资源体系对各岗位薪酬水平、营销行为、岗位职责的确立，以及人员发展渠道的设计，最终制定出可落地的业绩基础规则。三是绩效考核文化建设。一个良好的企业发展一定具备积极向上的企业文化，绩效考核文化的建设在该行的发展中起着不可或缺的作用。

在绩效管理探索和实践的进程中，业绩基础的建设只是构建银行绩效考核体系的起点，没有终点，我们永远在路上。

（供稿人：王亚琨）

案例 16　天津滨海农村商业银行以优化人力资源促绩效改革

随着经营活动的开展，天津滨海农村商业银行逐步意识到人力资源管理体系对于商业银行业务发展的重要作用。为了更好地支撑战略目标落地，更好地完成经营任务，从而实现领跑人才管理时代的目标，该行针对原有人力资源管理体系进行优化，并在优化过程中构建与人力资源管理体系相辅相成的绩效考核体系。在量身打造人力资源管理体系的同时，配套了独具天津滨海农村商业银行特色的绩效考核制度体系，打通了战略落地“最后一公里”。

一、项目建设背景与历程

（一）项目基本情况

天津滨海农村商业银行股份有限公司（以下简称“天津滨海农商行”）于 2007 年 12 月 24 日经中国银监会批准设立，2011 年底被纳入市管金融企业，是一家以国有股权为主导、外资和民营企业参股的混合所有制现代商业银行。截至 2019 年底，股本总额 90. 99 亿元，其中，国有股份占比 68. 3 5%，民营股份、外资股份与自然人股份共占比 31. 65%。天津滨海农商行是全国首家在异地设立分支机构的农商银行，是全国首家总部坐落于天津滨海新区的商业银行，是全国首家发行符合巴塞尔Ⅲ标准二级资本债的商业银行，是全国首批 6 家信贷资产证券化试点农商银行之一。在英国《银行家》杂志公布的 2018 年全球 1000 强银行榜单中，按照一级资本排名，列第 507 位，在国内银行中列第 86 位。截至 2019 年底，全行资产总额 1640. 62 亿元，负债总额 1487. 09 亿元，设立营业网点 104 家，覆盖天津市整个辖区并辐射新疆和浙江，拥有员工 2490 人，平均年龄 35. 3 岁，本科及以上学历员工占 89. 2%，设有博士后科研工作站，并发起设立天津北辰村镇银行，参股天津长城滨银汽车金融公司和河南南阳村镇银行。

（二）项目建设历程

随着经济的发展，人才管理对于业务发展的重要性日益凸显。天津滨海农商行意识到，如何有效地激励员工发展业务，如何将战略目标层层传导至全行员工等问题的重要性。2018 年 7 月，天津滨海农商行与天维信息合作，开展绩效规划咨询项目，从咨询诊断的角度出发，发现绩效制度体系中存在的不足与员工激励存在的阻碍，并获得全行一致认同。2018 年 11 月，该行正式开展数据服务工作，打造符合自身特色的绩效考核制度体系。2019 年 3 月，该行通过人力资源管理咨询项目，对组织体系、职级体系、薪酬体系进行全面优化。

二、人力资源管理体系优化思路

优化人力资源管理体系首要的是对银行自身进行全面诊断，只有进行诊断才能找到问题并对症下药。通过诊断，发现如下问题。

（1）组织体系方面。虽然该行具备一定考核基础，但在部门职责及岗位职责分工上存在职责重叠、交叉等现象，无法做到高效地履职；同时，中、后台人员较多而业务人员相对较少，全行人员结构需要优化。

（2）职级体系方面。行员的晋升通道狭窄，主要通过管理通道晋升；同时，晋升标准单一，主要依据学历和工龄。整体来看，该行晋升机制有较大的优化空间。

（3）薪酬体系方面。薪酬结构设计存在优化空间，且对岗位价值及行员能力等付薪要素考虑不够，导致薪酬的内部平衡性不足；部分岗位薪酬的外部竞争性不足，难以吸引核心外部优秀人才。整体来看，薪酬作为一种激励和保障的手段，想要更好地发挥其作用，需优化薪酬体系，包括优化与完善薪酬体系的设计和配套制度。

结合诊断发现的问题，该行明确了人力资源管理体系优化的重点和方向。

（1）组织体系方面。梳理全行的部门架构设置和岗位设计、梳理部门职责及岗位职责，同时对全行人员结构进行优化，缩减管理层级及管理人员数量等。

（2）职级体系方面。基于岗位价值及岗位性质重新划分岗位序列，设计“管理+专业”双通道的职级体系，设计科学的晋升机制等。

（3）薪酬体系方面。设计基于岗位价值、个人能力和业绩的薪酬体系，包括优化薪酬结构，薪酬要向重点业务及重点岗位倾斜等。

三、人力资源管理体系优化方案

根据上述优化的基本思路，人力资源管理体系具体优化方案如下。

（一）组织体系优化

1. 部门架构及岗位设置、人员编制优化

在部门内部架构的设置上，天津滨海农商行根据不同的职能划分不同的团队，如人力资源部内部划分为薪酬与绩效管理团队、综合及培训管理团队、人事工作团队，各团队设置不同的岗位。每个部门都设置了综合管理团队负责综合性事务工作，且较多部门又分为较多的团队，导致团队规模较小。经统计发现，超过一半的部门团队人数不到 6 人。在岗位设置上，基本上每个团队都有综合管理岗、纪检监察岗、党务工作岗，后勤类岗位设置较多。

基于管理幅度、沟通效率与效果、职责分工情况等因素对团队数量、岗位设置与编制进行优化。通过对该行的人力资源部进行分析，发现总行人力资源部总人数按行业标准比例配置，且在扣除分支机构人力资源岗位员工的编制后，总行人力资源部总编制相对合理；同时，需对人事工作团队和综合及培训管理团队的职能划分进行整合。由于人才培养发展越来越重要，将综合及培训团队中的培训职能独立出来，成立培训发展团队；将综合职能整合进人事工作团队中，成立人事综合团队。在岗位设置上，保留党务工作岗位及纪检监察岗位，将其设置成兼职岗位，一般由综合管理岗承担其职责。

2. 部门职责及岗位职责梳理

天津滨海农商行原有部门职责存在交叉等问题，且部分工作分工存在不清晰的情况，因此需对部门职责进行重新梳理及优化。梳理部门职责时，将部门职责按照一级职能、二级职能、三级职能逐步进行分解，形成部门职责说明书；梳理岗位职责时，将部门职责分解成岗位职责，常用分解工具是ARCPI（即A批准；R负责；C咨询；P参与；I知会）职责分解工具，将部门职责分解到各个岗位，形成岗位职责分解表，最终根据职责分解内容形成岗位职责说明书。

（二）职级体系优化

梳理组织体系后，随之开展符合该行实际情况的职级体系设计。该阶段主要工作包括岗位序列划分、职级体系设计、职级任职标准方案设计。

1. 岗位序列划分

将该行原有职务序列、专业序列、技能序列、销售序列四大序列划分为管理序列及专业序列，专业序列下划分为八大序列，各序列再进行相应的类别划分，如表4-9所示。

表4-9 全行专业序列划分

序号	岗位序列	岗位类别
1	金融投资序列	同业业务类
		投行业务类
		……
2	业务管理序列	产品研发类
		业务管理及营销类
3	风险合规序列	风险管理类
		内控合规类
		……
		……

续表

序号	岗位序列	岗位类别
4	信息科技序列	系统开发类
		运维类
		信息安全类
		……
……	……	……

2. “管理+专业”双通道职级设计

该行晋升通道单一，员工的职业发展通道仅有行政职务晋升的途径，且同时进行职务晋升的人数有限，导致大部分员工长期得不到晋升，打击了员工的积极性。因此，为了拓宽员工的职业发展空间和晋升通道，促进人才的培养，设计了“管理+专业”双通道的职级晋升体系。

由该行的职级体系可看到（见图 4-20），在管理序列上划分为五个层级，专业序列上划分为 6 个层级，即从助理、初级、中级、高级、资深到专家。员工既可在管理序列上实现晋升发展，承担管理角色，体现自己的管理能力，也可在专业序列上晋升发展，在自己的专业领域深耕。“管理+专业”双通道的职业发展通道设计让员工有了其他晋升方向，拓宽了员工的发展空间。同时，由于岗位序列的不同，其职业发展通道也会有所不同，如个别岗位序列的最高职级仅到高级。

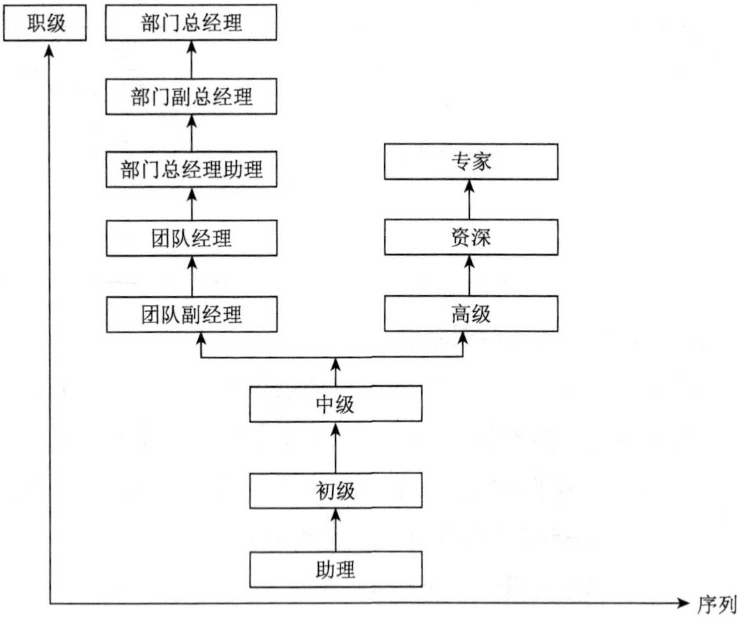

图 4-20　天津滨海农商行总行职级体系

3. 职级评定与晋级

（1）管理序列的评定与晋级。一般来说，商业银行管理序列的评定与晋级是与干部管理相关的工作，由组织部牵头负责。因此，组织部会出台管理序列晋升办法，包含各个层级晋升的基本要求、基本条件、晋级条件等；同时，需要通过竞聘等方式，确定最终能否获得晋升。

（2）专业序列的评定与晋级。专业序列的职级评定包括基本任职资格及晋升条件。各职级基本任职资格包含学历与下一职级任职年限两个因素，员工需达到各职级晋升的基本任职资格后，才能提出晋级申请，如表 4-10 所示。

表 4-10　商业银行职级任职资格要求

职级	学历	下一职级任职年限
专家	硕士及以上	任资深职级的年限≥3 年
资深	硕士及以上	任高级职级的年限≥3 年
……	……	……

当员工提出晋级申请后，将从晋升条件判断员工能否获得晋级，分别从学历、工龄、现任职级年限、专业知识及绩效考核得分五个方面进行评定，根据综合得分判断是否获得晋级。

（三）薪酬体系优化

随着时代的发展，人力资源管理的质量也随之提升。为了发挥薪酬的效果，新的薪酬支付理念正被越来越多的人接受，该支付理念指的是薪酬设计时，需考虑个人的职位（position）、个人的能力（person）、个人的绩效（performance）以及外部市场（market），总结起来就是3P1M，如图4-21所示。

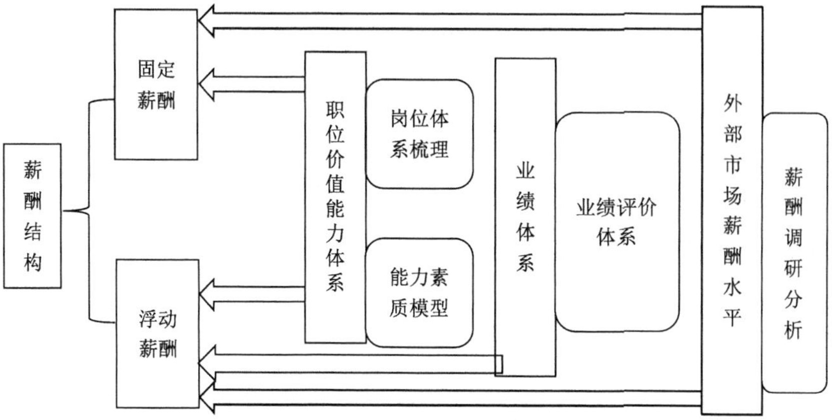

图4-21　基于3P1M的薪酬体系

在进行薪酬体系优化时，该行结合现状设计一个基于3P1M的薪酬体系。下面介绍该行薪酬体系优化的重点内容。

1. 制定薪酬策略

在制定薪酬策略前，一般来说，需要进行同业外部市场薪酬水平调研，明确在同业中同样职位、同样级别的薪酬水平。根据对外部市场薪酬水平的了解，制定薪酬策略，如领先型、跟随型、滞后型或混合型等。而天津滨海农商行在薪酬策略的制定上，总体的导向是薪酬要向前台人员、一线人员倾斜，通过岗位系数的设计体现。

通过设计岗位薪酬系数，薪酬系数与薪酬水平挂钩。将机关部室划分为前台、中台、后台，不同类型的部门设计不同的薪酬系数，通过薪酬系数的差异体现岗位的价值差异，最终体现在薪酬差异上。另外，专业序列员工的薪酬系数不只受所在部门类别的影响，还受所在岗位序列的影响，各岗位序列也会根据岗位价值的不同设计不同的薪酬系数。

2. 优化薪酬结构

薪酬结构包括薪酬薪级、薪酬带宽和统一薪酬固浮比的设计，具体如下。

（1）薪酬薪级与职级设计数量一样，薪级与职级一一对应，各级别均设计 5 个薪档。

（2）薪酬带宽。薪酬带宽会受职位层级的影响，一般来说，职位层级越高，薪酬的带宽越大，这是因为级别越高，越体现由能力的差异带来的价值贡献的差异。但是，在具体设计薪酬水平时，还需要综合考虑现有人员的薪酬水平，考虑能否把现有人员的薪酬水平套入新的薪酬体系之中。

（3）统一薪酬是由基本薪酬+绩效薪酬构成的。

（4）薪酬固浮比。按照以下原则进行设计：区分前台、中台、后台类人员，各类人员的固浮比不同，该行管理序列固定薪酬比例设计如表4-11所示。

表 4-11　管理序列固定薪酬比例设计

薪级	前台部室管理序列人员	中台部室管理序列人员	后台部室管理序列人员
5	X_1	Y_1	Z_1
6	X_2	Y_2	Z_2
7	X_3	Y_3	Z_3
……	……	……	……

3. 薪酬套改

薪酬套改的目的是判断设计的薪酬水平是否符合预期，并进行修改和调整，同时在实施过程中确保新旧体系能够平稳过渡。

薪酬套改时，有的商业银行会采取就高不就低的方式套入，有的则需要设计初始套改模型，将现有人员按照一定规则和标准套入新的薪酬体系中，确定每个人的薪级和薪档，并测算薪酬总额相较于旧薪酬体系的增降幅度。该行在设计套改模型后，若按照规则套入，会导致员工薪酬变动幅度较大。为了尽可能降低薪酬实施的阻力，采取就近套改的方式，即将人员原有薪酬水平套入最接近的薪酬水平所在的薪级与薪档。

4. 薪酬测算与分析

为了保证薪酬体系套改设计的合理性，需进行薪酬的测算与分析。

（1）薪酬测算。进行薪酬测算时，要看薪酬变化幅度是否符合预期。

（2）个人收入年度变动情况分析。统计与各个变动幅度对应的人员数量并分析降薪和涨薪的原因。经验表明，在薪酬改革过程中，若人员薪酬变动范围在30%以内，则新旧体系的薪酬过渡较为容易，而该行结合行内实际情况，通过测算与调整后，最终大部分人员的薪酬变动范围均集中在20%以内。

（3）薪酬倾斜分析。由于前台类人员薪酬系数较高，最终其薪酬水平较中台、后台类人员高。

（四）考核体系优化

结合人力资源体系的分析与诊断，依托组织体系、职级体系和薪酬体系的优化，认真分析并进行深入访谈调研，制定了符合行方实际情况的绩效考核制度体系。如针对组织体系的优化，设置了总行部门分为三类（或前台、中台、后台）的差异化考核、分支机构的等级行管理等；针对职级体系的优化，设置了综合部门突出岗位职责和自身综合评价的履职评价考核、销售人员设置合理的等级评定办法，突出业绩、综合素质、等级考试等；针对薪酬体系的优化，重新切分固浮比，并针对不同的岗位设置不同的考核体系与薪酬结构，突出不同的考核侧重点，体现重点岗位和重点工作重心的差异考核等。

1. 考核体系的优化需与组织体系紧密结合

根据部门架构的调整重新进行考核方案的设置，如根据部门职能有效区分前台、中台、后台部门间的差异，细化各部门重点工作，有针对性地对部门工作质量及完成情况满意度进行考核；针对部门价值体现，提高部门考核精准度，如引入部门 3K 考核，即关键业绩考核（KPI）、关键工作任务考核（KOI）、关键行为考核（KBI），前台部门突出业绩考核，后台部门突出重点工作任务考核，以体现部门差异化考核。

分支机构也根据管理的难度、负责人所需的能力和素质、投入的精力，地理位置、承担责任等因素进行区分。根据机构差异性经营的原则，引入完善的机构等级评定制度，充分调动各分行（中心支行）、各支行的积极性。利用等级评定，在具有可比性的基础上进行激励，同时也体现了银行的发展战略，为总行的资源统筹配置提供了参考依据。分行（中心支行）与支行等级评定指标保持一致，但评定指标根据总行导向有所侧重，如分行（中心支行）侧重机构利润的增加；支行侧重机构规模的增长，也可综合考虑管理难度、不良率等指标。

2. 考核体系的优化需与职级体系紧密结合

针对职级体系优化，如岗位序列的重新划分，绩效考核体系应与各岗位考核一一对应，以提高考核的匹配性与精确性，故绩效考核体系应做到全员覆盖。由于营销人员主要考评指标为个人业绩，营销人员分级管理制度应以绩效考核为主，体现贡献度及能力的差异，充分调动营销积极性，同时完善等级评定及准入、退出机制，做好人才选拔，针对不同的条线营销岗位设置不同的评定指标及权重，如工作业绩、综合素质得分、等级考试得分、优质服务评价、业务技能考核等。

职级体系优化后员工晋升的五大因素之一为绩效考核得分，故绩效考核既要体现岗位履职职责情况，又要结合上级领导综合评价等，考核体系应体现不同岗位的贡献度及岗位职责，权衡条线部门与机构对行员考核权的比重。原有考核体系按照序列进行考核，岗位价值体现不明显，无法体现岗位职责及考核差异性。应根据岗位职责设置不同的考核指标，各个岗位的考核侧重点不同，围绕提高岗位价值贡献度、实现岗位职责精准考核的目标，设置履职绩效工资，针对各个岗位精准考核履职情况。其中，岗位履职考核表针对前台人员采用定性考核与定量考核相结合的方式，定量考核关键业绩指标，定性考核综合评价指标。

3. 考核体系的优化需与薪酬体系紧密结合

针对薪酬体系优化，在绩效考核体系上，应体现考核资源倾向性及岗位考核的侧重点，通过薪酬、资源倾斜激励员工达到总行考核目标，促进重点业务发展，激励员工达到岗位所需的胜任力要求。

考核资源倾斜可通过资源配置向重点转型发展业务倾斜，设置配套的激励机制和考核方案，正确引导和传达一线营销人员营销目标，如原有纯利润考核无法体现出对中小微贷款、零售业务的重点奖励，新的制度可通过“规模+利润”的方式引导营销人员，以此达到战略目标。

岗位考核应充分体现岗位的重点工作，如针对机构负责人“重营销，轻管理”的现象，即只注重个人业绩、不关心机构整体发展情况，可根据不同的机构负责人定位设置不同的考核办法，如表 4-12 所示。

表 4-12　机构负责人考核方案

方案	优点	缺点
方案 A：年薪制	①考核力度更大 ②管理更加精细化 ③提升管理和行员水平	①在一定程度上影响营销积极性 ②不利于发挥资源优势 ③无法拉开机构之间的工资水平差距
方案 B：“管理绩效+机构业绩绩效” 管理者提成制	①在一定程度上提高营销积极性 ②有效推进督促行员营销工作 ③兼顾自身机构管理事务，提高管理水平	①营销激励有限 ②进一步加大行员营销压力 ③可能忽视工作质量、合规管理等非计价制工作，造成考核导向偏颇
方案 C：“管理绩效+个人业绩绩效” 大客户经理制	①有效提高营销积极性 ②发挥资源优势	①机构间差异或造成一定的工资水平差距 ②存在支行行长重营销、轻管理的状况 ③不利于管理水平及行员能力的提升 ④与客户经理存在竞争关系，可能造成资源内耗

结合该行导向及调研情况，最终机构负责人根据重点工作确定不同的考核方案，如分行（中心支行）行长定位为纯管理者，采用年薪制考核；支行行长定位为管理者与业务开拓者，采用“履职绩效+机构业绩绩效”的考核办法；分理处负责人定位大客户经理，采用“履职绩效+个人业绩”的考核办法。

四、项目建设效果与启示

（一）人力资源管理体系优化的效果

天津滨海农商行优化人力资源管理体系，制定了与之相匹配的绩效考核制度，不仅仅是对制度层面的补充及完善，还将顶层设计与员工本职工作之间进行高度融合，既有清晰合理的职业规划及晋升通道，也能结合员工日常工作表现进行考核。总体而言，取得了以下几个方面的效果。

1. 分工合理，提高组织运转效率

基于对业务、职能等因素的分析，合理优化部门结构，梳理职责，做到职责不重不漏，分工边界清晰，较好地减少了推诿扯皮现象的发生；在人员结构上，减少了不合理的后勤及辅助类岗位，在岗位设置上更加紧贴部门业务，提高了组织内部的运转效率。

2. 双通道设计，拓宽员工职业生涯发展

通过设计“管理+专业”双通道，让员工的职业发展有了更多的选择，同时通过设计合理的职级晋升制度，与绩效考核体系相结合，体现该行的业绩导向，在一定程度上激发了员工的工作积极性。

3. 以岗、人、绩付薪，合理分配薪酬

在薪酬上，依据个人所在岗位、个人能力以及个人业绩付薪，让薪酬的分配更加合理。通过与岗位职级体系结合，构建了完善的薪酬晋升机制，更好地发挥薪酬的激励和保健效果。

4. 精简考核内容，突出总行业务发展导向

在薪酬设计中，全员薪酬结构统一为“基本工资+绩效工资”（履职绩效工资+业绩绩效工资），避免了员工看不懂、学不会、搞不清的情况出现。总行部室员工业绩考核与本职工作表现息息相关，机构负责人业绩考核与机构业绩相关联，销售人员与个人业绩相挂钩，不同的岗位职责体现不同的考核重点，不同的考核重点又与日常工作保持一致，考核内容简便易行。

5. **分级管理，培养竞争机制氛围**

“多劳多得、按绩取酬”考核体系完善了竞争机制与等级管理制度。对于机构而言，可以结合规模大小、创利能力、管理难度及所处地域的经济环境等诸因素，对其进行等级评定，将现有机构分为不同的等级，实行差异化管理，建立赛马机制。对于员工而言，依据个人业绩、等级考试及综合素质等因素对客户经理、理财经理进行等级评定，实现差异化管理，帮助总行甄别人才、优胜劣汰，建立高效的人才队伍。竞争的氛围可以增强员工的活跃度与上进心，更好地实现战略目标及完成经营任务。

（二）人力资源管理体系优化的启示

岗位管理体系是最为基础的工作，若银行中的岗位管理体系不够完善，则会影响绩效考核体系的设计、薪酬管理体系的设计等，导致无法很好地发挥其作用。因此，从本次人力资源管理体系优化及配套绩效考核体系设计中得到以下几点启示。

1. **制度要契合实际，适合的才是最好的**

薪酬绩效与员工个人利益直接相关，既是科学也是艺术。科学指的是如何设计更加科学合理的薪酬体系，艺术指的是如何设计一个适合的既能够体现行领导思想又能够与银行的企业文化、内部环境等因素相符合的薪酬绩效体系，其中需要对行方内部情况做一个深入的调研和分析，需要与行方紧密沟通，同时在不同的阶段也要有不同的设计方针。

2. **改革要有的放矢，欲速则不达**

薪酬绩效改革要考虑多方因素，既要考虑员工的接受度，尽可能减少矛盾、避免冲突，以保证薪酬绩效的平稳过渡，又要与行方领导思想高度统一。改革是一个利益再分配的过程，需要循序渐进，不断磨合，要有的放矢，不可操之过急。

3. **精准优化岗位职责，考核导向要清晰**

不管是薪酬体系优化还是绩效考核制度设计，岗位价值都是基础。不同的岗位职责代表着不同的工作重点，不同的工作重点又代表着不同的考核重心，故岗位是根本，岗位职责是枝干，而考核制度就类似于引导枝干开枝散叶。越来越多的商业银行注重战略规划设计，准确的战略决定了员工知道目标是什么，有力能往一处使；而精准的岗位职责就是立足当下，应该做好哪些事情，怎么做；考核则是衡量当下做得好不好，重心对不对，与导向是否契合一致，故在薪酬绩效体系中，精准的岗位职责不可或缺，清晰的考核导向必不可少。

（供稿人：郑楚婵、侯家兴）

第五章　软件体系案例

案例 17　Z 银行基于大数据的绩效考核系统建设

2014 年 9 月，中国银监会在《关于应用安全可控信息技术加强银行业网络安全和信息化建设的指导意见》中明确提出，到 2019 年，安全可控信息技术在银行业总体达到 75%左右的使用率。对于银行机构来说，安全可控信息技术意味着银行系统应更多采用自主可控的国内厂商品牌。由此以来，银行“去 IOE”的呼声高涨。而 Z 银行绩效考核系统的正式上线，是 Z 银行基于“大数据平台”架构下的首个业务管理类系统，它的成功上线也预示着 Z 银行对内部精细化管理的迫切要求，也体现了 Z 银行对大数据技术架构的全面掌控。本部分通过介绍 Z 银行在大数据平台上进行绩效考核系统建设的过程，帮助银行了解大数据技术和绩效考核系统的特性，为其系统建设提供有益的经验教训。

一、项目建设背景

Z 银行是一家具有独立法人资格的股份制商业银行，实行一级法人体制，是中国较早参与国内外金融市场融资的商业银行，为中国经济建设做出了巨大贡献。截至 2019 年末，Z 银行已在我国设立多家分行，资产总额达到万亿元级别。

2012 年，Z 银行启动了绩效考核系统项目，该系统于 2013 年投入运行使用，采用的是总行集中部署的模式和国外成熟的技术架构。这套绩效考核系统覆盖了存款、贷款、风险资产等业务，包含分行考核和客户经理考核的指标体系，同时具有三个主要特点：一是实现数据“T+1”，二是引入系统重算功能，三是纳入总行的 FTP 定价。

随着业务规模的不断发展和各类创新业务的推行，这套由总行集中建设的绩效考核系统受限于原有的业务模式、技术水平和数据治理能力，已经越来越难以满足总行和分行的考核需求。于是，Z 银行在 2019 年开始筹划建设新一代绩效考核系统，扩充和细化考核指标体系，实现各个层级的考核方案配置，全面覆盖总行、分行、支行和客户经理的考核需求。

与此同时，Z 银行高度重视金融科技发展，强化科技赋能业务，加速全行数字化、智能化转型，布局云计算、大数据、分布式数据库等互联网新技术应用研究，以开源、开放的分布式架构为转型的重要推手，扎实推进银行 IT 架构转型各项工作。为了加速推进科技战略，Z 银行与第三方厂商合作，搭建了大数据平台，并逐步将一些离线应用移植到大数据平台上。

在这样的背景下，Z 银行新一代绩效考核系统从立项之初，就确定了使用大数据平台。

二、项目建设思路

Z 银行规划的新一代绩效考核系统，是总行建设的全行统一规范、面向总分支机构的绩效管理服务平台，通过发挥考核的引导和引领作用，有效地传导和落地总行战略。在建设思路上，业务部门的目标是实现“统一平台+个性化配置+个性化应用”的总分支考核模式，科技部门的目标是利用大数据平台的技术架构完成系统的建设。

（一）总分支考核模式

总分支考核模式体现在统一平台、个性化配置、个性化应用三个方面。

1. 统一平台

统一平台包括统一的绩效数据源、统一的业绩关系管理、统一的绩效指标库。对全行的表内负债、表内资产、理财业务、表外业务、效益、客户等数据进行全面梳理，形成统一的绩效数据源，满足全行的业务数据需求。在业绩关系管理上，构建了客户、账户等多个维度的业绩分配模式，由总行统一管理。在绩效指标设计上，总行根据全行的指标体系进行归纳整理，形成统一的指标库。

2. 个性化配置

个性化配置包括业绩关系管理、指标管理、基数方案管理、考核方案管理等多个核心的配置功能，允许分行在总行统一平台的框架下，通过个性化配置满足分行的需求。例如，各分行可自定义个性化指标，但这些个性化指标的数据源须在总行的统一规划下管理。

3. 个性化应用

个性化应用包括绩效数据和系统功能两个方面。对于个性化需求特别多的分行，总行可通过 FTP 下发经过加工的绩效数据，分行接收这些数据后可进行二次开发，满足分行的个性化需求。对于一部分有代表性的分行，可在总行的统一规划下，为分行定制开发个性化应用软件，在满足分行需求的同时，也可以逐渐推广到其他分行。

（二）大数据平台架构

在技术架构的设计思路上，Z 银行采用了大数据平台的技术架构，并部分引入数据仓库和传统数据库，根据绩效考核系统的数据处理特性，充分发挥各个技术的优势。

绩效考核系统中的主要数据处理模块如表 5-1 所示。

表 5-1　主要数据处理模块

主要模块	特点说明	技术
数据治理	需要对核心系统、CRM 系统、信贷系统、国际业务系统、人力资源系统等主要业务系统的数据进行分析、整合，形成绩效考核系统的标准数据	数据仓库
数据计算	绩效考核系统拥有大量的逻辑计算处理，包括业绩关系调整、参数调整、数据调整后的重新计算，需要较高的计算能力	大数据平台

续表

主要模块	特点说明	技术
数据展现	绩效考核周期性的特点，要求系统有较高的并发查询能力，还有系统各类参数的管理，这些操作都需要对局部数据进行经常性的增删改查	传统数据库

通过这样的技术架构分解，发挥数据仓库的数据治理能力、大数据的计算能力和传统数据库的数据展现能力。

三、项目建设过程和方案

Z 银行在系统建设过程中，主要经历了以下几个阶段：技术选型、组建大数据专家团队、需求分析、架构设计、开发测试、系统上线、系统推广。

（一）第一阶段：技术选型

2019 年，Z 银行信息技术部启动了绩效考核系统的技术选型工作。针对绩效系统大数据量的存储、灵活重跑、指标灵活计算等需求，同时在大数据平台和传统数据库上开展绩效考核系统的技术验证测试。

经过近 1 个月的技术选型测试，Z 银行信息技术部从可行性、稳定性、性能等多个方面对大数据、MySQL 等主流技术架构进行了深入的测试验证，得到的测试结论是绩效考核系统的数据处理能够在大数据平台下稳定运行，可以采用“大数据平台”的技术架构。随后，Z 银行开始在内部启动绩效考核系统的立项采购流程。

（二）第二阶段：组建大数据专家团队

在项目启动之初，由多方的技术专家共同参与，临时组建大数据专家团队，成员主要包括大数据平台专家、大数据开发专家、绩效考核专家。大数据专家团队的成员组成及其主要职责如表 5-2 所示。

表 5-2　大数据专家团队的成员组成及其主要职责

成员	成员来源	主要职责
大数据平台专家	大数据基础平台的专家，拥有大数据平台的搭建、运营、优化的丰富经验	负责项目实施过程中，大数据平台的硬件扩展、性能优化、技术方案研讨等工作
大数据开发专家	大数据技术开发的专家，拥有大数据应用开发、技术攻关的丰富经验	负责项目实施过程中，大数据技术的落地指导工作，包括技术方案的验证、研讨等工作
绩效考核专家	绩效考核领域的专家，拥有绩效考核系统建设的丰富经验	负责项目实施过程中，绩效考核系统的业务流程设计，将大数据技术与绩效考核业务连接起来

经过专家团队内部多次的研讨、验证和分析，形成了最终的大数据落地方案。专家团队在大数据应用的优化改造过程中，也发挥了非常大的作用。

（三）第三阶段：需求分析

新一代绩效考核系统得到了行领导的高度重视，为了达到行业领先水平，设计出符合行内需求的绩效考核流程，Z 银行采取了“总行主导、分行参与、专家辅助”的实施模式。由总行业务部门派人全程领导该项目，抽调多个分行的核心骨干共同参与设计，并联合第三方厂商的咨询专家，历时三个多月，共同完成了绩效考核系统的需求设计工作。

需求阶段的主要工作成果包括以下三个部分。

（1）业务需求说明书：结合 Z 银行近几年综合绩效考核政策和各部门、分行的管理需求，以及同业经验，梳理绩效考核流程、考核数据范围、业务功能需求、考核指标规则等内容，形成业务需求说明书。

（2）软件需求说明书：在业务需求说明书的基础上，软件需求说明书围绕基础数据库、指标库、方案库等核心业务需求，对软件功能进行更详细的描述，包括业务规则、操作界面、输入输出、计算公式、异常处理等要素。

（3）接口数据定义：基于 Z 银行客户基础数据的调研、整理工作，分析考核数据来源和考核指标，与数据仓库等系统做好数据衔接，形成绩效考核系统的标准接口数据定义。

（四）第四阶段：架构设计

在设计阶段，由多方的技术专家共同参与，形成了最终的系统设计方案，并经过行内专家评审后予以实施。

设计阶段主要完成系统的概要设计和详细设计，规划了绩效系统关键信息系统架构，明确系统架构、物理架构、应用架构等内容，明确系统内部各组件之间、本系统与各外围系统之间的调用关系，用于指导系统的开发工作。

系统架构分为数据仓库、大数据平台、MySQL 三大块，包含 7 个关键步骤（见图 5-1）。数据仓库对原有的基础数据进行治理和整合，大数据平台用于处理数据量大的数据，MySQL 部分用于处理数量小但复杂度高的数据。

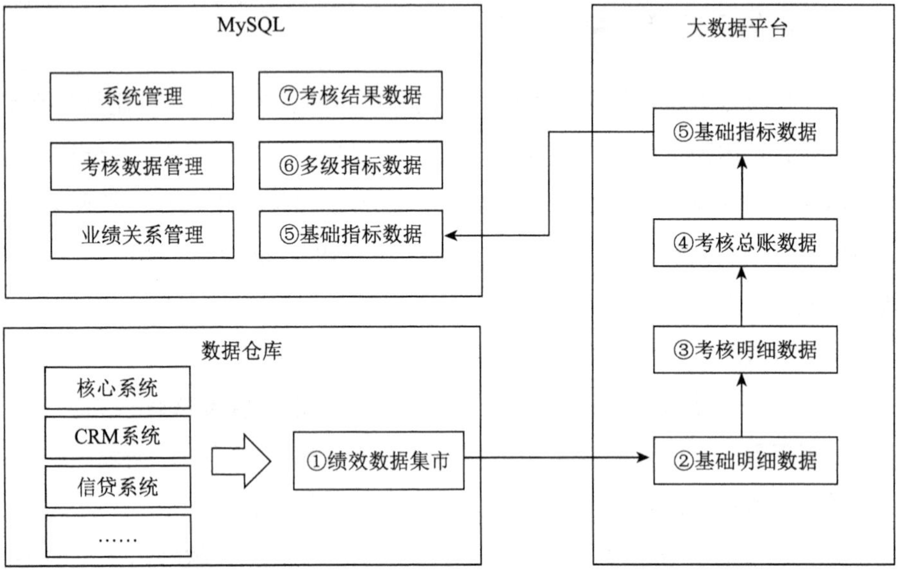

图 5-1　系统架构

在数据处理的过程中，针对不同量级的数据实行不同的存储策略（见表 5-3）。如数据量比较大的明细数据，保留周期不超过 1 年；据数量较小或影响业务的关键数据，保留周期为 5 年。

表 5-3 数据存储策略

数据类型	数据量	复杂度	保留周期	所属模块
①绩效数据集市	大	一般	集市规范	数据仓库
②基础明细数据	大	一般	1 年	大数据平台
③考核明细数据	大	一般	1 年	大数据平台
④考核总账数据	一般	一般	1 年	大数据平台
⑤基础指标数据	一般	一般	5 年	大数据平台
⑥多级指标数据	一般	复杂	5 年	MySQL
⑦考核结果数据	小	复杂	5 年	MySQL

（五）第五阶段：开发测试

整个开发团队分为数据开发组和应用开发组，数据开发组根据设计文档进行数据库（包括数据仓库、大数据和 MySQL）的程序开发，同步做好数据核对和业务配合等工作。应用开发组根据设计文档进行前端功能的开发，同时还需要对功能进行单元测试和业务配合测试等工作。

测试环节包括系统测试、业务测试、性能测试三个环节。其中，系统测试由开发组完成，业务测试由总行和分行的业务人员参与，性能测试由专业的性能测试团队完成。在系统测试和业务测试环节中，又分功能测试和数据测试，由于绩效系统对数据的精确要求很高，数据测试的方法尤其关键。

根据数据流程的特点，数据测试围绕以下四个方面展开。

（1）数据层级：逐层开展总分核对和层级核对，确保数据准确性，编写数据检核脚本，让系统每天自动进行数据各层级的核对。

（2）业绩关系：覆盖业绩关系的客户、账户等各种分配规则，同时还包括总行分配、分行分配、跨分行分配等多个业务场景，根据这些分配规则和业务场景编写测试案例。

（3）指标规则：验证基础指标、多级指标等的规则。

（4）指标结果：验证基于基础数据算出的指标结果。

（六）第六阶段：系统上线

在上线阶段，开发组提交上线安装部署方案到运维组，并在上线演练环境中通过业务部门的测试。这个环节所有人员都要参与，对操作细节和流程的要求非常高。具体系统上线流程如图 5-2 所示。

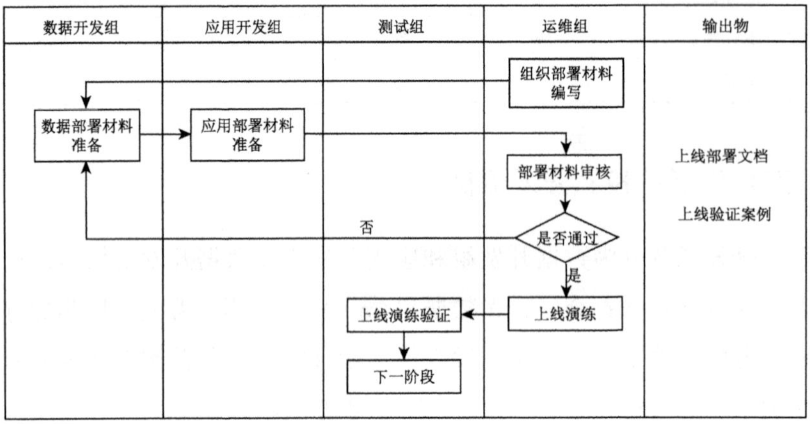

图 5-2　系统上线流程

（七）第七阶段：系统推广

Z 银行在绩效考核系统建设过程中充分考虑了分行的推广问题，采取了“分行参与+部分试点+全行推广”的推广模式。

在绩效考核系统立项之初，挑选了几家重点分行的业务骨干，借调到总行直接参与绩效系统的建设，使绩效考核系统的建设充分满足分行的考核需求。系统整体上线之后，这几家分行直接过渡到试点分行。前期分行的深度参与和了解，使分行的试点推广工作能够顺利进行。试点几个月后，在分行业务操作流畅和系统保持稳定的前提下，开始在全行进行推广。

四、项目建设与启示

Z银行利用大数据平台完成了绩效考核系统的建设，实现了单个系统的国产化，但很多商业银行在实现“去IOE”的过程中依然面临很多困难。首先，银行历史包袱很重，很多系统都是基于IOE研发，如果系统全面改造，则付出很大代价；其次，传统银行IT人才的知识结构多偏向IOE技术路线，完全更换技术路线对于他们的知识结构来说也是一个问题。随着技术的发展，银行软硬件系统相互关联度、依赖性较之前已有所减弱，银行“去IOE”的难度会逐步降低。

通过上述的实践案例，我们从中获得以下启示。

（一）新技术的引进要循序渐进

早在2016年Z银行就与第三方厂商合作，引进了大数据技术，搭建了大数据平台，并将一些轻量级的应用逐步移植到大数据平台，如历史交易记录快速查询、综合对账单等。随着平台的进一步完善和成熟，以及技术团队的成长，再进一步将一些新建系统搭建在大数据平台上。

（二）要有专业化的技术运维团队

由于大数据平台的运行、扩容、维护都需要专业化的技术人才，而银行传统IT人才的知识结构也多偏向IOE，需要更新自己的知识结构，同时也可以通过外部引进的方式，逐渐扩大自己的专业化人才队伍。

（三）提升技术管理能力迫在眉睫

在绩效考核系统的建设过程中，在业务方面，与总、分行的业务人员对接，在理解业务需求的基础上提供技术解决方案；在技术方面，与架构师、大数据专家对接、厂商专家等不同类型的技术专家对接，协调他们共同找到最优的技术解决方案。因此，银行自身需要具备较强的技术管理能力，将技术的效益最大化，更好地服务于业务发展。

（供稿人：魏烈龙）

案例18 晋城银行智能绩效管理系统建设

2019年10月，晋城银行新一代智能绩效管理系统正式上线。新一代绩效管理系统是以“智能化”“产品考核”为核心打造的考核管理工具。晋城银行通过系统的“智能化”实现了战略落地，有效地激励了员工，提高了员工的工作积极性，促进了银行业务发展。本部分主要通过对晋城银行智能绩效管理系统的建设背景、建设方案思路、建设过程、建设效果与启示进行阐述，为银行在智能化绩效管理系统建设方面提供参考依据。

一、项目建设背景

（一）晋城银行简介

晋城银行是中国银监会山西监管局于2005年核准设立的城市商业银行，目前共有员工2200余人。截至2018年末，资产总额800多亿元，各项存款余额500多亿元，各项贷款余额近400亿元，其监管评级和发展质量在山西和中、西部地区城市商业银行中位居前列。晋城银行总行设在山西省晋城市，下设晋城分行、太原分行、朔州分行、运城分行、吕梁分行、忻州分行、晋中分行、长治分行、大同分行9家分行。晋城银行在发展过程中先后获得2010年“最具特色中小银行” “2012年度最佳金融创新城市商业银行”“2016年最佳公司治理城市商业银行”，2017—2018年连续两年的“最佳文化建设城商行”等数十个奖项，被誉为“太行山上的草根银行”。

（二）项目建设背景

中国银行业的发展经历了三个时代。在1.0时代，银行业主要以规模取胜，业务模式单一粗放，银行的盈利能力和市场竞争高度同化；在2.0时代，银行业主要以结构和质量取胜，逐渐走向内涵式的发展道路，银行间的差异化竞争开始起步；在 3.0 时代，银行发展以新商业模式取胜，以数字化、移动化、智能化、开放性为手段，拓展银行服务边界，改变银行的增长曲线。

同样，晋城银行也经历了从 1.0 时代到 3.0 时代的迈进，其系统考核建设历程也经历了从手工考核到系统信息化考核再到智能考核的过程，建设导向也经历了从规模考核到利润考核再到产品价值链考核阶段。

2010 年之前，晋城银行主要采用手工考核和大一统的考核模式。① 2010 年，晋城银行开始建设第一代绩效考核系统，建设以“快速占领市场，扩大市场份额”“多劳多得、按绩取酬”的规模考核为主的 KPI 业绩评价体系，考核对象以经营机构及前台营销人员为主，采用“自上而下”的绩效分配模式。第一代绩效考核系统的应用初步实现绩效考核的信息自动化，大大减少了之前手工考核的工作量，打破了银行考核的“大锅饭”现象，提升了员工工作积极性，缩短了考核核算的周期，极大地提升了考核运营效率和考核公平性。经过几年的发展，这种考核模式也逐渐暴露出内部管理比较单一、粗放的特点。2015 年，晋城银行以利润和条线为考核重点进行系统升级，这种利润模式有利于各经营机构加强内部经营核算的过程，优化了银行的资源配置，在一定程度上分离了利率风险。

2019 年，晋城银行提出“做社区型草根银行，做数据化零售银行”的战略定位，以产品计价机制重塑价值链为核心，推动全行绩效考核模式大改变。基于产品价值链进行的考核设计，把与产品相关的各个岗位进行归结，区分研设端、功能端、营销端。其中，研设端负责产品研发、迭代、优化、运营等各个岗位的集合；功能端负责产品销售期间的功能支撑岗位，常见的有审核、质检、面签等；营销端与客户进行直接接触，负责产品获客、营销、维护的岗位集合。产品价值链考核以数据为基础，利用“科技智能”转化为“价值信息”支撑银行经营的精准化，重塑银行业务发展驱动模式，因此晋城

① 手工考核和大一统的考核模式只考核到机构，机构内再将绩效二次分配到人。对人员的管理以传统的人事行政管理为主，更多的为定性指标评价，由管理者直接判断员工的考核，对员工的赏罚相差不大，导致机构内绩效分配“大锅饭”现象严重。

银行准备重新启动新一代智能绩效管理系统的建设。之所以启动新一代系统建设，原因有三：一是由于原有系统与新战略不匹配，考核的定位、模式、范围等较之前发生了变化，且原有系统只实现业绩自动化，未实现薪酬自动化。二是旧系统使用年限已久，较多的数据和功能随着考核的变化已经出现冗余，系统越来越慢。而且绩效考核系统属于中下游系统，由于IT数据治理不完善，其所依赖的很多上游系统数据无法自动获取，依赖人工维护的数据较多，容易出现数据导入不及时、出错率高等问题。三是过去的绩效考核系统主要以结果为导向，以查业绩为主，很多中间数据没有被利用，缺少过程性的分析数据，缺乏绩效结果运用和分析，且绩效考核系统本身不够灵活和先进，要应对日新月异的考核变化，每年的维护成本较高。因此，需要重启新一代绩效系统的建设。晋城银行新系统和原系统在考核上的主要差异如表5-4所示。

表5-4　晋城银行原有绩效考核系统与智能绩效管理系统差异

晋城银行	原有绩效考核系统	智能绩效管理系统
考核模式	KPI业绩评价体系	基于产品价值链的考核模式
核算范围	业绩核算到人，未实现薪酬自动化，考核部门需根据业绩结果进行线下手工考核	业绩核算到人，计价薪酬自动化
考核对象	经营机构及人员	总—分—支考核、经营机构人员
考核业务	存款业务、贷款业务、电子银行、业务量、中间业务、责任利润	资产类产品、负债类产品、电子银行、业务量、中间业务、责任利润
业绩分配模式	“自上而下”的考核机制和分配机制，即总行设计，分行根据自己的创利水平统筹调配资源，出现业绩不好的分行员工拿不到绩效的情况	建立“从前到后”的分配机制，即优先保证一线部门及员工的利益，再通过成本控制排名、积分管理分配中后台部门的分配模式
考核特点	比较单一、粗放，以规模指标考核为主，后兼顾以利润为中心的考核	精细化考核，基于产品设计指标体系
考核导向	结果导向	过程和结果导向
技术特点	信息化，提升业务效率	全绩效管理过程信息化，考核工具智能化，注重数据的应用，注重中间及结果数据的挖掘分析，帮助决策分析

二、项目建设思路

晋城银行新一代智能绩效管理系统以基于产品价值链的考核思路为目标，以“智能化”为系统核心设计理念，满足“总—分—支”的多级架构考核模式，实现业绩量化到人、薪酬计价自动化。另外，系统还具备高灵活性、高效率、先进性、智能化和移动化特征，以数据和金融科技为手段，加强对数据的分析和应用，帮助银行战略绩效管理落地，能满足未来5~10年银行的业务发展和数据增长。系统能灵活调整和方便运维，能实现绩效移动化，满足使用计算机和手机等移动设备的两类用户的日常使用需求，特别是针对经常外出的前台营销人员，能方便随时随地查看绩效信息。

基于以上建设目标和“智能化”的核心设计理念，晋城银行新一代绩效管理系统的“智能化”设计主要体现在以下方面。

（一）高弹性的架构和生态数据的灵活接入

高弹性的可扩展的系统架构和灵活的生态数据接入满足不同层次的考核需求。不仅能满足“总—分—支”多级考核架构或总行垂直考核，也能满足条线和职能部门的考核需求，还能满足不同层次人员的考核和数据查看需求，满足计价制、积分制、排名奖等多种考核模式的需求。

在高弹性的生态数据的灵活接入方面，系统提供两种数据来源的接口接入方式：第一种为上游系统数据整合，即绩效系统整合了核心系统、信贷系统、票据系统、中间业务系统、客户关系管理系统、管会系统等数十个上游系统的数据，再通过ODS下发文本文件至绩效管理系统指定目录，由绩效管理系统对这些数据进行归集、清洗、转换加工成标准数据，形成绩效数据源；第二种为提供灵活的接口，支持TXT、CSV、Excel等文件批量导入或补录数据。

（二）可视化管理驾驶舱工具提供“一站式”智能决策

系统构建管理驾驶舱工具，从财务盈利、经营指标、绩效考核、客户营销、风险管理、渠道运营等方面进行数据分析，将关键指标数据以图形方式进行直观的可视化展现，并对异常关键指标预警和挖掘分析，行领导与管理者登录系统即可看到关键数据，为领导决策提供依据。

（三）智能化绩效评估分析体系工具

构建绩效管理效果评估分析体系工具。从数据到信息、知识再到智慧，进行智能化的数据分析和推演。事前，评估组织绩效管理现状，对标行业竞争力，有效预测各类数据，预测绩效管理未来面临的问题和挑战，从而帮助组织制定更科学的绩效考核和激励方案，充分调动员工积极性，激发组织活力；事中，监控分析绩效考核方案实施环节，跟踪效果，根据效果及时调整策略；事后，分析挖掘考核效果如何，是否达到激励效果，找到问题所在，指导后续工作改进。通过数据的挖掘找到高绩效员工的特征要素，让每个员工都能够持续产生高绩效。

（四）智能客户价值评估体系助力营销

构建客户价值评估体系。系统通过对客户的行为和数据进行大数据分析，实现对客户的精准画像，根据客户贡献程度对客户进行分层管理，利用绩效管理系统数据集成的天然优势，通过人工智能机器学习算法对客户进行潜力评估，高效识别和挖掘客户价值，掌握客户情况。对客户的基本信息、职业、购买产品记录、兴趣和爱好进行记录画像，对客户异动信息进行实时跟踪提醒，对营销人员的拜访记录进行维护，帮助营销人员更好地维护和服务客户。同时，构建线上移动营销工具，打通线上营销渠道，将银行产品分享到社交平台，助力客户经理线上营销拓展客户。

（五）指标和方案库可视化配置

实施人员根据晋城银行的考核指标体系和方案，以可视化配置的方式将指标纳入指标库，将考核方案中的考核对象、考核周期、考核指标、算法等关键信息配置到系统中。其中，可以从算法库中进行筛选算法，如无对应的算法时，用户也可按照系统规则输入算法公式，系统再将算法公式解析成系统公式，计算指标结果。当发生需求变更或制度调整时，可以通过指标和方案配置工具修改配置信息，而无须代码开发。

（六）多场景批处理智能推荐

系统提供多种场景重算机制，包括按分行、业务、模块、指标、增量变化数据等多种场景重算。所有的重算场景可以根据实际发生的情况进行推荐，例如，调整了某笔存款业绩，系统会提醒运维人员需要进行存款业务重算；调整了指标，系统会提示运维人员需要进行指标模块的重算。

（七）智能运维提升运维效率

构建智能运维中心，通过快速开发平台实现系统二次开发和个性化报表定制，封装底层技术，用户进行简单拖拽组装界面，10 分钟即可完成一个报表功能的开发。通过可视化调度工具轻松实现调度过程的管理和跟踪，也可通过移动 App 远程监督调度过程。构建系统风险预警模型，通过系统检测工具对服务器、数据库、备份文件、调度等日志和应用数据进行抓取，以可视化的方式展示监控这些信息，并对关键指标进行预警提醒，及时发现系统的潜在风险，快速定位问题，提示运维人员进行相应的系统维护或处理。构建数据核对工具，运维人员通过工具一键检测系统数据正确性，保障数据计算正确，提前发现和规避问题。

（八）移动端绩效管理，智能语音自动推送，人工智能（AI）保障移动安全

每日系统会自动进行昨日业绩播报，同时可以通过移动端随时随地进行客户、业绩、绩效等数据的查询和审批、客户维护等操作。移动端系统登录引入 AI，基于人脸识别和双因子认证技术登录系统，以保证系统登录安全。

同时，对移动手机进行账号设备绑定和360度加固技术，当出现设备更改或丢失等情况时，可以顺利地进行手机更换或者账号锁定处理。

三、项目建设过程

系统建设共分六大阶段：需求阶段、设计阶段、开发阶段、测试阶段、推广阶段、运维阶段。

（一）需求阶段

需求阶段历时3个月，分为调研访谈、制度设计、需求细化三个阶段。在调研访谈阶段，对晋城银行绩效管理现状、原有绩效考核系统进行分析，对各分支行、职能部室以及各岗位员工展开80余场访谈和调研，形成调研报告，作为制度和系统建设的依据；在制度设计阶段，基于银行当前发展、前期访谈结果和银行战略任务分解，形成总行对9家分行的考核办法和《晋城银行零售类产品营销激励方案》《客户经理激励方案》等30多份方案；在需求细化阶段，对前期确定的制度进行需求细化，对指标的取数规则和关键算法进行细化，对关键功能形成需求原型，为系统提供落地的依据。

（二）设计阶段

设计阶段分为系统架构设计、技术架构设计、应用架构设计、部署架构设计、详细设计五个阶段。

1. 系统架构设计

要满足灵活多变的需求必须有高弹性的架构支撑，系统整体架构分为数据来源类应用、绩效数据中心、绩效应用中心三个部分。绩效管理系统架构如图5-3所示。

数据来源类应用主要是指将银行内部系统数据和外部数据，通过接口文件清洗、装载、转换到绩效管理平台的数据库的控制程序，并完成绩效考核系统的数据计算、数据备份的过程。晋城银行智能绩效管理系统将系统内部数据和外部数据汇集成一种绩效生态，内部与行内负债类、资产类、中间业务类、电子银行类、客户类六大类上游系统对接，外部与手工导入类数据对接。绩效管理系统绩效数据来源如图 5-4 所示。

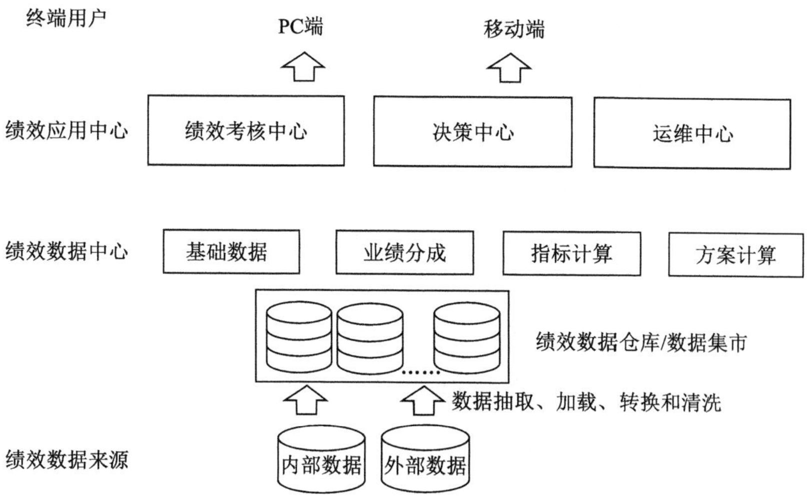

图 5-3 绩效管理系统架构

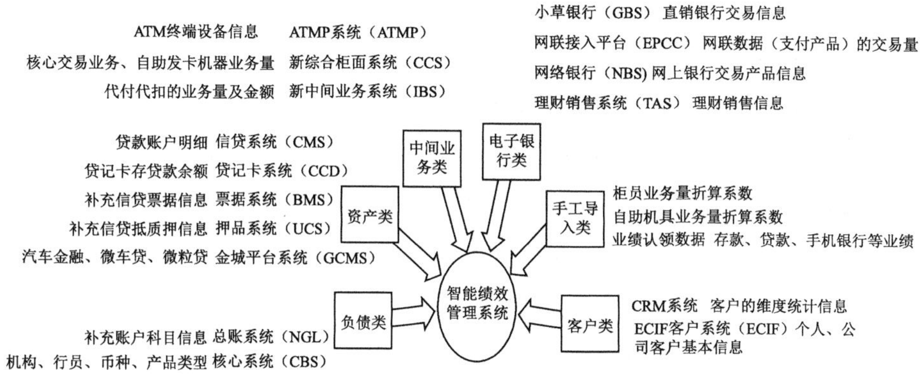

图 5-4 绩效管理系统绩效数据来源

绩效数据中心主要承担基础数据的加工、业绩关系的分成计算、指标计算和方案的计算等工作。

绩效应用中心支持 PC 端和移动端的操作。PC 端分为绩效考核中心、决策中心、运维中心三大模块，可以针对基础数据、计划、指标、业绩、绩效、方案、考核过程和结果、运维、决策支持等提供管理和分析。移动端能够方便员工随时随地查看绩效、业绩、客户等信息，并帮助营销人员在营销的过程中更好地维护和服务客户，从而提升自身业绩和全行业绩。

2. 技术架构设计

技术架构自上而下分为四个层次，包括：ETL 技术层、架构基础层、工具包层、应用层。

（1）ETL 技术层，即每天以接口文件形式下发上游数据，再通过数据的清洗、加载、转换成绩效管理系统所需的数据格式，并完成后续数据计算的过程。

（2）架构基础层注重架构扩展性和松耦合，基于 SpringMVC＋ibatis＋JQuery+Oracle 的基础架构，将表现层、业务逻辑层和数据服务层分离。

（3）工具包层包括快速开发工具、运维工具、图表工具包以及业务组件等。

（4）应用层则以计算机或手机或 iPad 等方式展示业绩和绩效相关统计分析数据。

3. 应用架构设计

应用架构分为 PC 端和移动端应用。PC 端应用架构共分为三大中心十四大模块。三大中心包括绩效考核中心、决策中心、运维中心。其中，绩效考核中心包括系统管理、个人桌面、业绩管理、指标管理、方案管理、业绩查询；决策中心包括绩效分析、客户分析、绩效报告；运维中心包括开发工具、调度工具、系统运维工具、数据核对工具、效果评估工具。移动端在此不详述。系统功能架构如图 5-5 所示。

4. 部署架构设计

部署架构从物理结构上分为数据库服务器、应用服务器、Web 服务器。本系统运行在 Linux 环境和 B/S 模式下，数据库管理系统（DBMS）采用 ORACLE12G 数据库，以“F5+IHS+WAS”的应用服务器架构，提高并发访问量和查询性能。

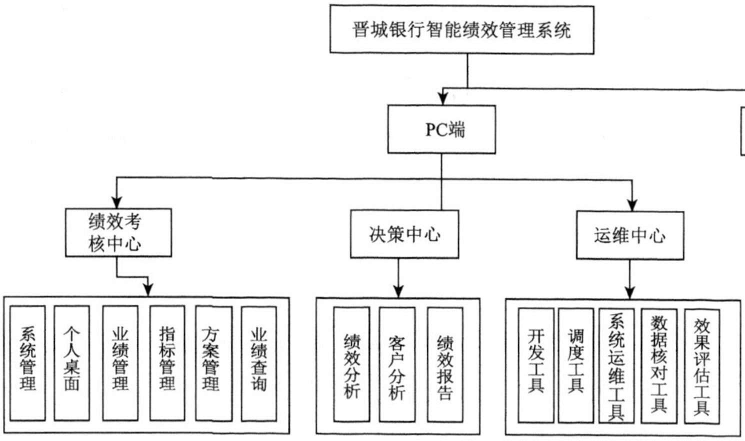

图 5-5 系统功能架构

5. 详细设计

详细设计阶段包括数据模型设计和详细设计说明书文档的编写。数据建模采用“数据分层式设计+大表按年归档+按天分区”的方式，将数据进行清洗、加载、转换、统计，数据与数据之间进行层层压缩计算，满足各种灵活的应用场景和保证最优的性能。

（三）开发阶段

开发阶段分为 DB 开发组、Java 开发组。DB 开发组主要负责接口的分析和 ETL 过程的开发和指标方案的数据统计，Java 开发组主要负责前端功能的实现和报表的开发。

（四）测试阶段

测试阶段分为功能测试、数据测试、集成测试、业务测试、用户 UAT 测试和上线演练测试。功能测试、数据验证测试、集成测试由项目组完成。业务测试和用户 UAT 测试由行方组成测试小组，在项目组完成集成测试后介入。上线演练测试是上线前的最后一个阶段，由项目组编写上线演练脚本，模拟真实环境进行上线演练直到一次性通过才能部署至生产服务器。

（五）推广阶段

在系统上线试运行之前，对全行人员的制度讲解和系统培训采用“总行集中+下沉支行+统一考试”的模式，系统上线试运行1个月后即通过系统进行工资兑现。

（六）运维阶段

通过系统正式发放工资后即进入磨合期，通过每月的员工座谈会和季度效果评估分析会，对制度和系统逐渐磨合，形成PDCA循环管理机制，优化制度和系统。

四、项目建设效果与启示

（一）建设效果

智能绩效管理系统的应用，给晋城银行带来了非常显著的效果。例如，在实现薪酬管理自动化、提升系统运维效率、提升员工积极性、促进银行战略转型、提供管理者决策支持依据、促进银行业务发展等方面都起着非常重要的作用，主要建设效果表现在以下几方面。

1. 实现薪酬管理自动化

以往的绩效考核系统未能实现全面的薪酬自动化，每次人力资源核算工资都需要做大量的线下统计工作，很多工资来源要从不同的地方获取数据再加工，不仅耗时、耗力而且容易出错。智能化绩效管理系统上线后，系统自动核算工资，员工可以通过系统查看自己的工资，人力资源经理无须再进行繁杂的线下统计汇总工作，提高了工作效率，实现了薪酬管理自动化，节约了人力资源的工资核算成本。

2. 提升系统运维效率

系统建设之初便以配置化、可视化、智能化为核心理念，指标、方案库、案例库的“按需定制”配置模式能够快速地响应战略的落地和需求变更。通过自主快速开发平台，能够快速地响应客户报表需求。通过系统可视化的调度工具、数据核对工具、系统检测工具等，可以辅助技术人员快速地进行可视化运维操作，并发现系统潜在的风险，提升系统故障自愈能力。推动运维从过去的“救火式”被动运维向“感知式”智能运维转变，运维团队也从原来的“支持保障”角色转变为“业务伙伴”的角色，从技术运维逐渐转变为综合运维。运维服务逐步走向“事前智能预警，事后快速处理，全程智能监控”的阶段。

3. 提升员工积极性

员工每天通过手机或者登录 PC 端系统就能看到前一天自己的业绩以及增量绩效工资、业绩排行等，通过“有目标，有计划，有考核，有激励”的管理方式，有效地激励员工创造业绩、创造价值，员工的满意度提升、离职率降低，工作积极性大大提高。

客户经理可以根据系统提供的客户数据分析和客户价值评估，通过线上移动营销工具，开展线上营销，更好地落实客户精准营销及客户管理，促进业绩提升，提高工作积极性。

4. 促进银行战略转型落地

产品计价机制以重塑价值链为核心，推动全行绩效考核模式大改变。“从前向后”的分配机制进一步聚焦市场，带来的效果已开始显现，一线员工的积极性被充分激活。积分制管理机制以管理者意愿表达为核心，在全行上下有序推进，已初步成为及时反映员工能力与表现、准确体现各级管理者责任与担当的重要管理工具。敏捷小组机制以快速反应为核心，打破组织架构束缚，在产品研发、流程优化等方面进行了有益实践，部分项目成效明显，目前已成为全行产品研设攻坚、基础管理规范的重要抓手。产品计价制作为去网点化、无界化的、开放式的激励机制，能便捷地将总行的战略导向传达到一线。

5. 形成管理闭环循环，为管理决策提供支持

通过绩效评估体系，事前评估组织绩效管理现状，事中监控分析绩效考核方案实施环节，事后分析挖掘考核效果，有助于对标战略分解目标，评估经营目标实现情况，精确掌握各岗位绩效贡献度，明确行内重点激励人群与岗位。通过管理驾驶舱工具，从银行财务盈利、经营指标、绩效考核、客户营销、风险管理、渠道运营等，全方位地诊断分析当前经营发展中的优势与瓶颈，为管理者提供“一站式”决策依据。

6. 促进银行业务发展

利用智能化技术实现绩效的组织计划、过程管理、考核落地、绩效评估、管理决策、价值挖掘的整个循环过程，提高人员、项目、产品、客户和整个组织的绩效，从而促进银行业务发展。

（二）案例建设启示

晋城银行智能绩效管理系统建设的成功，意味着晋城银行从单一的绩效考核逐渐过渡到全面的绩效管理。晋城银行的成功经验为银行业推动智能化绩效管理的建设提供了有益借鉴。晋城银行智能绩效管理的成功归结为以下几点。

1. 具有扎实的绩效考核理论基础

晋城银行在绩效考核建设期间先后经历了三次换代，从手工考核到信息化考核再迈向智能化考核。过去建设绩效考核的经验与不足，为智能化考核奠定了一定的基础。并且，引入第三方专业公司从银行战略咨询到业务梳理进行顶层规划和设计，也是绩效管理战略落地的基础。

2. 具有海量的数据和强大的计算能力

随着晋城银行在IT科技方面的加大投入，银行IT信息化和数据治理逐渐完善，积累了包括管理数据、交易数据、客户数据等在内的海量数据。此次智能化绩效管理系统的建设离不开对这些数据的获取、计算和价值挖掘分析。

3. 具有掌握先进技术和业务的专业化人才队伍

建设智能化绩效管理系统不仅要求有扎实业务功底的业务人员，也要有懂大数据、人工智能、数据挖掘分析等方面的专业技术人才，只有具备专业化的人才队伍，才能促进系统的建设和落地。

4. 具有技术与业务融合的场景驱动创新

晋城银行通过把智能化技术与相符的业务场景进行有效结合，有效地推进了银行绩效管理的智能化建设，促进银行战略转型落地，提高员工积极性，促进银行业务发展。

随着互联网、云计算、AI 和大数据等信息技术在金融行业的应用发展，信息技术与金融业务已高度融合，彻底颠覆了银行的传统经营模式。加强对新技术的掌握和运用，主动推进创新发展，是商业银行顺应信息化大潮的唯一出路。随着银行对绩效管理体系的重视和智能技术的不断发展，各个银行的绩效管理智能化应用将迅速发展，创造更大的价值，实现更大跨度的飞跃。

（供稿人：易娟娟）

案例 19　公主岭农村商业银行移动绩效考核系统建设

随着绩效考核的不断深入，为了更好地发挥绩效考核“指挥棒”的作用，2016 年 12 月，吉林省公主岭农村商业银行（以下简称“公主岭农商行”）建设的移动绩效考核系统（Mobile Performance Assessment System，MPAS）正式上线。它是基于互联网和移动终端开发的一款移动应用产品，旨在打造可移动的银行绩效考核系统。高管、中层、员工通过 MPAS 可随时随地掌握业绩、客户、排名、绩效，充分体现银行营销服务的科学性和便捷性。MPAS 的研发推广，相对于传统绩效考核模式的纸质化、手工化，有了进一步的发展。

一、项目建设背景

公主岭农商行坐落于吉林省公主岭市，是具有 60 余年历史的、经中国银监会批准的老字号金融机构，是我国东北地区的首家农村合作银行。2015 年 9 月，在“一行三社”基础上，公主岭农村合作银行改制为公主岭农商行。目前，总行设立 23 个部门，下辖 32 家支行、52 处营业网点，在岗人数约 700 人。

为了深化改革、加快转型、转换机制、提升核心竞争力，公主岭农商行迫切需要转型，而绩效考核就是转型的“指挥棒”。但是，在原有的绩效考核过程中存在实现区别考核困难、考核载体缺乏和激励约束失衡等问题。因此，量身打造真正符合公主岭农商行发展实际和迫切所需的绩效体系，保证人人得到公平、公正的考核结果，明确个人和机构的发展目标和差距，了解客户的实际贡献和切实需要，是适应金融行业发展形势、满足农商行绩效管理的迫切需要。公主岭农商行根据银监会等规范要求，结合自身实际，于 2015 年 5 月全新设计绩效考核体系，开发上线绩效考核系统。2016 年初，第一期绩效考核系统（PC 端）上线。绩效考核系统上线以来，员工的积极性有明显的提高，银行的整体业绩也有所突破，但 PC 端绩效考核系统也有以下局限性。

计算机资源有限，限制了员工及时、全面地获取客户、业绩、绩效等信息，绩效考核与行员的互动性依然不足。绩效考核系统属于银行内部的业务系统，业绩、绩效、客户、排行榜等信息只能在银行内部业务网段的计算机上才能查询，但是业务网段上的硬件资源有限，50%以上的员工不能便捷地访问绩效考核系统。

不能实时查询信息，限制了营销信息获取的实时性和营销活动开展的灵活性，降低了客户服务效率和质量。营销人员经常在外访谈客户、做活动，不能及时地查询客户、业绩等关键信息而且拜访客户、营销活动、工作业绩也不能实时地录入系统，及时生效。

绩效考核文化传递“僵化”，不能通过 PC 端及时、有效地传递给每位员工。行内一直强调让全行行员不仅清楚自己的工作任务，实时了解工作进度，还要做到对完成工作任务面临的奖惩心中有数。同时，还强调产品和客户的存量维护、增量拓展，实时地掌握客户动态；让员工能够随时了解序列排名和等级、同类业绩对比、“优劣快慢”的公开公平的绩效文化。行内期望实现“用规则管人”“用业绩说话”的企业治理。但是，PC 端并不能将这一系列的信息和理念通过系统功能实时地传递给行内的每名员工。

为了更好地帮助银行员工做好营销和客户服务，提升客户服务的效率，帮助管理者更好地做好运营管理工作，2016 年下半年行领导层决定上线 MPAS。利用移动端的普遍性、实时性、便捷性，深化绩效考核体系的建设。

二、项目建设思路

（一）技术选型原则

在 MPAS 的建设过程中，科技部结合现有金融 APP 的技术应用和省联社的技术要求，提出系统建设必须符合以下四个原则。

1. 先进性原则

系统构成采用成熟的、具有国内先进水平的并符合国际发展趋势的技术、软件产品和设备，同时能够支撑多平台，兼容 Android、IOS，并拥有接入其他应用的能力。在设计过程中充分依照国际上的规范标准，借鉴目前国内外成熟的主流网络和综合信息系统的体系结构，以保证系统具有较长的生命力和扩展能力。业务设计既要满足当前考核需要，并借鉴国内其他银行绩效考核系统的建设理念，又要立足于未来考核发展需求。

2. 规范性和标准性原则

软件开发过程符合 CMMI3 定义的所有过程节点，所有文档必须符合软件设计文档国家标准 GB8567—88。系统开发与建设应做到工作标准统一、业务流程统一、服务程序统一。在业务、软件产品、通信技术等各方面采用行业、国家和国际标准化组织制定的有关技术规范与标准。以系统的眼光完成整体规划，做到统一设计、逐步实施，并制定统一的数据标准、网络标准和应用标准，形成决策层、调度层、操作层之间相互衔接的标准体系。整个系统的应用符合业界标准，业务、功能、界面、内容均保持高度统一性和标准性。

3. 实用性和易用性原则

设计上充分考虑当前各业务层次、各环节管理中数据处理的便利和可行性，把满足绩效考核的需求作为第一要素进行考虑。全部人机操作设计均充分考虑不同使用者的实际需要；用户接口及界面设计充分考虑人体结构特征及视觉特征进行优化，界面尽可能美观大方，操作简便实用。整体上，要结合实际业务需求、现有业务系统的实际情况以及业务发展的前瞻性考虑，建成具有该行特色的 MPAS。

4. 安全可靠性原则

系统安全性是设计与开发系统的首要考虑因素，它必须符合当地银保监局对于业务系统接入互联网的安全要求。在设计应用系统时，需要制定一整套有效的安全措施，以保证整个系统的安全性，能够满足该系统制定的安全管理需要，防范来自内外部入侵的威胁。可靠性设计应有明确的可靠性指标和可靠性评估方案，并贯穿功能设计的各个环节，在满足基本功能的同时，要全面考虑影响可靠性的各种因素。针对故障模式（即系统故障或失效的表现形式）进行设计，最大限度地消除或控制产品在生命周期内可能出现的故障模式。

（二）业务设计理念

在业务层面，公主岭农商行实行机构登记系数加个人履职情况的双向考核，采用定性与定量指标相结合的方法，适当侧重绩效导向，建立等级绩效、满勤绩效、服务质量绩效、业务质量四项绩效奖励。考核内容体现相关性和多样化，倡导“全员营销”，充分调动员工的主观能动性，形成高、中、基层的联动，进行绩效和业务的辅导，推动全行业务的发展。而 PC 端绩效考核系统的主要作用是对传统的数据进行计算、统计、分析，在使用便利性、调动员工积极性和能动性方面还存在很大的局限性。因此，需要通过移动端绩效考核系统落地行方的“全员营销”“员工积极性”“绩效辅导”等理念。

1. 随时随地查看业绩和绩效，推动“全员营销”

MPAS 利用移动端的普及性、24 小时在线的属性，以及专用安全网络通道，让员工可以随时随地掌握个人的客户情况、业绩完成情况和绩效，更好地推动“全员营销”的落地。“随时”就是 7×24 小时；“随地”就是只要有网络覆盖的地方，都可以通过 MPAS 查看到业绩和绩效结果，更方便员工了解考核规则和考核导向。

2. 运用排行榜，调动全员积极性

通过业绩考核得分、人和机构绩效排名，行员和机构负责人能够随时做同类业绩对比。不仅起到“鼓励先进”“激励落后”的作用，也充分体现考核的公开透明，形成你追我赶的绩效氛围，最后帮助个人、机构、银行本身提升业绩。

3. 以客户为中心，高效、及时地服务客户

“顾客是上帝”“客户至上”“客户第一”等理念早已深入人心，从绩效的产生过程来看，客户既是绩效的源泉，也是银行的基石。因此，能够及时地掌握客户动态，为客户提供营销或服务不论是对员工还是银行都很重要。

4. 在线辅导业绩、绩效，打造有温度的绩效考核

日常工作中，支行行长与员工都是一对多的沟通模式，因此支行行长并不能及时地对员工日常的工作和业绩问题，做到实时的面对面沟通。如果员工在工作中遇到问题和困难，可以在线向支行行长实时反馈。支行行长可以直接进行在线解答或者马上进行线下的电话或者面谈沟通。支行行长通过绩效分析、绩效报告等发现问题，从而也能够及时进行绩效的辅导。通过建立持续的在线沟通机制，搭建一个基于绩效考核的内部沟通桥梁，作为日常沟通的一个补充。

三、项目建设过程

（一）MPAS 系统架构设计

基于上述提出的设计原则，系统架构设计分为六个部分，包括数据层、模块层、业务功能层、表现层、系统安全、安全平台（见图 5-6）。

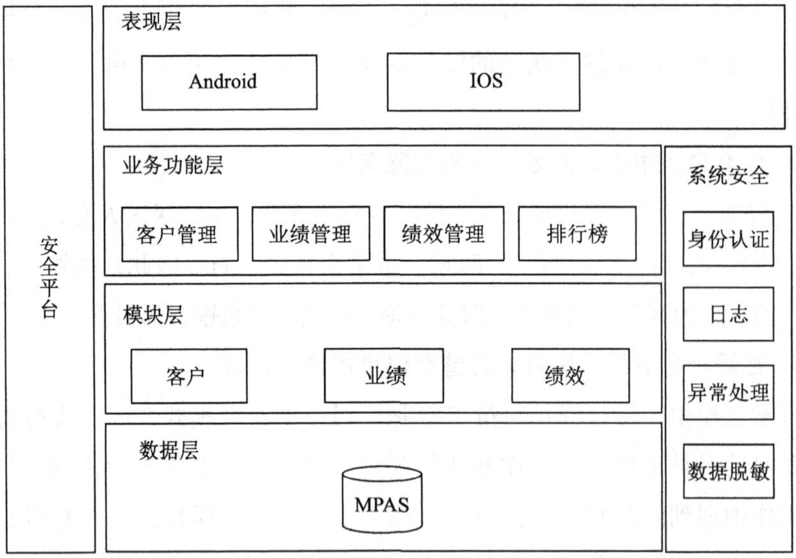

图 5-6　MPAS 系统架构

1. 数据层

移动端数据库与 PC 端数据库共用，在 PAS 系统总调度执行后，再执行 MPAS 调度，实现数据同步。根据移动端的业务需要，对 PAS 系统的数据进行二次加工和提炼，去掉冗余数据，生成移动端所需要的业务数据，提升客户端的响应速度。

2. 模块层

根据业务功能要求，提供基础 CRUD（Create、Retrieve、Update 和 Delete 的缩写）数据处理和相对复杂统计查询，主要包括客户、业绩和绩效三大模块。

3. 业务功能层

为了实现接口复用和业务快速迭代升级，更好地简化客户端页面查询接口数量和优化网络请求，需要对模块层进行封装和重构，形成业务功能层。主要包括客户管理、业绩管理、绩效管理和排行榜四大功能模块。

4. 表现层

运用移动端技术，以“原生+H5”的混合模式，将 H5 嵌入 Android 和 IOS，将具体的业务功能呈现给使用者。

5. 系统安全

为了保障业务正常运行和提升系统的稳定性和安全性，用户采用身份认证和授权方式登录，同时记录用户操作日志和系统异常错误信息。针对系统中的客户数据、账户数据等敏感信息做脱敏处理。

6. 安全平台

利用 VPN 搭建网络安全平台（见图 5-7），建设周期短、成本低、安全性能高，非常适合单产品应用，同时也符合监管要求。网络安全平台包括客户端安全、网络通信安全、服务端安全和数据库安全四大模块。

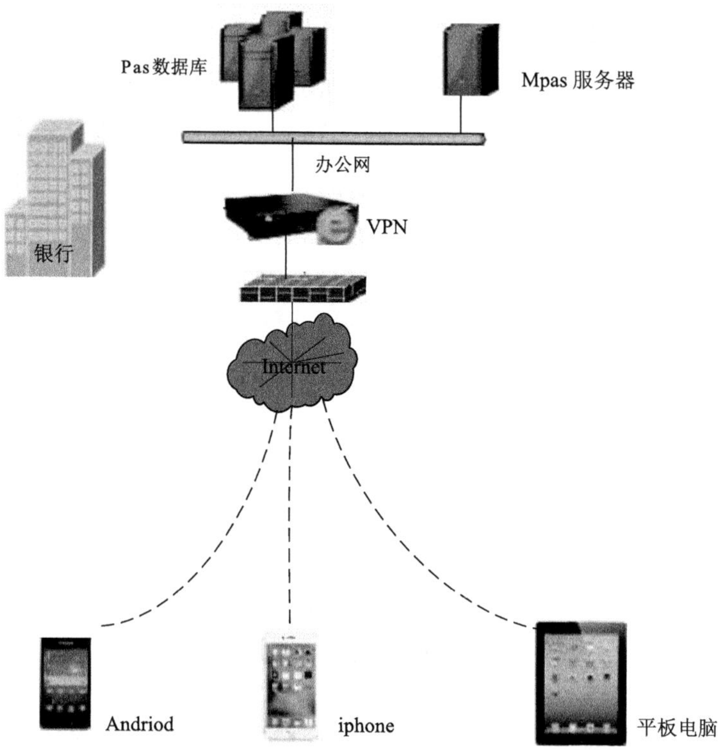

图 5-7　网络安全平台

（1）客户端安全。客户端集成 VPN 厂商的安全组件，然后与具体的系统对接，屏蔽底层操作系统的差异，向上提供统一的本地文件加解密接口、兼容标准 Socket 的安全通信接口、缓存清理接口以及数据隔离接口。

（2）网络通信安全。通过构建 SSL-VPN 加密隧道，实现数据的安全性。加密隧道使用专用的通道，实现端到端的数据传输，避免数据在传输过程中被不法分子抓包截取；同时，使用多种针对移动业务的优化机制，如高速传输协议、单边加速等，在保证数据传输安全的同时，最大限度地提升用户使用体验。

（3）服务端安全。一方面，对接入 VPN 的移动设备进行管理，一旦设备出现违规情况，系统界面会对管理员发出消息通知；另一方面，对移动办公的用户身份进行高强度识别，认证方式包括用户名/密码、硬件特征、短信、动态令牌、CA 证书、Ldap/Radius 单点登录等。

（4）数据库安全。主要是从数据库安全规划、分级管理、数据控制等方面实现数据访问的安全性。通过数据分级，保证数据访问的安全性，同时对关键数据采取访问权限限制。

（二）MPAS 建设内容

根据银行的建设理念，MPAS 共划分为九大业务模块，包括计划管理、业绩管理、绩效工资、业绩沟通、绩效报告、客户管理、排行榜、移动营销和活动管理（见图 5-8）。

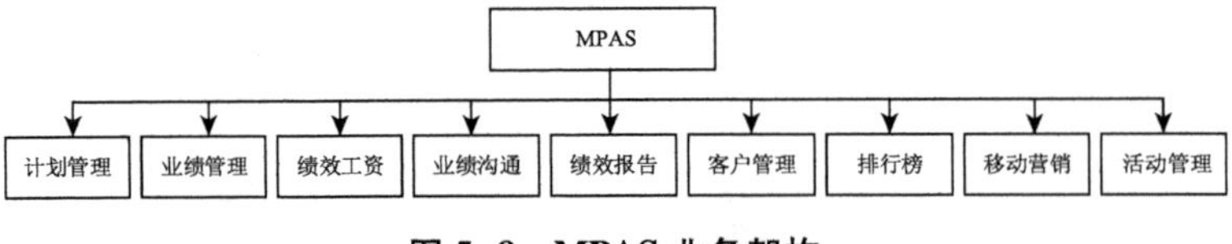

图 5-8　MPAS 业务架构

（1）计划管理。对接银行的年度计划，实时查询计划以及计划的完成情况。每个行员都了解自己的业绩计划和完成情况，支行行长可查询机构业绩指标的完成情况以及支行其他行员的个人业绩，行领导能够纵观全行的业绩和完成情况。

（2）业绩管理。可以查询个人、机构、全行每天的业绩指标值及增长情况，通过业绩预约，营销人员可预约客户业绩。行员可查看个人业绩，支行行长可查看机构业绩。

（3）绩效工资。绩效按月兑现，能够按天查询。绩效可分为个人绩效、机构绩效和全行绩效，不同角色查询不同绩效。

（4）业绩沟通。为支行行长与基层员工搭建在线沟通桥梁，帮助支行行长对员工做业绩辅导，帮助员工反馈工作问题或向绩效专管员或支行行长提建议。

（5）绩效报告。绩效报告是指行员、机构、全行的绩效体检报告。每个月末，生成个人绩效报告、机构绩效报告、全行绩效报告，为行员、支行行长和行领导提供绩效分析。

（6）客户管理。客户管理是指管理与个人业绩相关的客户。系统会每天自动计算客户资产变动情况，及时提醒客户经理跟进拜访，随时维护客户信息，与客户保持良好的沟通和记录。

（7）排行榜。排行榜是指业绩指标、绩效、管户情况、个人考核得分等的排名情况。可以根据部门内、同岗位进行排名，让行员了解其他员工的业绩情况，激励行员提升业绩。同时，在全行范围内进行岗位排名，让行员了解自己在全行内的业绩拓展情况。

（8）移动营销。利用移动端的便利性，搭建产品营销的移动营销平台，通过移动营销平台，将银行的产品信息分享到社交平台。银行客户对感兴趣的产品可以直接通过移动营销平台填写个人信息，客户经理能够及时地跟进。

（9）活动管理。对银行的营销活动进行公示、汇总、排名，然后让行员及管理者了解个人或机构在营销活动中的业绩及排名情况，帮助行员或机构做好冲刺。

（三）MPAS 运营

首先，通过全行发文和培训普及 MPAS 在全行的使用。2016 年 12 月，MPAS 正式上线，公主岭农商行为此做了全行的发文和通告。为了让员工尽快熟悉和掌握此系统，举办了 MPAS 操作培训班，从各个支行、网点选取部分员工做统一培训。在培训合格后，这些参加培训的员工再回到所在机构，对机构内其他员工进行培训或者现场演示该系统的各项功能，完成 MPAS 使用的培训和推广，促进全行员工对该系统的使用。

其次，通过定期向行领导汇报、员工访谈以及建设员工需求的反馈渠道，保证 MPAS 能够良好地运行和发挥其应有的作用。在每季度的效果评估报告中，加入 MPAS 使用的相关情况，定期向行领导进行汇报，并收集领导意见。在日常的下支行、员工座谈会的活动中，把 MPAS 的使用作为一项重要的访谈内容，收集员工关于 MPAS 的使用意见和建议。充分发挥支行绩效专员的作用，建立从员工到支行绩效专员，再到总行绩效专员的需求反馈渠道；覆盖全行所有人，保证员工对系统的使用意见和建议能够及时地反馈到绩效考核办。

最后，根据收集的意见、建议以及系统使用数据，完善绩效考核的业务场景，不断优化移动端的使用体验和功能的迭代开发，充分发挥优势，深化绩效考核。

四、项目建设效果与启示

（一）MPAS 提高了行员的营销积极性，提升了管理效率

MPAS 上线后，每位员工都能够查询个人客户资产的变动信息，对于变动的客户，客户经理能够及时地联系和拜访，提高了客户维护效率和营销效率，降低了客户的流失率，提升了客户服务质量和客户的满意度。通过全行业绩、绩效排行榜，形成了“你追我赶”的绩效氛围，丰富了绩效文化的传播渠道。支行管理者能够随时查询营销人员的客户维护情况、业绩情况，及时地督促和帮助营销人员完成工作任务和业绩。通过机构绩效、机构业绩、机构报告，管理者能够随时掌握支行的运营情况并以此辅助决策，各个机构的业绩都得到了大幅度提升。

（二）MPAS是强化银行绩效考核的工具

绩效考核系统的移动化是技术发展的一种趋势，它通过手机让银行绩效考核与员工的连接更加密切，极大地提升了银行绩效考核“指挥棒”的作用。它能够帮助银行提升绩效考核和效率，同时也是建设数字化银行的一部分。员工通过MPAS可以随时随地查看业绩、绩效和排行榜，提升员工积极性。MPAS还可以宣导绩效考核文化，更好地提升银行绩效考核，提升银行业绩。

（三）MPAS建设的基本前提是建设网络安全平台

银行是我国金融体系的核心，它聚集了各行各业的企业、个人等金融数据。在完成银行MPAS的建设过程中，保证数据在互联网上传输的安全、银行内部系统的安全，是建设系统的首要前提。中国银保监会也提出，只要银行的业务数据需要接入互联网，就必须建设高安全、高可用的网络安全平台，保证业务网段和互联网的安全隔离，并且针对接入互联网的敏感数据，必须做好数据安全保护工作，避免数据泄露。

（四）软件系统运营维护能力是保证银行绩效考核的基础能力

MPAS不同于传统的系统，它聚焦银行绩效考核，是一款有生命力的产品。从业务上，需要根据银行绩效考核的发展不断迭代更新，保证业务在软件产品中及时呈现，更好地推动银行绩效考核的进程。从用户体验上，作为一款移动App，必须符合用户的操作习惯，打造友好的用户界面，并保持和当前主流App一致。从运营层面，必须紧密结合员工的使用诉求和银行的发展要求，保证产品可持续的使用。因此，无论是业务、用户体验还是运营，都要求行方具备移动端的开发能力和运营能力，这样才能充分发挥移动端优势，更好地促进银行业务发展。

（供稿人：张承军）

案例20　A省联社绩效管理云平台建设

2016年，中国银监会发布《中国银行业信息科技“十三五”发展规划监管指导意见（征求意见稿）》（以下简称《意见》），成为中国金融云建设的里程碑。《意见》明确了对银行业云计算的监管意见，提出积极开展云计算架构规划，主动和稳步实施架构迁移。云计算作为推动银行数字化转型的基础，已备受关注，银行上云已成趋势。

A省联社绩效管理云平台，是私有云上的SaaS服务，实现了绩效考核业务的云化，为后续业务创新奠定了基础。

一、项目建设背景与历程

（一）项目背景

5年前，A省联社完成绩效考核系统上线。随着业务的发展，系统改造需求越来越强烈。一方面，各行社在发展阶段、战略、绩效考核阶段、区域经营环境、“一把手”建设思路和要求五个方面的差异化逐步拉大；另一方面，各法人机构的个性化业务日益凸显，运维工作量与日俱增，传统架构的弊病日益明显。

在农商行的绩效考核系统建设中，存在各行社自建系统的模式。在该模式下，省联社不是统一建设系统，而是将数据下发到各行社，由各行社根据自身业务特征构建绩效考核系统。该模式虽然能够解决各行个性化需求的问题，但依然存在其他问题。一方面，系统建设水平参差不齐，系统建设理念各有千秋，制约了先进管理思想的传播；另一方面，各行社采购硬件设备，组织系统设计与实施，组建运维团队，重复建设的情况不可避免。

为进一步促进各行社形成具有各自特色的企业管理竞争力，A省联社建立自主可控的多法人绩效管理体系，计划建设具备持续生命力的绩效管理云平台，面向各行社提供SaaS服务。

（二）建设历程

A 省联社绩效管理云平台先后经历了系统建设、数据接入、行社试点、全面推广四个阶段（见图 5-9），其具体内容如下。

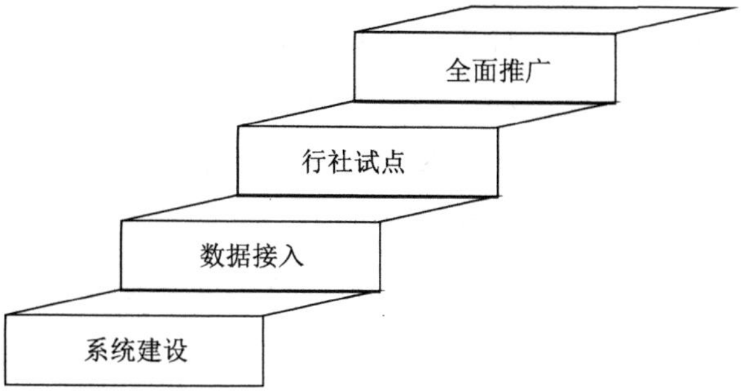

图 5-9 A 省联社管理云平台系统建设阶段示意

第一阶段，完成绩效管理云平台的建设工作。采用微服务框架，根据多租户以及数据隔离的思想，配合数据仓库的数据优化策略实现软件建设，最终将软件部署在 kubernetes 集群上。

第二阶段，完成数据接入。在对现有绩效系统接入数据分析的基础上，调研部分法人行社，开展考核数据分析与需求收集工作。梳理绩效平台中各层级的关系，结合该社在建的数据仓库数据供给策略以及数据规范约束，采用迭代模式开发，搭建平台中的 ETL 应用，为下一阶段的各联社应用上线做准备。数据接入时，首先，完成现有数据的接入工作；其次，根据各行社的具体考核需求，有针对性地接入考核数据。

第三阶段，完成系统的试点工作。通过实际分析试点联社的考核情况及实际需求，在基础应用上进行个性化改造，为试点行社搭建其专属的个性化应用系统。

第四阶段，全省推广，保证全省绩效考核管理体系既能够保质保量地实现既定目标，又能够为下一阶段的系统优化打好基础。在系统实施时以“统一规划、分期建设、注重效果、持续优化”为原则，在全省分为三期实施，原则上按照地级市集中实施。

二、项目建设思路

在A省联社《业务发展与IT建设统一规划》蓝图中，绩效管理平台定位于重要的数据应用系统，解决各行社绩效考核能力不足的问题。绩效管理平台将支持多种考核模型和个性化考核方法，提升各行社自主使用绩效系统开展考核工作的能力，实现各行社进行自动化考核的目标。随着绩效管理平台的推广，为各行社搭建绩效考核交流的平台，逐步引导各行社从规模考核向精细化考核转变，注重提升价值利润考核，提升行社本身的企业竞争力。

基于以上系统定位，该平台的建设思路是，在省联社云计算环境下，建设基于SaaS模式的绩效管理云平台（见图5-10）。

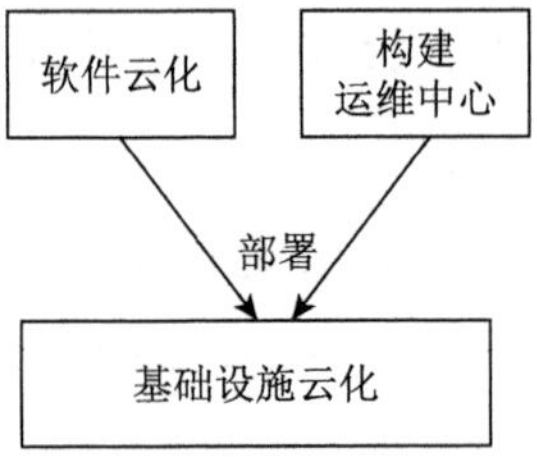

图5-10　绩效管理云平台建设思路示意

（一）软件云化改造

采用多租户技术，实现多个租户之间共享系统实例，同时又可以实现租户系统实例的个性化定制。采用多租户的机制，可通过将个性化的部分以及共性的部分集成起来形成该行社的应用。对各行社来说，与自建系统没有区别。

为了支撑DevOps能力，系统采用微服务框架。当有行社需要接入绩效系统时，只需如拼积木般单独搭建其专属应用即可。通过拼装微服务，构建各行社应用，满足了各行社之间考核诉求不同的需求。通过快速升级微服务，满足了各行社快速实现个性化诉求的需求。这样既能保障统一建设的平台能够满足各行社的差异，为全部行社服务，又能顺应业务发展诉求，保持系统的持续生命力（见图 5-11）。

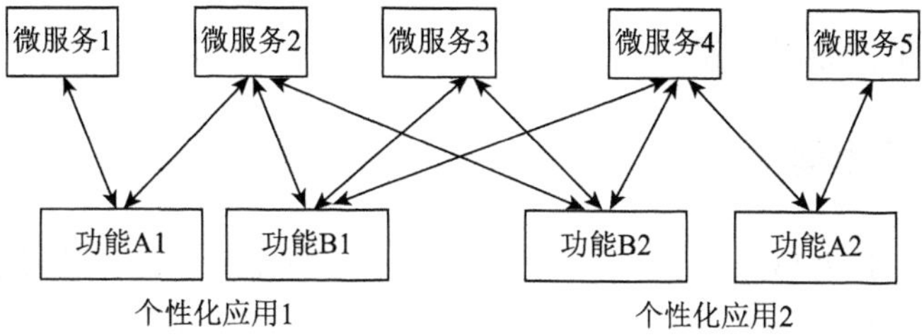

图 5-11　微服务组装应用示意

（二）运维中心的构建

采用云平台以后，运维工作集中在省联社，迫切需要一个高效的工具提升工作效率和质量。其核心工作包括以下几个方面。

一是打造 DevOps 能力，提升业务敏捷度。DevOps 能力的打造，能够建立开发和运维团队之间的高效协作关系，缩短交付周期，增加软件发布的可靠性，实现交付过程的可视化。

二是实现平台的监管，提升工作效率。一方面，实现云平台的软硬件运行状态的监管，实时告警，保障系统稳定性；另一方面，对租户、软件版本、业务模型、硬件资源等方面的管理，实现工具化和自动化。

（三）基础设施的云化

基于 Kubernetes（以下简称“k8s”），A 省联社实现了 IaaS 层的建设。k8s 是容器化服务及应用的管理器。在该项目中，只需对软件采用容器部署，便可实现硬件资源的动态伸缩。

三、技术方案概述

根据系统定位及建设思路，对系统的整体架构、应用架构、技术架构进行设计。用于明确平台内各部分之间的关系、所涉及的业务范围、所采用的技术，以便于指导平台建设。

（一）整体架构

针对旧绩效考核系统的局限性，考虑将数据处理、功能模块以及各联社的应用分开，使各联社的绩效考核应用独立运行，不相互影响。改造后的绩效考核管理平台主要分为基础设施、数据中心、服务中心、应用中心、运维中心五大部分（见图 5-12）。

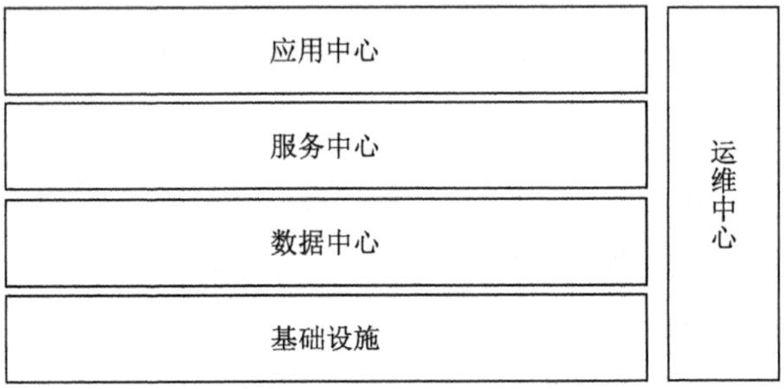

图 5-12　整体架构示意

1. 基础设施

采用分布式架构，基于 docker 容器技术实现硬件资源的动态伸缩，从而提升资源利用率。

2. 数据中心

对于各租户，实现了绩效数据的统一清洗、转换、计算、维护；对于全省 IT 规划，实现了构建绩效数据仓库，保障了全省系统中绩效数据的一致性。

3. 应用中心

绩效平台的应用层集成了运行在绩效平台中的所有应用，根据应用的使用对象分为省联社应用以及各行社应用两种。省联社应用，用于实现省联社对各行社及省联社各条线的考核。各行社应用，即各行社具体使用的应用。关于省联社和各行社应用的具体介绍如下。

（1）省联社应用。通过建设省联社指标库、方案库、考核模型，实现省联社对各级行社、各机关部室和业务产品的考核，包括各级行社各项业绩指标（存款、贷款、中间业务、利润、EVA）的计算及展现；省联社分配给各级行社经营任务完成情况的考核；实现省联社对各省联社机关部（室）、各市级（行）办事处的工作考核和绩效工资展示；实现省联社对全省各业务产品指标的计算和展示。

（2）各行社应用。基于产品营销计价/综合考评的方式考核到每位员工，满足各行社的基本绩效考核需求，包括行社对支行和网点的考核、行社对职能部门的考核、行社对各业务条线的考核、行社对员工的考核。标准应用主要考核对象和考核目标包括：多种管理模式实现考核；实现业绩量化到个人；实现对经营机构、机构负责人、客户经理（全员营销）、前台柜员、经营机构其他行员、行社职能部门的考核；考核指标体系的建立；构建以利润考核为核心的绩效考核管理体系；考核指标灵活配置；实现“T+1”的业绩展现和考核。

4. 服务中心

绩效考核平台的公共业务层主要集成了绩效考核应用使用的基本组件。在改造后的平台架构下，各行社的应用、省联社应用，从服务中心获取所需的组件，采用“搭积木式”的方式实现系统快速部署。

5. 运维中心

运维中心包括平台监控、租户管理等。其中，平台监控包括对各行社应用的运行情况、资源使用情况以及绩效平台自身的使用情况等。租户管理，实现租户开户、租户应用、省联社应用的维护，运维中心有效地降低了运维人员的工作量，提升运维人员的工作效率，进而保障系统的稳定运行。

（二）应用架构

绩效考核应用涵盖了当前绩效考核工作中所需的功能模块，主要功能如下（见图 5-13）。

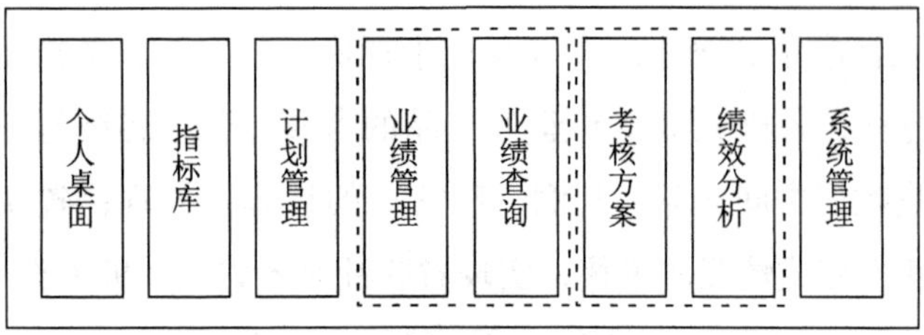

图 5-13　应用架构示意

（1）个人桌面。个人桌面内置客户经理、柜员、支行负责人、总行领导、系统管理员等一些常用角色桌面模板，根据具体的用户角色筛选不同的桌面模板。

（2）指标库。主要涵盖了指标的管理功能，可实现指标配置、参数配置、手工指标的管理和导入、基数方案配置，以及员工个人考核基数的确定。

（3）计划管理。主要包括任务计划管理、任务完成情况监控功能，通过该功能可实现省联社对各级行社、各级行社对自身经营机构的任务管理和任务实现维度监控。

（4）业绩管理。主要包括业绩分配、业绩监控、业绩预约、机构撤并等功能，可实现业绩分成核算和阈值分配，业绩分配过程监控，业绩手工导入和分配功能，机构撤并操作，批量处理其业绩的归并操作。

（5）业绩查询。提供对指标、业绩分配等信息的查询功能，主要包含业务量查询、业绩指标查询、业绩明细查询及分配日志查询。

（6）考核方案。主要提供考核方案管理配置、个性化的考核方案自行配置、考核对象管理、在线评分管理、等级星级评定配置、应用结果查询等功能。

（7）绩效分析。主要提供利润分析、业绩分析、客户分析、绩效报告功能，可以实现对行社、机构、行员的业绩明细和利润的分析。

（8）系统管理。主要包括系统运维参数、权限管理、系统参数、绩效报告管理、业务说明等功能，考核管理员可以根据需要配置系统管理员、行社不同角色的操作管理权限，制订调度计划、调度跟踪和实现数据迁移功能，实现系统参数管理、实现绩效报告展现的管理配置和业务说明文档的上传/下载等。

（三）技术架构

改造后的绩效平台技术架构主要包括数据层、核心处理层、服务层、应用层、服务治理和注册中心（见图 5-14）。

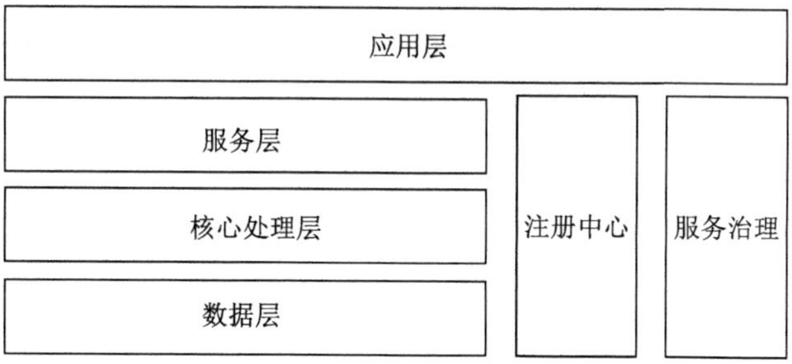

图 5-14　技术架构示意

1. 数据层

数据层由公共数据库、省联社数据库以及各行社数据库构成。

公共数据库主要存储公共数据，包括从数据仓共性加工层获取的指标类数据、从数据仓数据标准层获取的明细类数据、公共方案库以及绩效管理平台的元数据模型等。省联社及各行社数据库采用一个行社一个数据库实例的策略完全隔离各行社数据，主要存储各行社账务数据、指标数据、方案数据等。

2. 核心处理层

核心处理层主要包括数据库中间件、存储过程、数据处理层。数据库中间件主要对数据库集群进行操作，绩效平台服务层的请求都通过数据库中间件对数据库集群进行增删改查，各行社都有独立唯一的数据库代号，数据库中间件通过各行社的数据节点代号进行识别。数据库中间件支持混合的数据库集群，比如 ORACLE 与 DB2 的混合集群。存储过程主要用来处理业绩关系的计算、工资模块的计算等，最大化地提高服务器计算的效率，缩短时间。数据处理层是绩效平台自己封闭了一套数据库工具类，对 ibatis，jdbc，etl，hibernate 等开源工具进行二次封装，除了能提高业务功能开发的效率，也降低了开发的难度，为各种不同的个性化需求提供了不同的处理方案。

3. 服务层

服务层采用微服务架构，包括公共服务、指标服务、考核方案服务、业绩服务等，每种服务都以微服务形式管理。其中，公共服务主要负责用户登录验证、用户角色权限配置、元数据加载等；指标服务主要包括指标的配置、指标查询、指标导入等服务。考核方案服务主要包括方案配置、方案导入服务等。业绩管理服务主要包括业绩查询、业绩分配服务等。

4. 应用层

应用层包括省联社应用、个性化应用等多种应用，这些应用主要通过平台的微服务组装而成，具有高复用、易管理的特点。

5. 服务治理

服务治理包括服务的管理、负载均衡、权重的调整等对服务的配置，满足不同应用对不同服务的需求，方便服务的维护以及升级等。可以通过服务的分布式部署提高服务的并发量和高可用性，有良好的伸缩性。平台管理员可以根据各联社应用的使用情况对服务进行调整。

6. 注册中心

注册中心主要完成服务注册治理，采用 zookeeper 框架，通过分布式的方式协调各联社应用的微服务。注册中心可以根据需要进行横向扩充。

四、项目建设启示

2019 年 7 月，A 省联社完成本次分布式改造工作，实现绩效管理云平台正式上线。通过第一批租户的推广，价值已经逐步体现。经过本次实践，获得如下启示。

1. 设计系统时需要着重考虑后续运维

业务系统以 3~5 年为周期进行换代，是业界的普遍现象。省联社集中建设的绩效管理系统，由于各行社的个性差异较大，省联社绩效管理系统的需求迭代工作相较其他业务系统更加繁重。因此，在系统设计之初就需要考虑后续运维工作的模式。该项目在技术上采用了微服务框架，以提升系统的快速迭代能力；在运维方面，引入 DevOps，以提升运维团队和需求团队的协作能力。

2. 业务特征决定了多租户技术的必要性

各行社在建立绩效管理体系时，需要结合分公司内自身情况建立与行社发展情况相一致的体系。因此，不同行社的业务需求不一致，不同阶段的考核导向也不同。

在各行社的体验上，传统省联社集中建设模式，由于各租户没有实现隔离，不能支持各行社个性化跑批，系统跑批效率低。多租户技术实现了租户数据的隔离，保障了租户的独立性。采用多租户技术后，各租户在使用上与自建系统无异。

在分享先进管理经验时，传统省联社集中建设模式，由于系统迭代周期长，时效性很差，如果各行社独立建设系统，系统的千差万别阻碍了先进管理经验的分享。多租户技术实现了软件实例被多个行社共享，这样软件的更新和迭代更加易于管理。通过共享软件案例，先进管理经验得以分享和实践，各行社绩效管理水平得以提升。

（供稿人：何港杰）

第六章　综合案例

案例21　亳州药都农村商业银行全面绩效建设成效卓著

2014年，亳州药都农村商业银行（以下简称“药都农商行”）与广州天维信息技术股份有限公司（以下简称“天维信息”）合作开展绩效考核项目建设工作。通过双方为期六年的打造，药都农商行绩效考核各项工作从建设期到磨合期，再到成熟期，员工对绩效考核的认知不断加深，绩效考核各项工作逐渐明朗，绩效考核效果逐渐显现。从员工对绩效考核工作的重视度而言，药都农商行上至董事长，下至银行职员都非常重视绩效考核管理工作。从绩效考核工作的开展来看，药都农商行已经打造了具有自身特色的“一纵一横”绩效管理组织体系，形成了高效的绩效管理文化，建立了激励有效的考核制度，开发了信息化程度较高的绩效考核系统。从绩效考核取得的效果来说，药都农商行绩效管理工作在管理体系、文化体系、制度体系、软件体系上都取得了显著成效，员工的积极性、绩效管理能力、绩效管理信息化水平等显著提升，并且连续两次获得“全国农村金融十佳绩效管理银行”的荣誉称号。药都农商行在取得了这些成绩的背后，究竟都有哪些可供我们借鉴以及学习之处呢？本部分将进行全方位的分析。

一、项目介绍与建设背景

（一）药都农商行简介

药都农商行位于“世界中医药之都”——安徽省亳州市。在这片土地上，药都农商行以独特的视角和突出的优势，在服务“三农”、服务中小微、服务地方经济发展的过程中，扮演着重要的角色。近年来，药都农商行先后荣获了省政府颁发的“全省金融创新先进单位”、省联社颁发的资产质量和经营效益“双十佳”单位、市政府唯一授予的“市民最信赖的银行”等称号。2016年以来，药都农商行更是以突出的创新能力和经营业绩先后荣获“2016 年全球 1000 强银行”“2017 年度中国金融机构公众品牌认知度 100 强”“2017 年度中国银行机构公众品牌认知度 100 强”“2017 年度中国服务县域经济领军银行”“全国农村金融十佳绩效管理银行”“普惠金融创新中小银行”“2017年度中债优秀发行机构奖” “2018 中国服务县域经济领军银行”等称号。2018 年，药都农商行被中国银保监会评为“全国标杆银行”。在第八届“农信银杯”评选中，创新产品“金农易贷”被评为“全国农村金融十佳科技创新产品”。

自安徽省联社成立以来，药都农商行坚持深化改革、创新发展，先后于2005 年实行一级法人，2010 年成立药都农合行，2012 年顺利完成农商行组建，2014 年启动主板上市计划。通过不断的探索，药都农商行经营机制更加灵活，业务品种日趋丰富，网点建设覆盖城乡。近年来，药都农商行以改革、创新、发展、控险为发展主线，加强金融服务和金融产品创新，强化合规建设和企业文化塑造，践行普惠金融，审时度势，顺应潮流，取得了令人鼓舞的可喜成绩，走出了一条具有鲜明地方银行特色的经营之路。目前，药都农商行注册资本 10.17 亿元，总部设有 18 个职能部门，下辖 52 个分支机构（含营业部），全辖员工 784 人。

（二）项目建设背景

自 2014 年以来，随着金融脱媒、投资需求多元化、利率市场化、互联网冲击等对传统银行的影响不断加剧，药都农商行意识到只有通过不断修炼内功，坚持以改革、创新、发展、控险为发展主线，释放内部活力，激发内部热情，发展金融科技，进而提升银行内部竞争力，才能在激烈的竞争中得以发展。如何修炼内功、提升银行竞争力？药都农商行开始寻找能为其提供绩效考核新思路的供应商，天维信息具备为银行提供专业的绩效考核服务的能力，因此双方不谋而合，达成合作协议。药都农商行绩效考核建设发展之路由此开始。

药都农商行绩效考核建设工作概括为三个阶段，分别为粗放式绩效考核阶段（2014 年以前）、绩效管理体系构建阶段（2014—2016）以及全面的绩效管理阶段（2016 年至今），如图 6-1 所示。

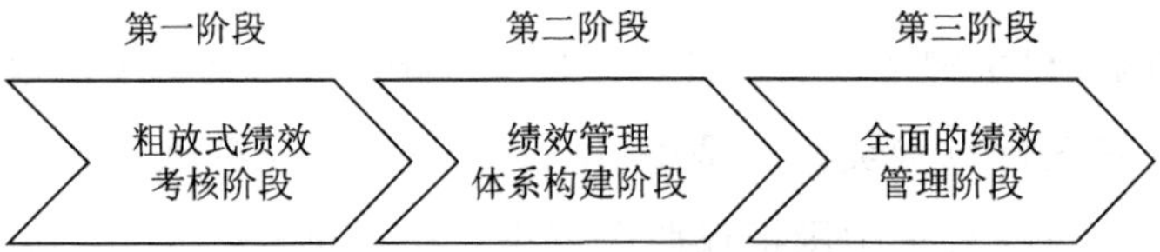

图 6-1　药都农商行绩效考核建设工作的三个阶段

1. 粗放式绩效考核阶段

2014 年之前，药都农商行考核模式相对粗放，未考核到人，既没有专门的绩效考核系统，信息化水平较差，绩效完全依赖手工核算，也没有设置专门的绩效管理组织，绩效考核谁来做、怎么做这个问题也一直没有得到很好的解决。在这个阶段，行员基本上不清楚何为绩效考核，总行也未完全将绩效考核工作作为一项关键性的管理工作来抓。因此该阶段即为粗放式绩效考核阶段。

2. 绩效管理体系构建阶段

2014—2016 年，药都农商行开始与天维信息合作，以“三位一体”的合作模式共同打造绩效考核体系。天维信息提供的服务主要有协助搭建绩效管理组织、绩效制度建设、价格测算、绩效系统与应用推广等。在此阶段，药都农商行在天维信息的建议下，逐步开始完善绩效考核的管理、文化、制度以及软件体系，通过为期两年的打造，效果不断显现。我们将此阶段称为“绩效管理体系构建阶段”。

3. 全面的绩效管理阶段

2016 年至今，随着药都农商行对绩效管理认识的深入及与天维信息合作进入佳境，药都农商行与天维信息进一步签订了为期五年的数据服务合同，服务的主要内容涵盖天维信息提供的绩效管理所有服务，包含“三位一体”合作内容的循环、系统运维、效果评估及培养绩效管理人才。在此阶段，药都农商行绩效考核工作进一步推进，绩效考核的管理体系、文化体系、制度体系以及软件体系这四大体系也进一步完善，进入了全面的绩效管理阶段。

二、项目建设思路与历程

（一）基本思路

从药都农商行绩效考核体系的建设历程来看，绩效考核体系构建的初期都是摸着石头过河，并不清楚绩效考核体系的具体工作及长远的建设规划。但是，随着绩效考核体系建设工作的开展，银行对绩效管理认识的不断提升，绩效考核体系建设的目标与规划也逐渐明晰。从实际情况来看，药都农商行总体建设思路是“从无到有”“从粗放到精细”“从员工不理解、不接受到员工普遍接受、重视”“从普通到卓越”。

根据绩效管理建设的“四个体系”理论，药都农商行与天维信息在绩效考核体系建设初期确定了基本的建设逻辑与思路。其中，管理体系的建设逻辑是初期成立并强化“一纵一横”绩效管理组织，将绩效管理职责落实到部门与个人，“一把手”亲自抓，合规部负责绩效管理工作规划、绩效管理优化及绩效运营工作；文化体系建设的逻辑是通过运营、培训、调研、会议、考试、座谈、远程或者面对面交流沟通等方式，反复强调考核理念，逐渐让员工上下一心，合力打造以“爱岗、敬业、奉献”为核心的高绩效企业文化；制度体系建设的逻辑是先建立一套覆盖全员、考核到人、能够体现多劳多得的考核制度，后续每年再根据年度计划与银行绩效管理发展水平逐步进行优化；软件体系的建设逻辑是先搭建支持将业绩分配到人的业绩管理平台及能够实现将产品考核到人的绩效核算平台，然后逐步完善绩效考核系统，实现绩效考核的系统化。目前，绩效考核的“四个体系”建设已相对完备，有效地提升了药都农商行的绩效管理水平。

（二）建设历程

药都农商行绩效考核工作的建设历程大致可以分为三个阶段，分别为建设期、磨合期和成熟期，各个阶段的主要工作及目标各不相同，如图 6-2 所示。

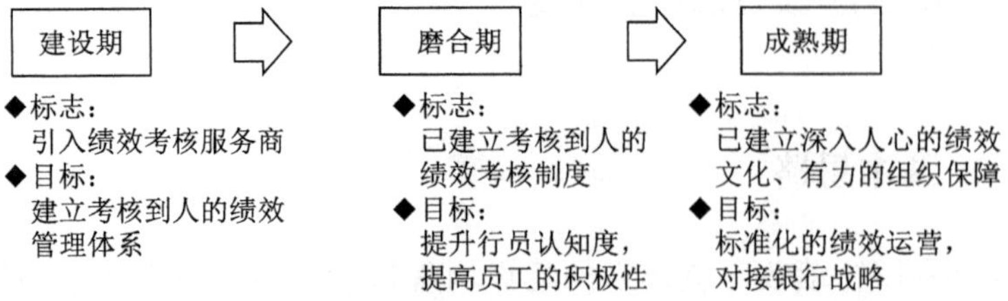

图 6-2　药都农商行绩效考核工作建设的三个阶段

第一阶段：建设期。这个阶段的主要标志是引入绩效考核服务商，主要目标是建立考核到人的绩效管理体系。该阶段的主要工作内容包括两项：一是建立考核到人的绩效管理制度，体现多劳多得，激发员工工作积极性；二是打造绩效考核系统，实现绩效系统自动化。

第二阶段：磨合期。该阶段的标志是已建立考核到人的绩效考核制度，搭建了业绩平台及考核到人的绩效考核系统，主要目标是提升员工对绩效考核的认可度，进一步提高员工的积极性。该阶段侧重绩效文化体系建设，主要工作内容是绩效运营，包括绩效理念宣贯、绩效座谈、培养绩效管理专业人才、绩效反馈与绩效管理优化等。

第三阶段：成熟期。实践表明，一套成熟的绩效管理基本上要经历长时间的磨合，药都农商行基本上经历了“一年建设，两年磨合，五年成熟”的发展阶段。这一阶段的主要标志是形成了深入人心的高绩效文化，建立了保障有力的绩效管理组织，打造了信息化程度较高的绩效考核系统。该阶段的主要工作目标是进行标准化的绩效运营，及希望绩效考核逐步与银行发展战略对接，保证银行战略实施。该阶段通过每天维护业绩关系、每月兑现绩效工资、每季度进行效果评估、每年对接年度计划这样的标准动作执行，进而将绩效考核打造成一套的 PDCA 循环体系。

三、项目实施方案

"一年建设，两年磨合。"经过多年的绩效管理实践，药都农商行形成了一套适合自身发展需求的绩效考核体系。借用本书开头的"四个体系"理论，分别从药都农商银行的管理、制度、文化和软件四个维度进行分析。绩效管理的四大体系如图 6-3 所示。

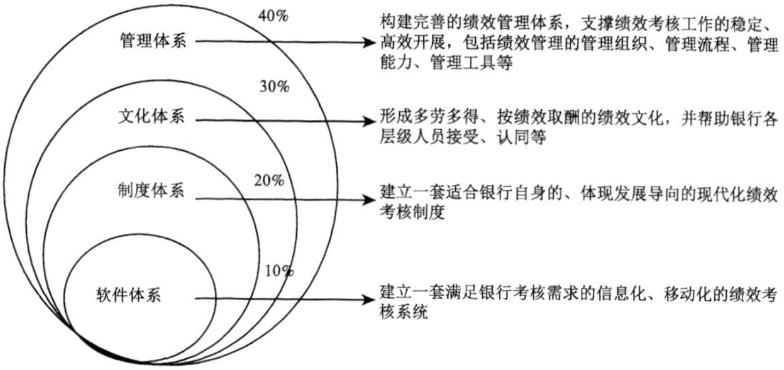

图 6-3　绩效管理的四大体系

（一）管理体系

绩效管理不是简单的绩效评价，更不仅仅是考核，关键在于"管"，这是药都农商行全行上下形成的共识。为了保障绩效管理卓有成效，药都农商行组建了独具特色的绩效管理组织，将"管"与"评"职责分离，更加突出绩效管理"管"的功能。

1. 打造独具特色的绩效管理组织

在合作之初，药都农商行就建立了"一纵一横"绩效管理组织，但其与常规的"一纵一横"又有显著的差别。常规的牵头部门要么是人力资源部，要么是计划财务部，要么是科技部门，但是药都农商行却将牵头绩效管理工作的责任落实到了合规部门，这或许与药都农商行极度重视合规引领有关。随着药都农商行对绩效管理工作认识的深入，绩效管理工作的范围在持续扩大，工作的复杂度也日益提升，应绩效管理工作优化的需要，总行在保持合规部门引领绩效管理工作的同时，将部分工作职责移交至人力资源部，使绩效管理工作的推行更加顺畅。药都农商行的绩效管理组织也因此形成了“合规部牵头、优化，人力部门运营、实操”双部门负责的“一纵一横”的特色。在双部门的绩效管理组织中，合规部门核心工作职责是负责战略分解、绩效管理方案优化、效果评估、业绩关系一般争议处理、产品单价测算、数据分析、绩效座谈、绩效会议组织以及绩效文化宣传等工作；人力资源部门的核心工作职责是负责绩效监控、绩效反馈、业绩关系调整、绩效工资发放、数据核对、岗位调整以及绩效系统数据参数配置等运营工作。绩效管理工作双部门负责制具有一定的历史性与必然性，药都农商行绩效管理工作一直是由合规部牵头，合规部门在绩效管理优化上有着丰富的经验；而人力资源部门是人力工作的专业部门，对人力资源运营与实操具有较大优势，二者通力合作，相得益彰。

2. 将绩效考核提升到绩效管理的高度

与同业相比，药都农商行早已意识到绩效考核的重要性，积极地引进新的绩效考核理念，对绩效考核的认识也已经上升到了绩效管理的层次。绩效管理与绩效考核最大的区别在于，绩效考核强调的是建立一套全员覆盖能够准确衡量、评价员工的工作行为、工作结果的体系化的考核制度，而绩效管理是建立在以绩效评价制度为基础的体系化的管理活动过程。绩效考核强调的是评价，关注评价方法与工具；而绩效管理强调的是提升绩效，更关注如何提升绩效这一过程。根据公式“绩效=合力×动力×能力”，考核或许能解决动力问题，但只有采取持续不断地沟通、及时优化方案、针对性地辅导及关注员工能力提升等持续的管理举措，方能保证绩效管理取得成效。

为了保证及检验绩效管理的效果，除了打造“一纵一横”的绩效管理组织外，药都农商行还非常重视效果评估。药都农商行每年末或者年初都会开展一次为期一个多月的效果评估工作，效果评估的主要目的是评估绩效管理效果，找出影响效果的因素并提供解决建议，其主要工作内容包括发放调研问卷、进行核心部门访谈、开展支行调研、座谈会议、进行大量的数据分析等。这些工作主要由合规部牵头，天维信息项目组具体实施，全行参与。药都农商行牵头部门非常重视效果评估，每天都会听取项目组对评估结果的汇报，经常讨论效果评估框架、内容、问题及建议。最终报告会在所有班子成员及主要部分负责人参与的会议上汇报。在会议过程中，能解决的问题会立即确定解决方案，解决不了的问题会进一步明确各部门职责并提供可行的解决方案，由绩效考核部门进行监督执行。

（二）文化体系

提到药都农商行，大家想到的关键词肯定离不开“药都模式”。“药都模式”的魅力到底体现在哪里，全国范围内为什么会掀起向药都农商行学习的热潮？有人说药都农商行之所以发展如此迅速，主要是因为其与大数据紧密结合，大力发展线上产品，才取得今天的成绩。然而，药都农商行的互联网大数据信贷产品能够持续创新，其背后真正的本质是药都的企业文化，这是“药都模式”取得成功的深层次原因。

1. 高绩效文化植根于药都农商行的企业文化

企业文化为组织提供了统一的发展方针和行为规范，同时也激发了员工内在的工作热情。传统的绩效考核激励手段更多的是物质奖励，而企业文化更多地转向了对员工心理层面的关注与认可。谈到药都农商行的企业文化，除了“爱岗、敬业、奉献”，还有一个关键词就是“高绩效”。在药都农商行员工看来，“爱岗、敬业、奉献”的标准就是看员工有没有创造价值、有没有做出成绩、有没有提升业绩，而这些就是高绩效的内涵。“高绩效文化”已深深植入药都农商行的企业文化当中，已经融入全行所有员工的心中，从绩效考核制度到优秀员工评选，从高层到基层，每个与绩效相关的事件与人物都能见到“高绩效文化”的身影。

2. 将“高绩效文化”融入绩效管理中

要落实药都农商行的高绩效价值观，从倡导的行为转变为员工真正的行为，最重要的则是通过绩效管理进行引领。药都农商行的制度设计，强调业绩导向，强调“谁最有业绩，谁最有绩效分配权”。在设计支行人员的绩效考核制度时，总行绩效考核小组严格遵循“多劳多得，按绩取酬，上不封顶”的考核原则；在总行机关人员考核制度设计上，总行绩效考核小组以“按岗位贡献度取酬，合理拉开差距”为准则，进一步激励机关人员的工作积极性。在绩效考核运营上，药都农商行重视考核理念的宣导，经常举办各种形式的培训，通过培训将绩效理念在全行进行宣导，进一步统一了员工的思想与认识；同时，定期举行绩效座谈会，目的是及时了解员工对绩效考核的认识，发现问题及时纠偏；定期到支行进行调研，收集员工对绩效考核的意见，并对绩效考核工作进行改进，让员工参与及融入绩效考核。这样的绩效文化进一步推动了药都农商行绩效管理水平的提升。

绩效管理之所以能发挥出“指挥棒”与“发动机”的作用，就在于其可以准确地传递企业认可的价值观。绩效管理体系包含评价方法与准则，通过这些评价，获得优秀称号的员工可以再次促进高绩效价值观的落地。

（三）制度体系

药都农商行考核制度体系建设思路几经调整，最终磨合出一套适合药都农商行发展的制度体系。药都农商行制度体系总体设计原则可概括为战略导向、薪酬可控、差距合理、激励有效、评价有据、权责利对等、定量与定性相结合等。在总体设计原则上，药都农商行结合自身实际，在制度实施层面上，采取如下措施。

1. 采用薪酬可控的核算方式

药都农商行通过总额控制、按岗位切分、拉开岗位内部间的差距规划薪酬设计并加以兑现。总行财务部及人力资源部每季度核算银行效益并进行绩效兑现，具体步骤如下：首先，由财务部根据全行创利情况，计提本季度绩效薪酬总包；其次，人力资源部根据岗位价值及员工数量确定总行人员、客户经理、内勤等群体的可兑付薪酬包；最后，根据每个季度、每个群体的总考核积分计算积分兑现系数，通过此方式核算每个员工的绩效薪酬。

2. 打造简单有效的考核制度

药都农商行与天维公司在合作初期，就制度建设问题达成高度共识，即要建立一套简单适用、激励有效的考核办法，不追求“高大上”，但要“接地气”，但更要适用于药都农商行。目前，无论是从考核方法论，还是从考核指标来看，药都农商行做的都不算“高大上”，甚至有点土，在考核制度上体现不出很前沿的考核方式以及考核指标。但恰恰是“接地气”，才使考核制度更适合药都农商行的文化氛围，更容易让员工理解与接受。

目前，药都农商行的绩效考核制度已经实现了全员覆盖。药都农商行采取了以百分制考核与积分制考核为主、计价制考核为辅的混合考核模式，根据绩效对象的不同，又分为产品考核、履职考核和等级评定考核三种考核模式。

药都农商行独具特色的考核主要有两大亮点：一是总行机关人员的考核；二是支行人员积分制考核与计价制考核并行的考核模式。总行机关人员的绩效考核依托绩效考核系统，行领导、部门负责人、机关一般员工及支行人员整体参与打分，从效果上来看表现好、工作积极的员工在绩效薪酬上显著高于表现一般的员工，激励效果较好，解决了总行难考核、难以拉开差距的问题。支行人员的考核实行积分制与计价制并行的考核模式，这种考核模式在业界并不多见，但是在药都农商行取得了很好的效果。其中，计价制实行明码标价、激励直接有效；积分制考核按照业绩获得积分，通过积分兑现绩效，这样有利于控制薪酬总额、控制岗位间差距。采用积分制考核与计价制考核，二者有机结合，能充分发挥二者的优势，取长补短，相得益彰。

3. 错峰利用考核周期

历年来，年末最后 1 个月至次年第一季度都是各农商银行全年工作的重头戏，也是各家银行竞争最为激烈的时期。无论面临多大压力、多大困难，各农商银行都会集全行之力，无条件地确保“首季开门红”，为实现全年工作奠定了良好基础。全行所有的工作都要为“开门红”让道，再加上省联社任务下达比较晚，系统开发也需要时日，如果正式按系统兑现绩效会更晚。基于此，药都农商行常规考核制度的考核年度为每年的 4 月 1 日至次年的 3 月

31 日，实行错峰考核，有效地避免了考核制度发文不及时的问题。

（四）软件体系

目前，药都农商行绩效系统已达到较高的自动化、信息化水平，为今后的智能化绩效发展奠定了良好的基础。药都农商行软件体系建设之所以能够取得较好成绩，除了很早引进外部供应商以外，还有如下原因。

1. 重视金融科技，金融科技投资力度逐年提升

自 2016 年 7 月“金农易贷”上线以来，药都农商行的大数据创新引发全国银行界的广泛关注，来自全国各地几百家银行法人纷纷走进药都农商行，学习“药都模式”，学习药都农商行的金融科技。药都农商行一直致力于金融科技的投入与研发，近年药都农商行金融科技投入快速增长，2017—2019 年的金融科技投入分别为 2500 余万元、4000 余万元、6000 余万元。除了闻名业界的“金农易贷”外，药都农商行在 2013 年就开始实行信贷无纸化，2014 年开发了手机银行，2017 年开发完成了信贷工厂，2019 年伊始致力于供应链金融的开发。

2. 重视职能部门科技能力的培养

药都农商行非常重视对职能部门人员科技能力的培养，鼓励各业务部门提出创新需求，由科技部门负责评估落实，并将此内容作为考核项。连续多年的金融科技高投入与持续创新，使药都农商行的业务部门与科技部门、开发项目组高度融合、配合默契。产品创新与研发，既壮大了药都农商行的科研开发团队，也淬炼了业务部门利用系统的能力。业务部门懂系统，了解系统设计原理和了解系统能力边界。职能部门从最初的被动接受，到主动提需求，信息化意识不断强化，形成了“系统能做的，坚决自动化”的局面。

3. 分步实施，逐年提升

药都农商行软件体系取得的成绩，非一日之功，是通过分步实施、逐年提升这一路径实现的。具体讲，首先，搭建支持分配到人的业绩管理平台及产品考核到人的绩效核算平台，这一步主要实现的目标是行员能在系统认领存贷款、电子银行业绩，支行人员率先实现考核到人；其次，系统实现考核全员覆盖，这一步的主要目标是系统支持总行人员的考核，将总行绩效考核人员从繁重的数据统计中解放出来，实现绩效系统数据完备性；最后，增强系统的分析能力，并逐年优化。经过几年的发展，药都农商行绩效系统存储了大量的绩效数据，为系统数据分析提供了更多的可能性与维度。

四、项目建设效果与启示

药都农商行的管理体系、文化体系、制度体系和软件体系经过多年的精耕细作及经验积累，绩效管理取得了显著成效。药都农商行绩效管理发展历程与经验为其他农商行提供了许多可借鉴之处。

（一）药都农商行绩效管理取得的效果

按照天维信息的“效果分层”理论，即将大家理解的效果分为三个层次，每层的效果都是递进的关系，这三层效果由低到高，分别是：实现绩效管理的信息化，提高行员工作积极性，促进银行业绩的增长（见图 6-4）。从这个角度看，药都农商行的绩效管理效果已经进入了第三个层次，即促进银行业绩的增长，绩效管理为药都农商行业务转型、健康发展提供持续的发展动力。

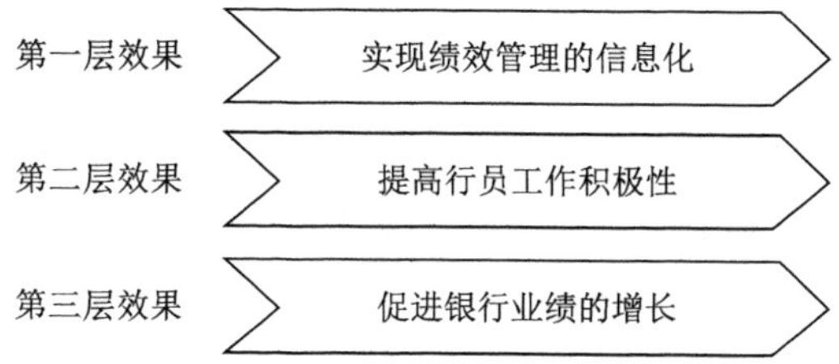

图 6-4　绩效考核效果的分层理论

第三个层次的效果是植根于“四个体系”理论取得的成绩。概括起来，有以下几点成效。

1. 保障有力的“一纵一横”组织

药都农商行绩效管理经过多年的发展，切合银行实际，组建了“一纵一横”绩效管理组织。组织分工明确，执行力强，人员稳定，最重要的是打通了绩效管理的“最后一公里”。核心绩效管理人员能力突出，既精通业务，也懂需求，还有较强的绩效管理能力。优秀的绩效管理组织与团队为好而快地响应银行的绩效管理需求夯实了基础。

2. 高绩效文化基本形成

药都农商行除了绩效制度、分配规则以业绩为导向外，还将高绩效文化融入绩效管理、人才选拔、岗位提升、优秀员工评比等中。经过多年的文化熏陶与理念传递，高绩效文化已经融入员工的工作当中，并且将高绩效作为一面旗帜，作为工作的评判标准。在实际调研中发现，员工已经将高绩效作为一种价值观、一种工作观。

3. 员工认可，激励有效的考核制度

药都农商行绩效考核区分度较好，无论是对于总行人员还是支行人员，借客户的话来说，将业绩不高、工作积极性不高的员工挑选出来。在这种奖勤罚懒的氛围下，员工的积极性也得到提高。药都农商行公平公正、衡量方法科学的考核制度及兑现的严肃性，使行员对绩效管理的满意度非常高。通过调研发现，员工对现有的绩效考核制度及其设计理念认可度非常高。

4. 先进的绩效考核系统

绩效考核系统既是金融科技的重要组成部分，也是体现银行精细化管理水平的“晴雨表”。相较于同业，目前药都农商行绩效考核系统取得的成效包括：一是较强的信息化能力。药都农商行绩效考核基本实现了全线上考核，从积分制考核、计价制考核，到行员等级评定，再到总行机关人员线上打分，都是通过系统完成的。纵观同业，大部分农商行只是将计价考核通过系统实现。二是快速响应的项目团队。经过多年与天维信息的合作，药都农商行形成了与天维信息密切合作的模式，在需求响应与行方配合上也日臻完善。三是丰富的考核数据资源。自绩效考核系统上线以来，考核数据、客户数据、业绩数据都保留在绩效系统，丰富翔实的数据资源为全行考核分析打下了数据基础。

（二）药都农商行绩效管理建设给同业的启示

药都农商行绩效管理体系成效显著且卓越，积累了丰富的绩效管理经验，可归纳出以下对同业的几点启示。

1. 最适合的绩效管理体系才是最有效果的

“实践是检验真理的唯一标准”，适用性是评价绩效管理体系是否有效的唯一标准。一家银行适合什么样的绩效管理体系，必须要深入调研，结合银行战略、领导风格、经济形势、发展阶段及绩效管理基础，在现有企业文化的土壤上，思考、制定、培育与完善，而不是什么先进就用什么。根据 400 多家农商行经验来看，不少银行在跟天维合作之前，平衡计分卡、EVA 考核、360 度测评、OKR 等都用了，但不见效果，其本质问题是不少农商行在照搬、在向同业寻找灵丹妙药，而没有结合自身实际、努力去磨合出适合自身的绩效管理体系。纵观药都农商行的绩效管理体系，不折腾，不求新，只求实。只有适合的才是最好的，经过与天维信息的多年合作，药都农商行磨合出了一套适合自身的绩效管理体系。

2. 绩效管理四大体系要齐发力，方能取得良好的效果

经过天维信息 20 年绩效管理实践表明，一套成熟有效的绩效管理体系包括管理、文化、制度和软件四个系统。管理是绩效管理运营体系的保障，文化解决的是人的心理层次问题，制度是绩效管理体系的载体与绩效文化的物化形式，软件是精细化与信息化绩效管理的支撑，四个系统相互依存、相互促进。药都农商行与天维共同成长，对绩效管理的认识随着与天维信息合作的深入不断深化。药都通过建立“一纵一横”的绩效管理组织，保障制度、管理、文化及软件四大体系的正常运营。

3. 绩效管理是“一把手”工程，领导力是决定绩效管理成败的关键因素

无论是企业文化还是战略，都与“一把手”息息相关，绩效管理作为战略落地的工具，必须要“一把手”深度参与，才能不偏不倚地传递导向，落实行方的战略。药都农商行董事长高度重视绩效管理工作，没有缺席过绩效管理评估会议、制度讨论会及其他绩效讨论会。为了保障绩效管理工作效率，药都农商行的绩效管理响应机制也非常完善与灵活，绩效管理决策链条非常短，一般的绩效管理决策由合规部与人力资源部落实，需要领导决策的直接由合规部向董事长汇报并决策。董事长的重视与深度参与，有利于引导全行上下重视绩效管理工作，有利于考核管理工作的落地执行，这是药都农商行绩效考核工作取得效果的关键因素。

4. 绩效管理要分阶段建设

从效果分层理论看，第三层效果并不是一蹴而就的，而是要分步实施的，正所谓欲速则不达。药都农商行绩效管理经验表明，绩效管理要分阶段进行，每个阶段的实施内容与目标也应当有所差异。绩效管理建设可分为三个阶段，分别是建设期、磨合期、成熟期。建设期阶段的主要工作体现在打造精细化的绩效管理体系，包括考核到人的绩效管理制度与考核系统的自动化。磨合期侧重工作和文化建设，配合组织架构、用人制度及薪酬制度变革。成熟期阶段主要是标准化的绩效运营，如每天维护业绩关系、每月兑现绩效工资、每季度进行效果评估等。

5. 绩效管理是持续改进的过程

所有的管理最终要落实到企业的发展上，作为企业落实战略的有效工具，绩效管理也不例外。企业为应对环境、政策等的变化，会适时调整发展战略，同时也会根据自身发展阶段、绩效管理基础、竞争对手最新举措、行员对政策的敏感度等方面的变化进行调整。药都农商行绩效管理虽然取得了有目共睹的成绩，但并不代表药都农商行绩效管理工作已经结束，因为绩效管理是一个持续优化的动态过程。

（供稿人：柒国庆、张宁宁）

案例22 承德银行“数据服务”绩效改革之路

承德银行通过五年时间，构建绩效考核管理体系。在绩效管理方面，建设“一纵两横”管理团队，把绩效考核作为“一把手”工程，主要领导亲自抓，定期召开座谈会，调查听取反馈意见，并成立专门绩效管理团队，注重培养专业人才；在绩效文化方面，通过制度宣讲、培训等形式，形成考核到个人、全员营销的文化理念，培养员工对绩效考核理念的认同感，增强团队意识和合作意识，塑造本行的绩效考核文化，从而促进组织和个人的协同发展；在制度建设方面，覆盖从总行部门到分行和支行的考核，从总行管理人员及一般员工，到经营机构各岗位人员的考核；在系统建设方面，形成适应绩效考核管理需求的科技开发和技术投入，为绩效考核提供高质量的 IT 技术支撑（见图 6-5）。

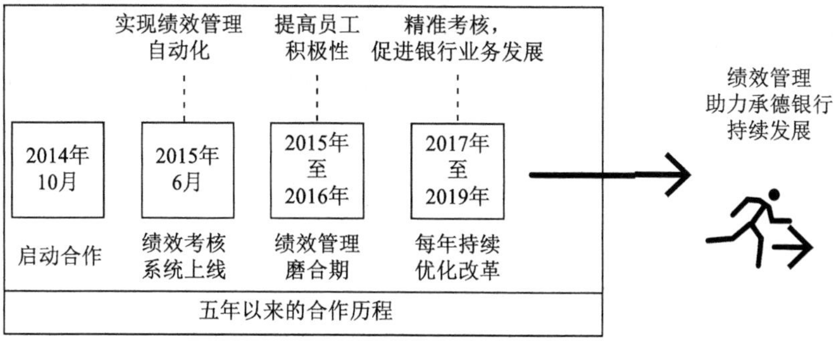

图 6-5　承德银行绩效考核项目建设历程

一、破局：浴火重生

（一）背景：银行发展概况

承德银行股份有限公司（以下简称“承德银行”）成立于 2002 年 3 月 28 日，是经中国银行保险监督管理委员会正式批准设立的股份制商业银行。截至 2019 年 11 月末，全行资产总额 1312.77 亿元，存款总额 970.89 亿元，贷款总额 619.1 亿元，分别是成立之初的 218 倍、183 倍、193 倍，员工总数 1500 余人，分支机构发展到 88 家，包括 1 家唐山分行、1 家秦皇岛分行、1 家廊坊分行、1 家石家庄分行、84 家支行；发起组建了围场华商村镇银行，保定分行已经挂牌营业，张家口分行获批筹建并于 2019 年开业。形成地跨承、唐、秦、廊、石、保、张七市，有效覆盖承德市八县三区的现代化金融服务网络。

（二）山重水复疑无路：传统绩效考核系统建设的困局

科学合理的绩效考核是推动业务健康、快速发展的有效途径，是业务发展的“指挥棒”和“助推器”，是传递政策导向、贯彻发展战略最有效的手段。但在实际操作中，存在一些不科学、不合理的问题，导致其未能充分发挥激励约束作用。

在传统的绩效考核系统建设情况下，项目开发方只负责把项目交付完成就结束了合作，至于交付的系统如何使用，以及使用过程中出现的问题也不能及时调整，更不用说应用推广效果。单单交付一个系统，没有配套的推广及改革，制度再好无人接受就无法有效实施，系统再好没人使用就发挥不了作用，体系再好不及时更新也会过时。根据对承德银行的调研，发现主要存在以下四个方面的问题。

（1）缺乏一套完整的业绩关系管理体系。没有统一的业绩分配规则，各网点考核办法和分配规则不统一，导致无法相对准确地衡量个人业绩，存在同绩不同酬现象；总行不能有效地量化员工的业绩。绩效由总行考核到支行，支行对员工进行二次考核以及绩效二次分配。

（2）缺乏信息化系统支撑。每当经营期末，考核相关部门需要相互协助和进行大量的手工核算，计算、申报、核查等工作任务繁重、耗时长、速度慢、人力成本高。缺乏信息化系统支撑，数据统计工作量大，容易出错，数据滞后，无法较好地满足考核及时性的要求，减弱了考核的效用。

（3）缺乏总行统一定价考核。不同网点、同一岗位且业绩相同的员工，工资却存在较大差异；下达考核指标时未考虑支行人数，造成行内员工存款任务差距较大现象；总行未充分考虑地域、规模、利润、人员配置等因素，导致绩效工资存在差异；分支行自行掌握的绩效没有统一标准，造成每个机构分配不一致，且差距较大。

（4）激励约束失衡，缺乏职业晋升渠道。部分专业技术系列缺少人员制度及专项考核制度，无法解决员工晋升渠道单一、成长通道狭窄的问题。

基于此，承德银行围绕深化改革、加快转型、转换机制、提升核心竞争力的目标，试图引入新的绩效考核管理模式，设计全新的绩效考核体系，开发上线绩效管理系统，解决员工资源整合问题。

（三）柳暗花明又一村："数据服务之路"的探索

天维信息提出的"数据服务模式"，体现长期建设、内容全包、注重效果的绩效考核管理理念。绩效考核管理模式的建设是以"效果"为核心，在建设与磨合中完善和成熟，是一个长期调整和优化的过程，项目建设流程包括整体规划、考核方案制定、制度建设、业绩关系管理、价格测算、软件落地、制度培训、效果评估等环节，是一个 PDCA 循环的过程（见图 6-6）。

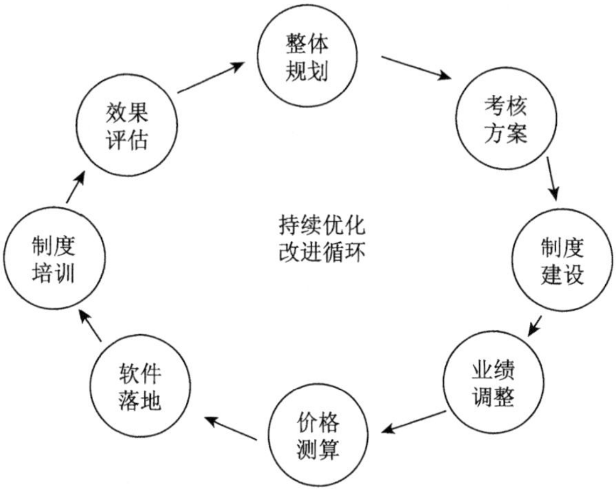

图 6-6　项目建设循环过程

根据考核存在的问题和改革期望，结合行方战略导向，设计考核思路及方案。在绩效考核方案的基础上，制定符合行方发展及管理现状的绩效考核制度，包括各条线、各部门及各岗位的绩效考核管理办法，同时配套制定统一、规范的业绩管理办法作为考核到人的基础，通过业绩关系梳理，实现业绩量化考核到个人；进行产品定价，构建产品营销计价模式的基础；通过 PC 版 PAS 系统和手机版 MPAS 绩效考核系统，为考核数据来源、业绩关系匹配、绩效工资兑现等提供技术支持，使一系列的考核方案得以实施。同时，对行员进行制度宣讲、系统操作使用培训，营造全行统一的绩效考核文化，使制度和系统得以掌握和运用；结合效果评估、新一年的考核思路及目标，形成下一阶段的工作依据和导向，开始下一个周期的建设工作。上述绩效考核管理流程打破传统 IT 服务的被动及一次性服务的模式，以效果为终极目标，以提高客户满意度为重心，以提高产品质量和服务质量为立身之本，考核理念和承德银行的需求不谋而合。承德银行与天维信息从 2014 年 10 月开始了长期性、分阶段、有效果的绩效考核管理建设合作，目前已进入第二个五年的合作周期。

通过五年或以上的合作和双方的共同努力，实现绩效考核体系和系统的方案设计、开发、实施，以更为科学的考核制度、更为体系化的绩效考核管理，更为精准及时的信息系统作为支撑，分阶段完成“夯实绩效考核基础、稳定和优化运行环境、持续改进与提升组织绩效”的目标，使承德银行绩效考核体系能长时间地持续稳定发展，以最终实现打造绩效考核共同期望的“效果”。

二、腾飞：“四个体系”助力目标及效果实现

依据“数据服务模式”，实现方案设计、制度制定、业绩关系管理、产品定价、软件开发和实施、培训推广、效果评估、持续改进等全流程，体现“长期合作、内容全包、为效果负责”的理念。每年依据“五结合”（即与经济形势相结合、与银行发展阶段相结合、与银行发展战略相结合、与银行绩效管理基础相结合、与领导管理风格相结合）进行制度建设；管理层面通过“一纵两横”的建设，逐年提升精细化管理水平；文化层面保证规则公开与公正、过程透明、结果公平、实现“多劳多得、按绩取酬”；软件层面通过“PAS+MPAS”，实现移动化办公及绩效管理自动化。

（一）管理体系：打造精细化绩效管理体系

绩效管理与银行的内部运营管理密切相关。考核结果兑现一律按照系统

严格、及时地兑现。总行对支行二次考核情况进行监督、稽核。每年制度建设后，总行都要进行绩效培训和宣导。

1. 洞察格局，管理突破

结合承德银行管理风格，组建自身绩效管理流程及体系。优化“一纵两横”团队建设（见图6-7），提升其考核管理能力。总行绩效考核专管员、分行绩效考核专管员、支行绩效考核专管员与总行部门及分行部门之间联动，互通有无，及时传达绩效考核导向及进行绩效答疑工作，以保证总行考核导向和员工努力方向一致，实现战略统一。

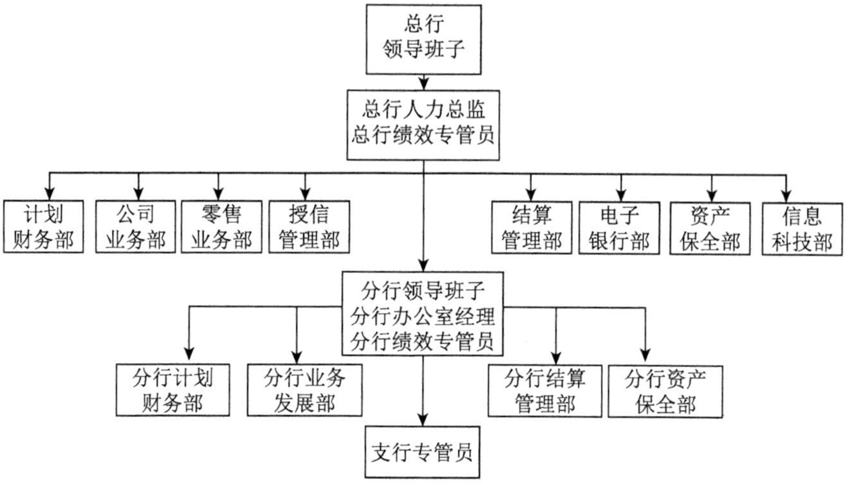

图6-7　承德银行“一纵两横”管理团队

2. 能力培养，持续提升

绩效考核专管员承担所在支行绩效考核宣讲员的角色，总行每年优化绩效考核办法，不断完善业绩关系管理机制。

每年的效果评估工作都会对当年绩效管理能力进行分析，从员工认知层面、员工行为导向层面、绩效管理能力层面、制度运营层面和员工满意度五个层面进行分析，每个维度都呈现逐年提升的趋势（见图6-8）。根据天维银行绩效研究所2019年第三、四季度发布的绩效管理能力排名来看，在近400名客户里，承德银行绩效管理能力从第三季度的第八名跃升至第四季度的第三名，可见，绩效管理能力得到持续提升。

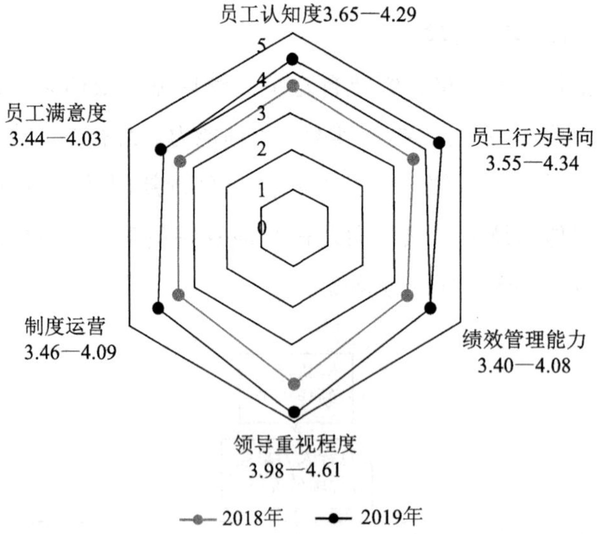

图 6-8　2018—2019 年承德银行绩效管理能力分析

3. 稳步推进，流程创新

通过从“建设期”到“成熟期”的绩效管理历程建设，绩效考核系统成为全行各业务条线考核的汇总点，加强了部门间的分工与合作。通过绩效考核，促进全行各类管理制度的完善。“两会”是指绩效考核工资分析会和绩效考核座谈会，定期开展绩效考核“两会”，传达银行战略，充分听取员工意见，实现银行与员工共同成长的目标（见图 6-9）。

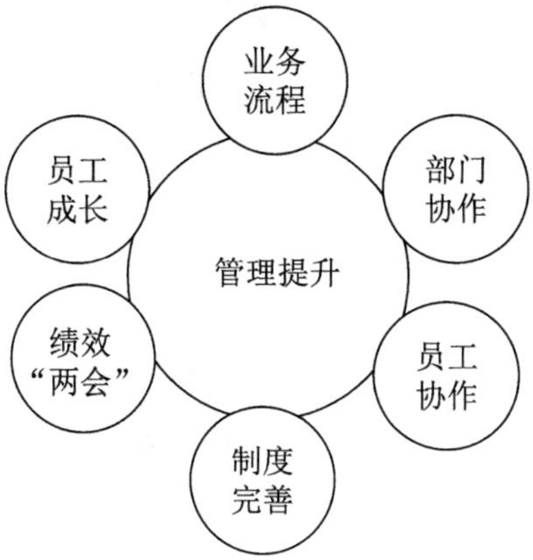

图 6-9　管理提升分析

绩效管理组织和流程不断精细化，银行绩效管理团队能力持续提升，这主要体现在以下六大方面。

（1）领导高度重视。绩效考核作为“一把手”工程，主要领导要亲自抓，定期召开座谈会、走访基层，调查听取反馈意见并成立专门工作组，建立专门绩效管理团队，培养专业人才。

（2）配套改革到位。加强组织架构和薪酬改革，通过更合理的人员配置和薪酬制度，提高员工的工作积极性，结合全年目标任务，层层落实考核目标，优化资源配置。

（3）强化执行到位。绩效考核看似简单，其实是一项复杂的系统工程，不管遇到多大阻力，必须强势推进，考核结果兑现一定要坚决执行。先强化、后优化、再固化，在执行中逐步转变理念思维。

（4）持续改进完善。坚持分期建设，分轻侧重，循序渐进，简单易行，抓住主要矛盾加以解决，在实践运用中不断改进完善，加大培训辅导、支行推广的力度。

（5）强化科技支持。适应大数据、互联网时代要求，配套客户管理等相关系统平台建设，及时积累数据信息，保证及时更新、显示准确、分析到位，通过计算机技术为绩效考核提供支撑。

（6）坚持统筹兼顾。实践证明，没有一考就灵的“偏方”，要将绩效考核和流程再造、岗位竞聘、违规处理等其他管理手段有机结合，用考核发现问题，用管理解决问题，提升整体效果。

（二）文化体系：上下同欲者胜

员工对绩效变革的理解，是员工对绩效改革感知的历程（见图 6-10）：绩效考核建设初期，员工从一系列变革中感知到绩效考核变革；随着项目进入建设磨合期，进入问题多发阶段，员工对绩效考核系统运营、绩效结果兑现、绩效考核文化建设、绩效管理效果、绩效考核制度合理性等逐步呈现从接受到认可的过程；项目进入成熟期后，行方能自如使用考核“指挥棒”，充分调动员工工作积极性，提升银行业绩及价值。

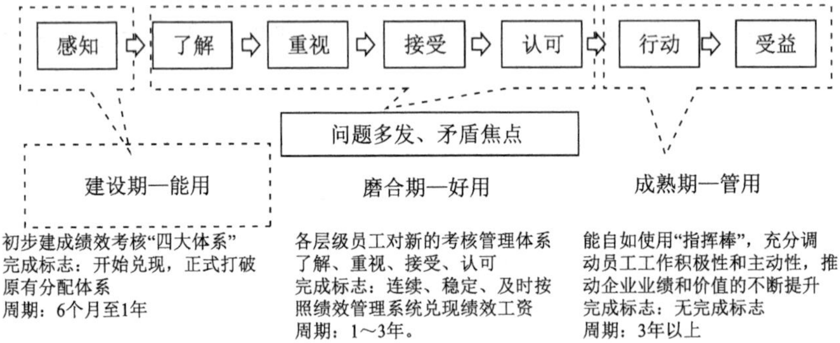

图 6-10　员工对绩效改革的感知历程

1. 随风潜入夜：助力员工理解、认可绩效变革

以人为本是绩效管理的根本。要想有效实施绩效管理，就要建立以人为本的企业文化。在实施过程中，决策者应当充分考虑员工的个人需求及发展方向，让每个员工都参与到银行的管理和发展中，帮助员工了解新的绩效考核体系和方法，绩效管理才会有成效。

绩效管理为组织持续的学习与成长提供资源配置和动力。为了保证绩效考核能有效实施，承德银行开展了全员绩效培训、绩效制度及系统的答疑与辅导、定期员工座谈会或访谈等培训，帮助员工感知和了解绩效考核变革。

2. 润物细无声：改变员工行为态度，提升员工工作积极性

通过绩效考核的实施，柜员出勤情况得到改善，整体出勤率明显提升；部分支行柜台的座席率有所增加；以前业务量较大的网点柜员都不愿干，现在都积极地想去干；内勤人员业务办理速度明显提高；改变了原先客户经理不愿办手机银行等电子银行业务的现象；改变了原先客户经理营销贷款量与绩效薪酬相关性不大的现象，现今营销贷款积极性明显提升；客户经理不再抓大放小，贷款办理效率与质量均有所提高。这些现象说明员工接受和认可绩效考核，并朝着考核导向改变，与总行考核导向方向保持一致。

3. 面朝大海春暖花开：助力员工从组织发展中获益

通过考核，引导员工工作目标与总行保持一致，员工达到考核目标就能获取相应的绩效报酬，从考核中受益的同时实现个人价值。

在考核实施过程中，上级及时对计划执行情况进行跟进指导，并注意观察和记录下属在工作过程中的关键事件，期末对其进行绩效考评和面谈反馈。考评结果的应用等过程都需要银行领导、各级管理层和全体员工的积极配合与有效沟通，提升能力弱员工的能力，增强意愿低员工的意愿，以提升人员整体素质（见图6-11）。

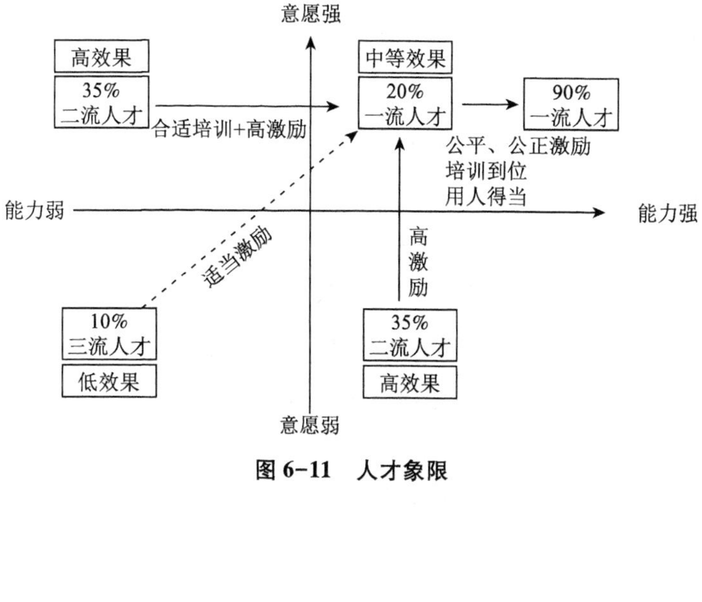

图6-11　人才象限

（三）制度体系

1. 2014—2015 年，量身定做基础版绩效考核制度

针对突出的四大问题（即难以实现产品区别考核、考核载体缺乏、考核沟通交流不畅、激励与约束失衡），启动改革，实现考核到个人，为全员考核奠定基础。在机构层面，建立分行、一级支行、二级支行、职能部室层面的考核；员工层面实现考核全覆盖；依据“1331”模型定基础，建立一套存贷款业绩关系管理体系作为科学考核到人的基础（见图 6-12）。

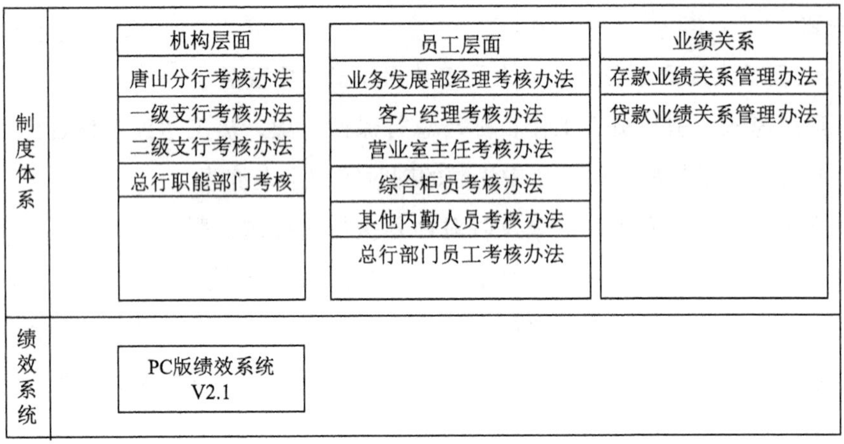

图 6-12　制度和系统体系建设

项目制度建设处于建设期，引入先进的绩效考核方案及理念。

（1）机构层面：分行和一级支行采用相同的指标体系，共设置 21 项指标。其中，效益指标占 50%，负债指标占 50%，资产、质量、客户指标采用加减分考核。

（2）岗位考核层面：分行负责人和支行负责人采取年薪制考核，绩效工资由履职绩效工资、等级系数、岗位系数、机构考核得分和扣罚项组成，体现管理者定位。营业室主任定位为资深柜员、业务发展部经理定位为资深客户经理，在考核项目上与员工考核指标一致，绩效工资由计价绩效、计量绩效、技能绩效和二次分配共同构成。

（3）部门考核指标设置：由业绩指标、执行力指标、满意度指标、学习

与成长指标和合规类指标组成。

2. 2015—2016 年，构建适用的绩效考核制度

项目进入磨合期，助力银行磨合并形成适合自身发展阶段的绩效管理方案，通过持续改革，丰富绩效考核体系。这一阶段，面对利率市场化、新型金融冲击、金融脱媒、市场竞争加剧等多重外部压力，传统银行业在获客渠道、盈利空间上进一步被挤压。面对如此严峻的竞争态势，承德银行秉持以创新、科学、适配、盈利为核心的发展理念，通过塑造绩效导向的文化氛围加速转型提质。

制度磨合层面，重点在于分行考核办法制定、总行职能部室考核方案修订、机构等级评定办法制定（见图 6-13）。分行考核层面，对 21 项考核指标进行细化，分为发展类指标、风险类指标、效益类指标、社会责任类指标和合规类指标，并分别设置不同的考核权重。支行层面增加保护期支行、总行直属二级支行考核。新增加一级支行等级评定考核，由发展类指标、效益类指标、管理类指标和资产质量指标四大项组成。分行负责人及一级支行负责人的考核由年薪制调整为管理者提成制，绩效工资分为履职绩效和变动绩效，履职绩效与考核得分挂钩，变动绩效按照规模和利润进行计提。员工个人考核增加履职绩效和变动绩效考核，更加注重个人工作履职及对所在机构的贡献度考核。部门考核则更加注重与全行经营情况保持一致，提高业绩指标和执行力指标的考核权重。

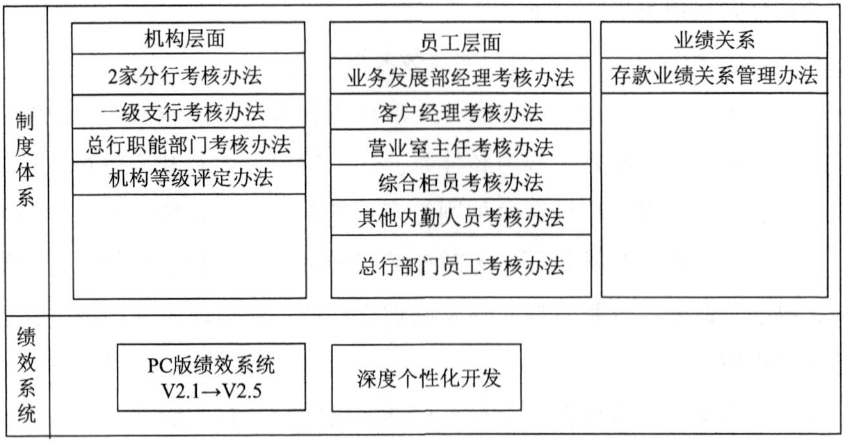

图 6-13 制度和系统体系建设

3. 2017—2019 年，保证绩效考核与银行年度目标一致

项目由磨合期进入成熟期，整体制度优化围绕强化绩效考核、提质增效展开；保存量、促新增、控风险、分序列、突重点，助力银行形成有效支撑战略落地的绩效管理方案，完成改革。

异地分行考核层面，随着异地分行数量增加，各地区业务发展差异较大，形成“一行一表”差异化考核方案。对于一级支行考核，在推进精细化的同时保持指标体系大道至简，利润考核逐年提高，同时关注发展转型考核。对于异地一级支行考核，尊重地区差异，总行制定核心指标，异地分行根据需求开展个性化考核。对于二级支行考核，不断加强总行对一级支行的管理指导，并根据网点差异增加小微支行考核。机构等级评定不断优化调整，激活动态调整机制，逐渐提升利润贡献占比。对于分行负责人考核，要求做好管理的同时兼顾分行业绩增长。客户经理考核由规模式计价考核调整为关注利润和转型发展。综合柜员考核逐步降低柜面业务量考核绩效占比，促进柜员转型发展，提高对银行利润贡献。逐年优化调整部门考核，前台、中台、后台部门实现差异化考核和差异化目标绩效，总行与分行部门实现互动考核评价，加强部门服务职能（见图 6-14）。

通过逐年制度优化调整，辅助战略落地实现。每年依据“五结合”建立承德银行科学合理的绩效管理制度，实施过程中包括但不限于制定科学的绩效计划、绩效辅导沟通、绩效考核评价、绩效结果应用等各个阶段。重视考核目标的合理性、指标的科学性、考核的及时性与透明性，考核应用的公正性、公平性，是承德银行一直以来坚持的目标和原则。

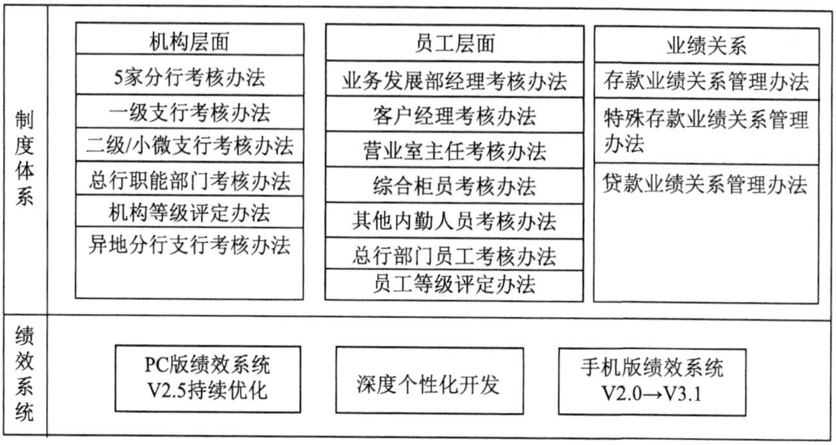

图 6-14　制度和系统体系建设

绩效目标的设置紧密结合总行、部门或员工个人的岗位工作职责，以衡量团队及员工个人的业绩和贡献度等结果性指标为主，同时兼顾内部协作、客户服务、流程改进、学习创新等过程性指标考核，实现“定量+定性”统筹兼顾的考核。员工个人绩效目标体现所在职位的核心职责要求，即关键业绩和关键日常工作绩效指标。

绩效目标设计遵循“具体、可衡量、通过自身努力可以实现”的原则，同时有明确的时间要求（即按月考核、按季考核和年度统算相结合）；机构考核指标设计依据“三大原则”（即业务发展与风险防范相结合原则、理论与实际相结合原则、民主与集中相结合的原则）。

依据 SMART 原则，在绩效考核指标设计时需考虑到：关键指标权重的确定能否使被评估者完成主要任务；关键指标的评估过程及结果是否可以控制和测算；多个评估者对同一绩效指标进行评估的结果是否一致。“以客户为中心”界定绩效考核指标，便于操作跟踪与监控关键指标的客观性，同时留下超越标准的空间，即超越标准绩效范围表现，达到卓越标准的奖励，激励员工向更高绩效目标迈进。

（四）软件体系：迈向智能化时代

1. 软件持续升级更新、与时俱进

绩效考核系统自 2014 年 V2. 1 版本上线后逐年进行优化升级，目前已经升级为 2019 年的 V3. 8 版本的系统，实现绩效考核系统的与时俱进、持续更新，如图 6-15 所示。绩效考核系统不仅能确定每位员工对银行的贡献，还能对人力资源的管理提供决定性的评估资料，改善组织反馈机能，提高员工的工作效率。绩效考核系统作为公平合理地考核员工的依据，对银行具有重要意义。

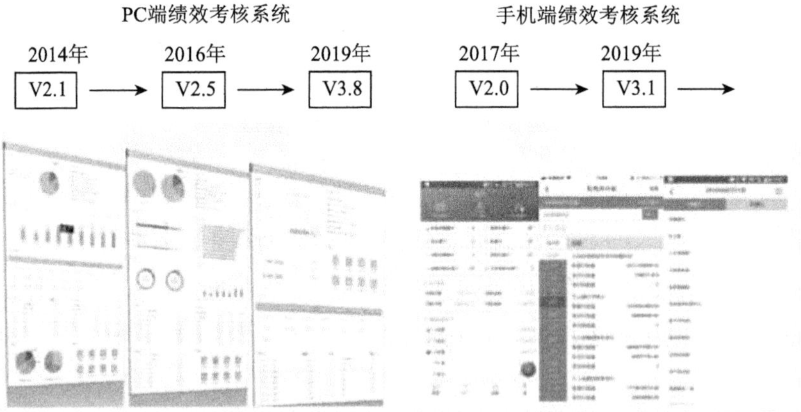

图 6-15　系统升级变化

2. 实现绩效管理自动化

绩效考核系统保证需求快速响应和日常高效运行，能够实现的功能和效果包括：用统一标准处理和提供信息，排除使用前后矛盾的不完整的数据；完整及时地提供银行在管理和考核中需要的数据；利用指定的数据关系式分析数据，客观预测评估；系统向各级管理机构提供不同详细程度的报告，缩短分析和解释的时间；用最少的费用和最短的时间提供尽可能精确、可靠的

信息，以便决策者做出决策，提高企业的管理效率。

三、效果与启示

（一）效果：困难和挑战一路相伴

承德银行通过五年的绩效考核建设，已实现绩效管理自动化、提高员工积极性和促进业务发展三层效果（见图 6-16）。

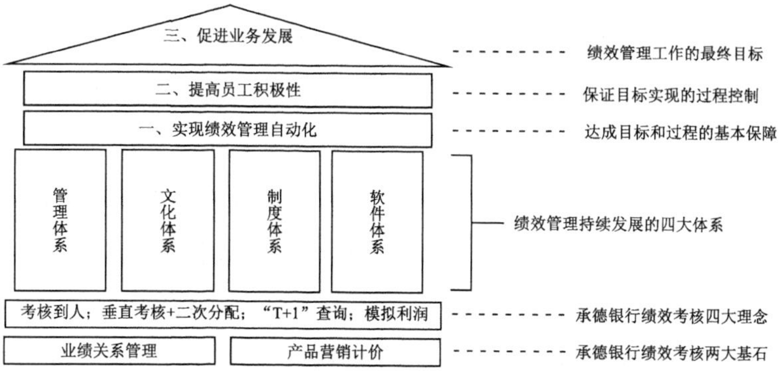

图 6-16　承德银行绩效考核三层效果体现

第一，实现绩效管理自动化。关注绩效管理全过程，对任务目标分解、绩效辅导和跟踪、绩效激励和发展均能提供系统支撑，侧重重点考核内容的完成情况统计与分析；在不同阶段，对机构、行员业绩的统计、对比分析、发展趋势研判以及对行员和机构考核结果的应用实现自动化、快速化的响应，保持系统持续高效运行。

第二，提高员工积极性。从五大绩效管理举措提升员工积极性，根植战略、明确理念，战略方向能够告诉员工什么是对组织有价值、有意义的事情，对行为起到导向作用；目标透明、引导过程，强调组织协同和员工主动参与到目标设置中；关注成长、发挥优势，关注员工如何在工作中获得更好的发展，有助于员工持续提升能力和自我效能感；频繁沟通、实时反馈，员工获得对于他们自身绩效的充分反馈，会更好地反思自己的能力、增强工作主动性，进而提升工作绩效；及时把脉、灵活管理，及时了解员工的想法，激发管理者的主动性，打通管理者与员工的沟通渠道。

第三，促进业务发展。在业绩方面，截至2019年11月末，全行资产总额1312.77亿元，存款总额970.89亿元，贷款总额619.1亿元，较2014年末实现飞跃式增长；在战略发展方面，建立战略绩效管理组织和流程，助力银行形成有效支撑战略落地的绩效管理方案；在社会荣誉方面，2019年荣获《银行家》2019年度资产规模1000亿~2000亿元中国城市商业银行竞争力评价第三名。同时，凭借良好的经营业绩和稳健的发展能力，荣获“年度十佳城市商业银行”奖项和“卓越竞争力品牌建设银行”大奖。此外，2019年承德银行在全国134家城商行中，成为首家获得批准入驻雄安资格的银行。

绩效考核系统不仅为承德银行提供了考核到人的信息化支撑手段，还在全行范围内逐渐形成“多劳多得、按绩取酬”的绩效文化，一定程度上调动了员工的工作积极性，促进银行的业务发展。但随着利率市场化的快速推进、互联网金融的冲击、金融脱媒现象的不断演进，客户获取能力、市场拓展能力、机构创利能力都面临极大的挑战，对绩效考核提出了新的、更高的要求。若绩效考核不能跟上时代发展要求，就会制约全行的业务发展。因此，不断变化的内外部环境要求绩效考核要与时俱进、不断优化，不断调整，不断完善。未来需要进一步把绩效考核与战略相结合来完善战略绩效管理体系；进一步将绩效考核与人力资源管理相结合来夯实人力资源管理基础；进一步将绩效管理敏捷化来快速响应促进业务发展；将绩效管理科技化，实现动态化管理，通过数据挖掘打造科技银行。实现精益化目标驱动，向全面绩效管理时代迈进。

（二）启示：路漫漫其修远兮

从运行实际情况来看，承德银行绩效考核从建设期走向成熟期的过程给同业带来以下五方面的启示。

第一，规则比考核更重要。一套行之有效的考核体系需建立在完善的制度上，建立健全完善的监督机制是考核体系的基石。考核并不是最终目的，引导员工参与规则制定，员工了解规则才能执行得更好。

第二，公平比激励更重要。坚持公平和激励相协调的原则，既要考核发展，注重效率，又要从大多数人的根本利益出发，坚决有效地维护考核公平，保障员工利益和分配的合理化，使每位员工拥有平等的机会来发挥自身潜力。

第三，过程比结果更重要。“唯结果论”会导致员工僭越规则的风险，加剧企业文化冷漠化，不利于银行的长远发展。我们希望良好的结果源于稳定有序的过程。过程是指事物发展的中间状态。结果是指一定阶段事物发展的最后状态。只有不断改进考核过程中的中间状态，才能改变事物发展的最后状态，达到最优的考核结果。

第四，执行比空谈更重要。再好的考核制度只有在执行并兑现结果的时候才会发挥作用，一切未能落地的考核方案都只能算是“纸上谈兵”，只有制度落地并严格执行，才能发现其中的优劣，再适时进行改进，最终形成适合银行自身的绩效考核体系。

第五，执行力需要管理体系支撑。系统是辅助手段，管理才是根本。在动员激励、开拓业务、行为监控方面，管理水平与制度是驱动员工成长的动力。绩效管理体系运行需要“三力”保障，“三力”包括：一是领导力，领导的重视度和参与度能够统一思想、坚定考核决心；二是执行力，决策执行和管理，保障日常运维和绩效兑现；三是绩效管理能力，培养行方绩效管理能力，指导协助行方运营管理。

（供稿人：孙帼、李强）

参考文献

[1] RADHIKA TANDON, ARCHITA SINGH, NOOPUR GUPTA ET AL . Upgradation and modernization of eye banking services: Integrating tradition with innovative policies and current best practices [J]. Indian Journal of Ophthalmology, 2017, 65 (2) .

[2] JAMIE BRYANT, ROB SANSON-FISHER, ELIZABETHFRADGLEY et al. Oncology patients overwhelmingly support tissue banking [J]. BMC Cancer, 2015, 15 (1) .

[3] KETANBHARADVA, SATISH TIWARI, SUDHIR MISHRA et al. Human milk banking guidelines [J]. Indian Pediatrics, 2014, 51 (6) .

[4] KALEVAR V. Eye banking in India [J]. Indian Journal of Ophthalmology, 1989, 37 (3) .

[5] RAOGULLAPALLI. Eye banking—Are we really up to it in India? [J]. Indian Journal of Ophthalmology, 2004, 52 (3) .

[6] SAINIJAGJIT. Realistic targets and strategies in eye banking [J]. Indian Journal of Ophthalmology, 1997, 45 (3) .

[7] SAINIJAGJIT , REDDY MADHUKAR , JAIN A ET AL. Perspectives in eye banking [J]. Indian Journal of Ophthalmology, 1996, 44 (1) .

[8] RAOGULLAPALLI. What is eye banking? [J]. Indian Journal of Ophthalmology, 1996, 44 (1) .

[9] SAINIJAGJIT, REDDY MADHUKAR, JAIN A ET AL. Perspectives in eye banking [J]. Indian Journal of Ophthalmology, 1996, 44 (1) .

[10] 牛彦秀. 完善银行基层员工绩效考核办法的设想 [J]. 财务与会

计，2012（12）．

［11］天维银行绩效考核最佳实践研究所．银行绩效管理理论与实践［M］．北京：中国经济出版社，2019：282-299.

［12］杨国安．组织能力的杨三角［M］．北京：机械工业出版社，2010.

［13］杜后扬．商业银行绩效考核的实践探讨［J］．金融纵横，2019（12）．

［14］曹锦阳，刘娅楠．关于加强绩效文化建设若干问题的理性思考：以税务绩效文化构建为例［J］．经济研究导利，2015，3（257）．

［15］陈智勤，郭艳．浅谈企业文化与绩效管理的匹配［J］．商业时代，2006（2）．

［16］李海辉．基于EVA理论的商业银行绩效管理研究：以某国有银行一级分行为例［D］．济南：山东大学，2019.

［17］王草芳．农村商业银行绩效管理存在的问题及对策研究［J］．纳税，2019（8）．

［18］刘芸．浅谈商业银行绩效管理存在的问题与对策［J］．全国流通经济，2019（8）．

［19］罗建强．平衡积分卡四层面因果关系研究［J］．管理观察，2004（12）．

［20］齐素文．商业银行绩效管理存在的问题及对策探讨［J］．财经界（学术版），2019（6）．

［21］舒钰珊，王彦杰，王刚．浅谈我国商业银行绩效管理［J］．河北企业，2019（3）．

［22］凌睿．浅谈商业银行绩效管理存在的问题及对策［J］．中国商论，2019（2）．

［23］江小华．我国商业银行绩效考核机制现状及改革策略［J］．上海金融，2008（10）．

［24］中国工商银行江苏省分行课题组，夏卫阳，杨望曾，蔡万周，钱蓉，李业中，徐芳．经济资本约束下基层行经营行为理性研究［J］．金融纵横，2008（4）．

［25］何婧．基于价值创造和能力提升双目标的银行绩效考核研究：以 P 银行为例［J］．企业改革与管理，2020（5）．

［26］党成群，王颖，张建龙．如何打造适应企业发展的企业文化［J］．中国有色金属，2011（S2）．

［27］张国玲．浅议助推企业文化落地的有效途径［N］．临汾日报，2020-02-15（003）．

［28］孙广森．KPL 农村商业银行绩效考核体系研究［D］．西安：西安理工大学，2018.

［29］苟江波．QD 银行员工绩效考核优化研究［D］．南宁：广西大学，2018.

［30］刘觉晓．基于平衡计分卡的商业银行绩效管理应用研究［D］．天津：天津大学，2018.